U0149168

《鳥　譜》
滿文圖說校注

第三冊

莊吉發　校注

滿　語　叢　刊
文史哲出版社印行

國家圖書館出版品預行編目資料

《鳥譜》滿文圖說校注 / 莊吉發校注. -- 初版 -- 臺北市：文史哲, 民 106.09
頁； 公分（滿語叢刊；27）
ISBN 978-986-314-383-3（平裝）第一冊
ISBN 978-986-314-384-0（平裝）第二冊
ISBN 978-986-314-385-7（平裝）第三冊
ISBN 978-986-314-386-4（平裝）第四冊
ISBN 978-986-314-387-1（平裝）第五冊
ISBN 978-986-314-388-8（平裝）第六冊
1. 滿語 2. 中國畫 3. 鳥類 4. 畫冊

802.91 106016328

滿 語 叢 刊 27

《鳥譜》滿文圖說校注 第三冊

校注者：莊 吉 發
出版者：文 史 哲 出 版 社
http:// www.lapen.com.tw
e-mail:lapen@ms74.hinet.net
登記證字號：行政院新聞局版臺業字五三三七號
發行人：彭 正 雄
發行所：文 史 哲 出 版 社
印刷者：文 史 哲 出 版 社
臺北市羅斯福路一段七十二巷四號
郵政劃撥帳號：一六一八〇一七五
電話886-2-23511028・傳真886-2-23965656

實價新臺幣四五〇元

二〇一七（民 106）十二月初版

ISBN 978-986-314-385-7 65127

《鳥譜》滿文圖說校注

(三)

目 次

《鳥譜》第五冊畫冊

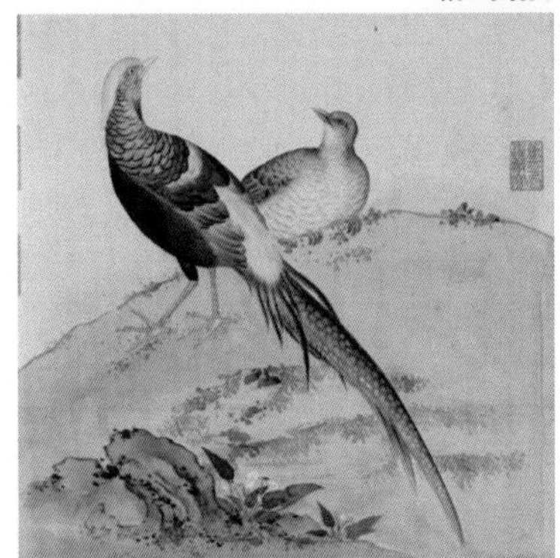

錦雞

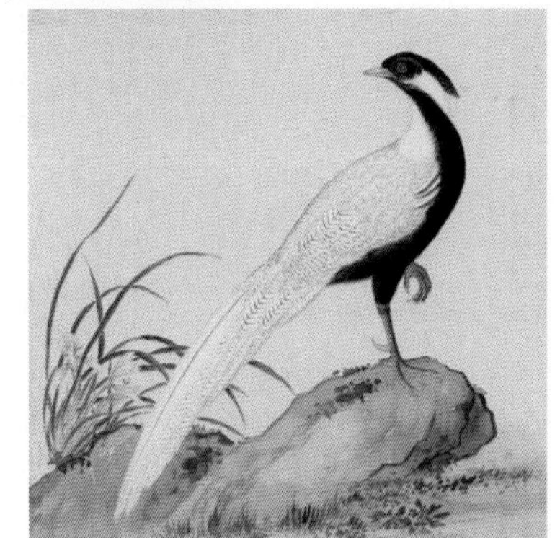

白鷴

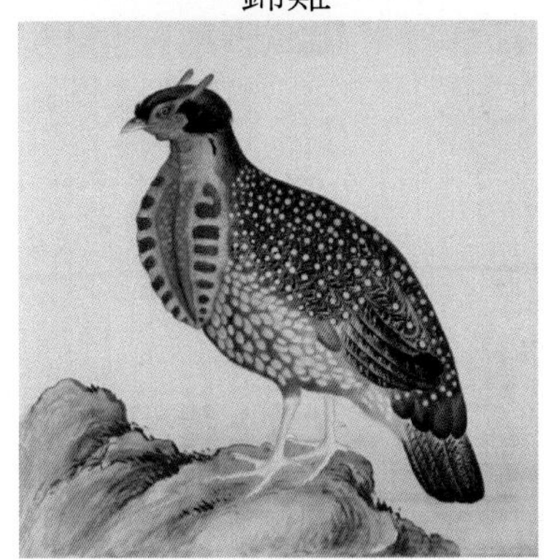

吐綬雞

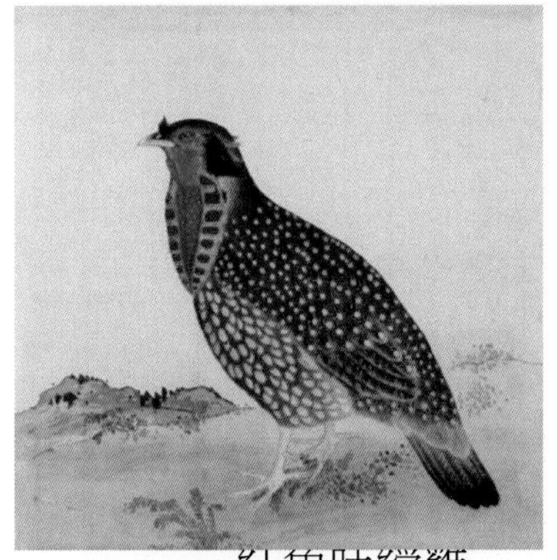

紅色吐綬雞

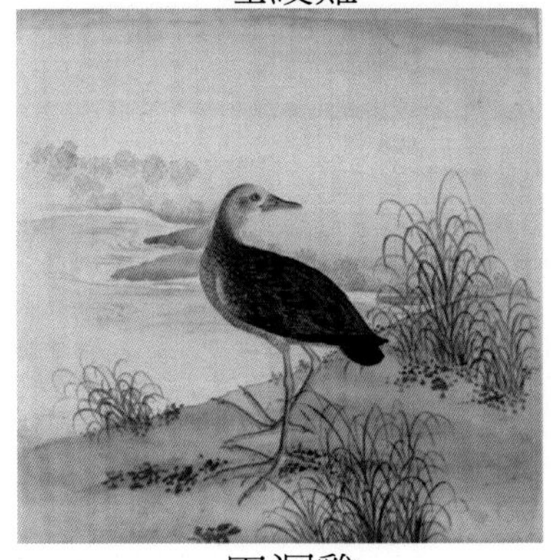

田洞雞

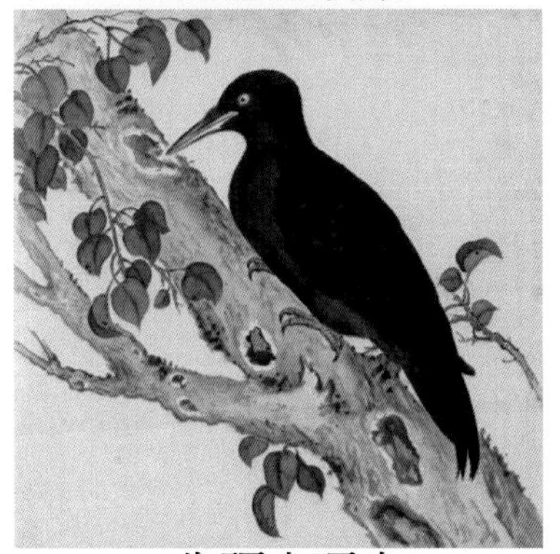

朱頂大啄木

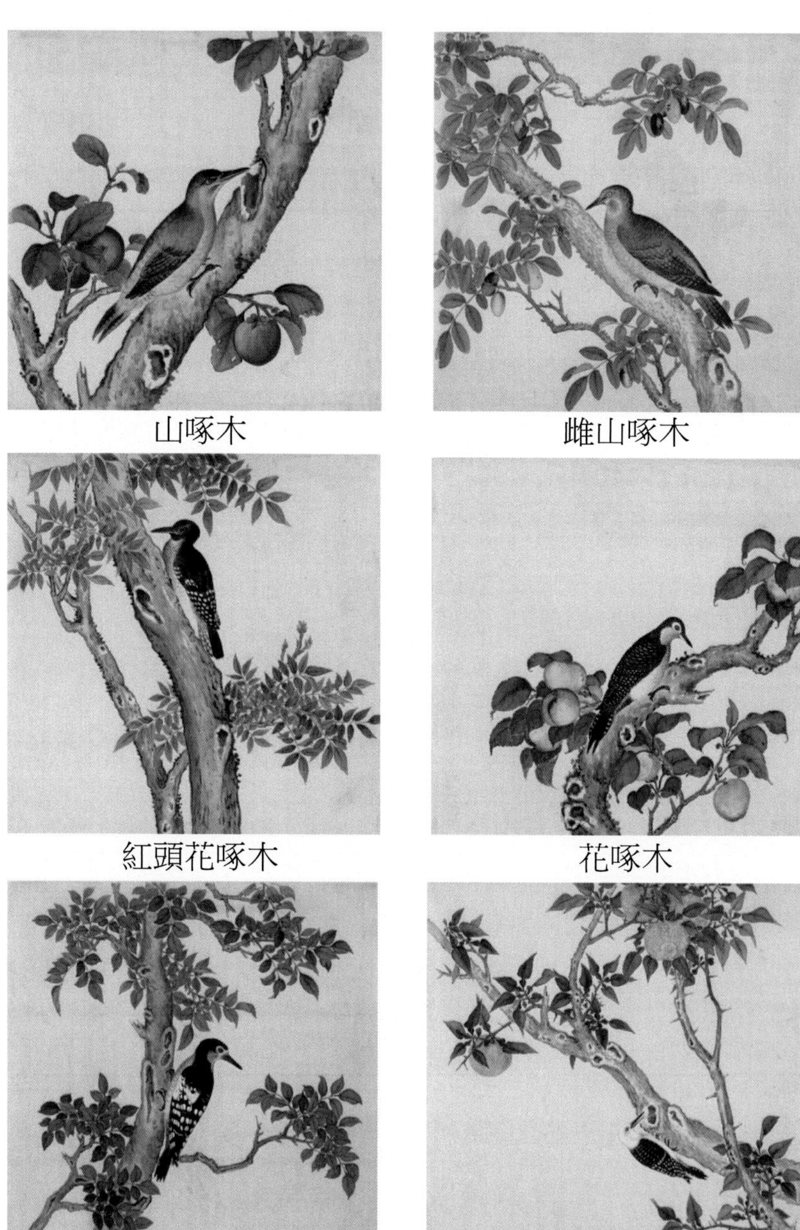

山啄木

雌山啄木

紅頭花啄木

花啄木

黑頭啄木

白頭啄木

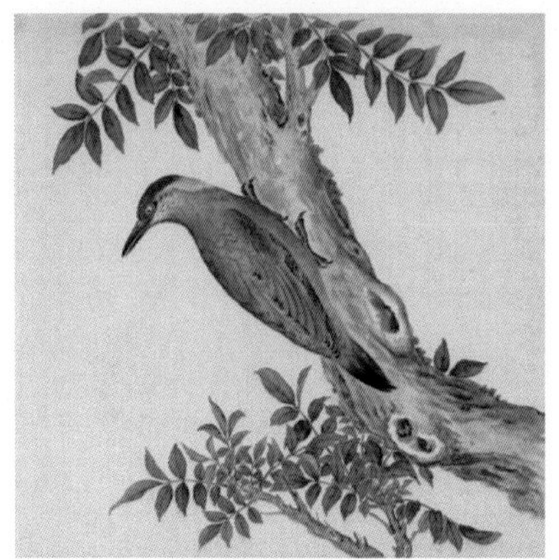

花翅山啄木

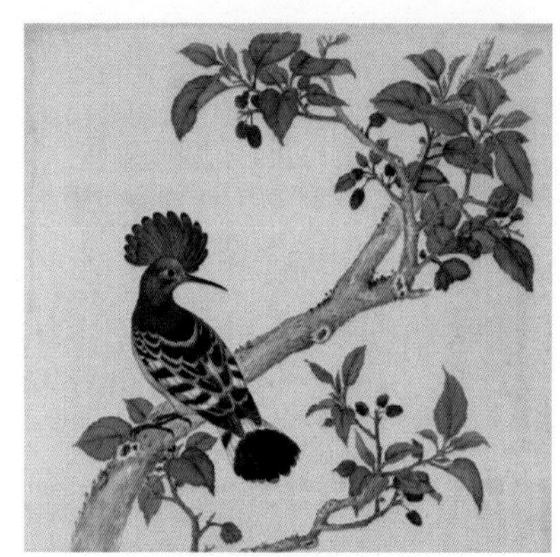

戴勝

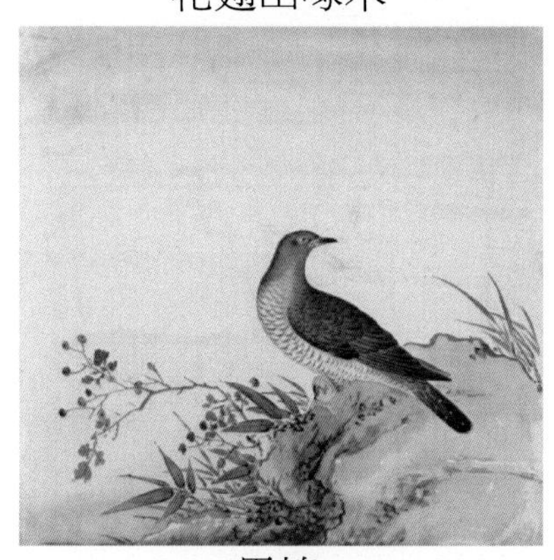

黑鳩

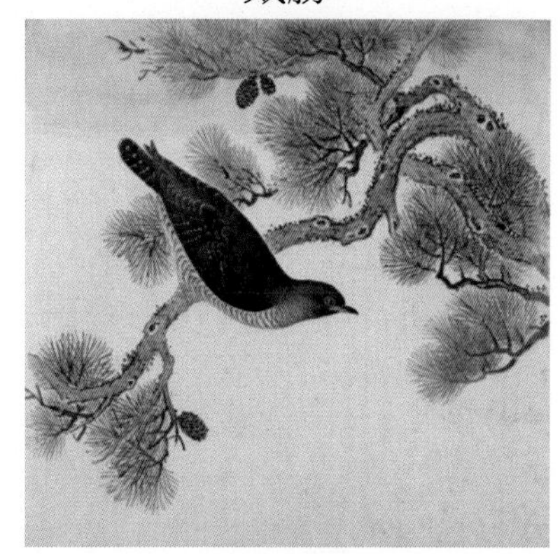

刺毛鷹

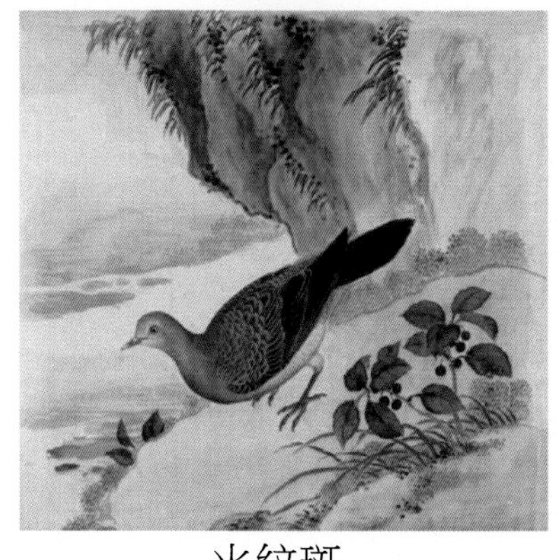

火紋斑

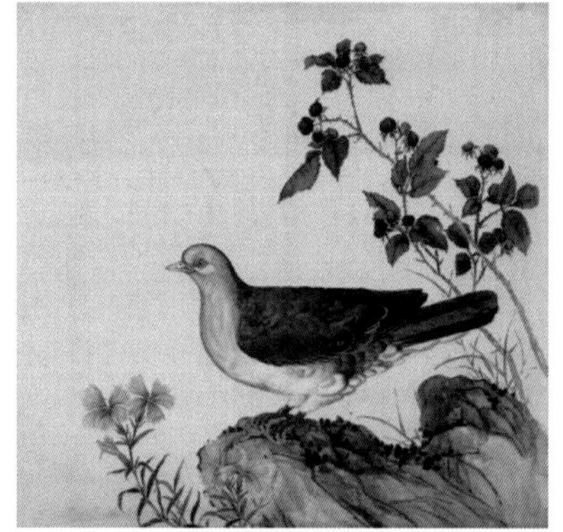

綠斑

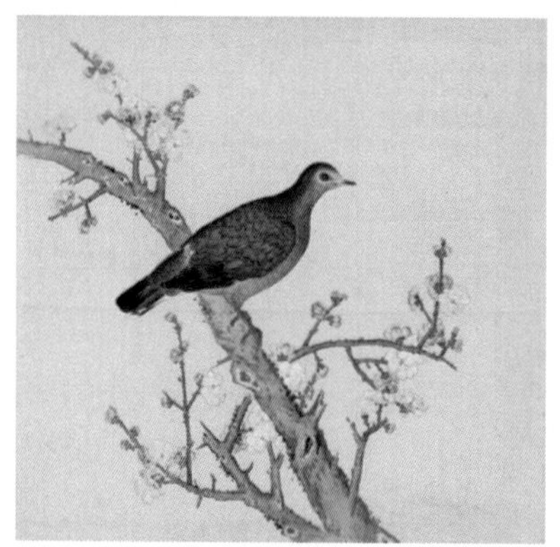
南綠斑

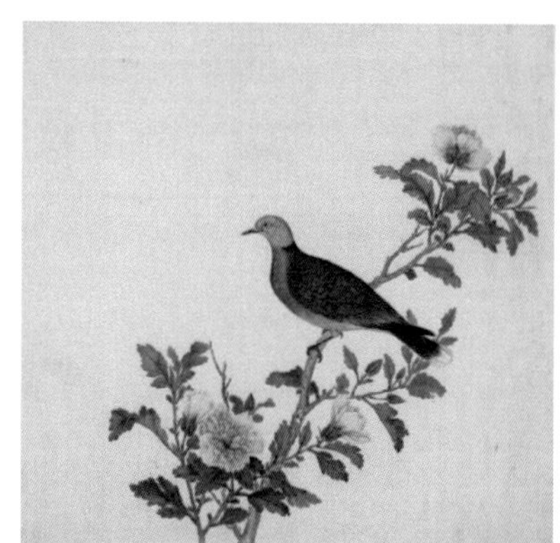
紫斑

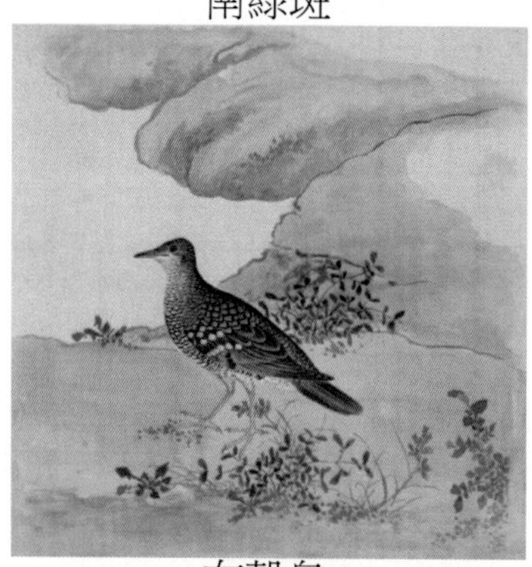
布穀鳥

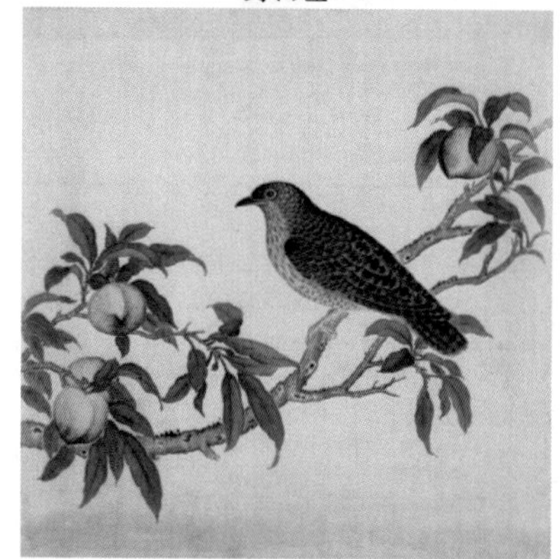
佛鳥

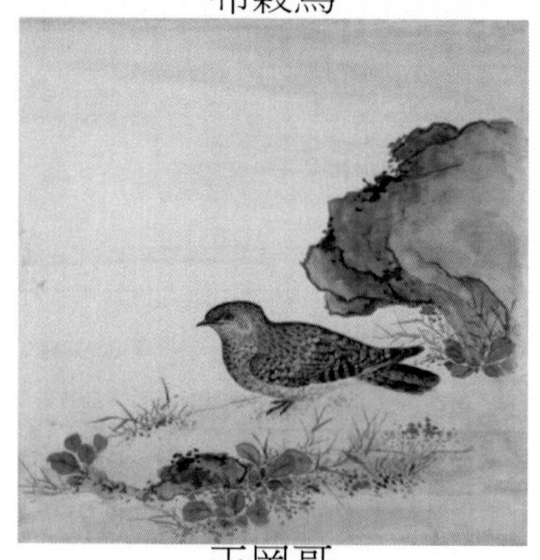
王岡哥

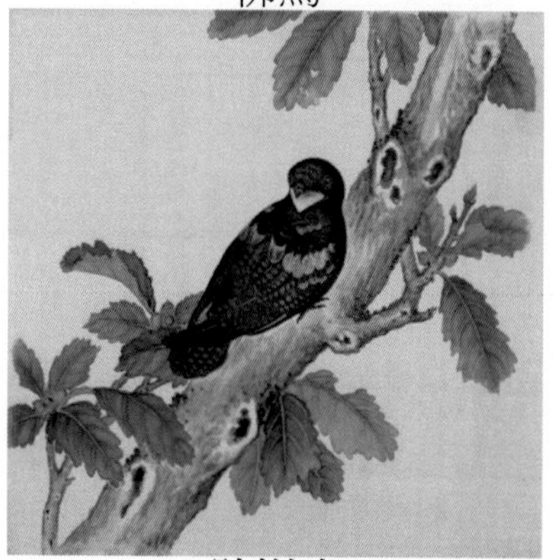
貼樹皮

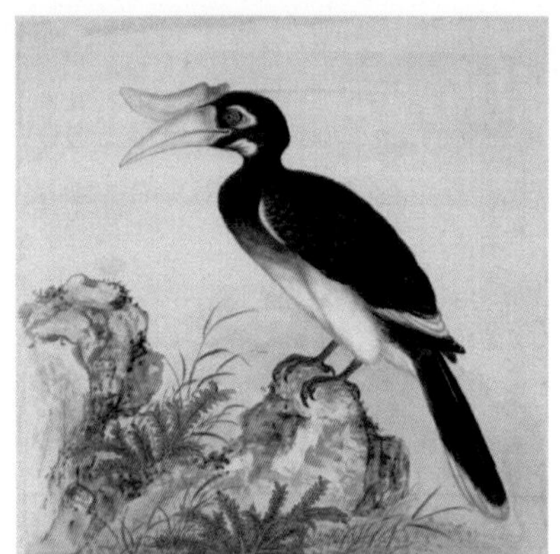
弩克鴉克

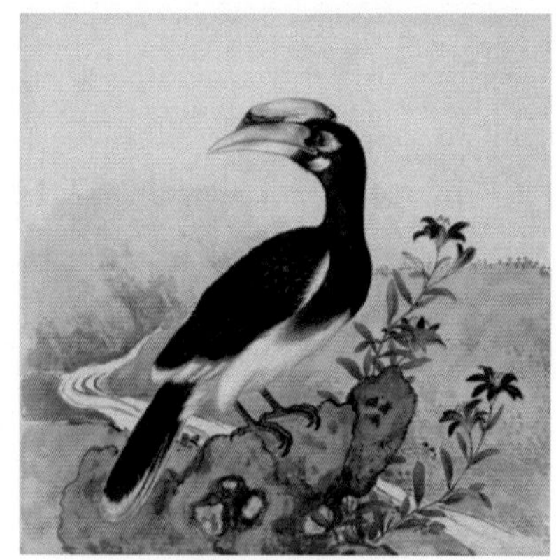
雌弩克鴉克

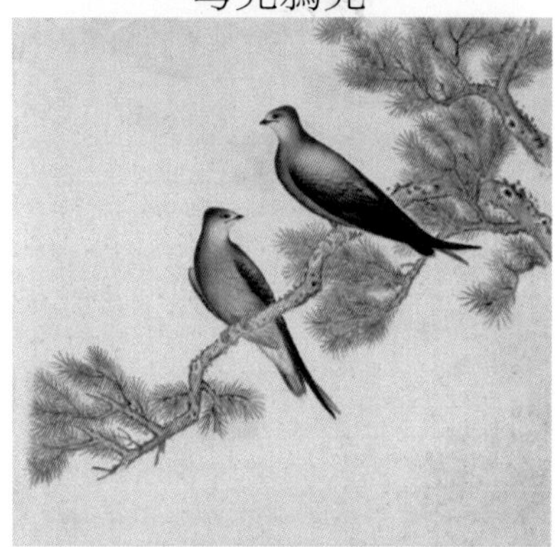
石燕

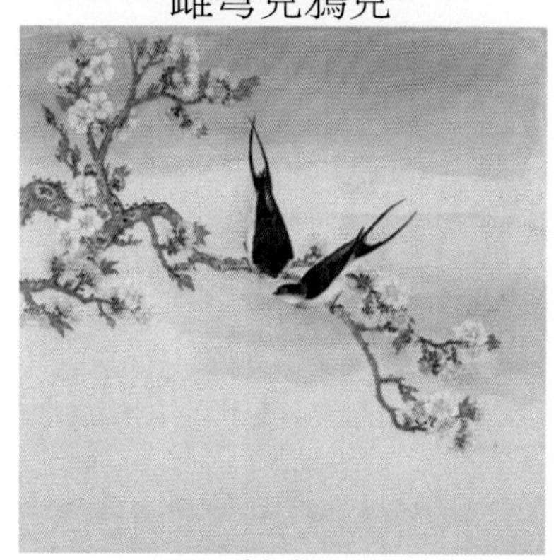
越燕

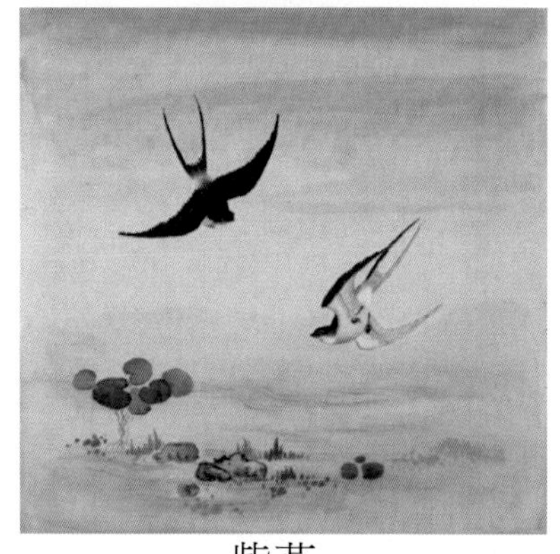
紫燕

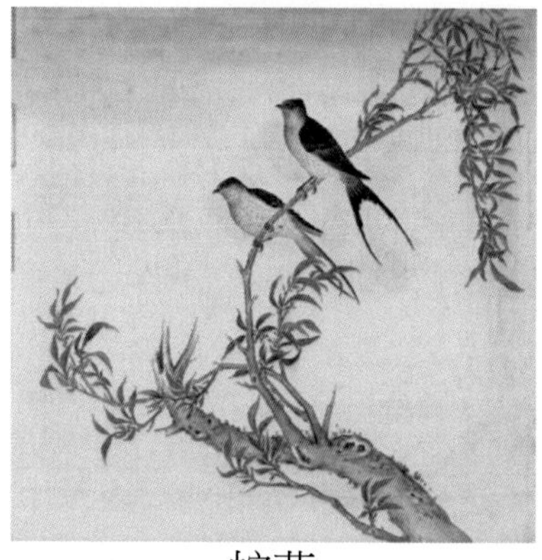
蛇燕

鳥類漢滿名稱對照表（五）

順次	漢文	滿文	羅馬字轉寫	備註
1	錦雞	ᠵᡠᠩᡤᡳᡵᡳ ᠴᡝᠴᡳᡴᡝ	junggiri cecike	
2	文鶪	ᡧᡠᠩᡤᡳᡩᡝᡳ	šunggidei	
3	華蟲	ᠶᠠᠩᡤᡳᡩᡝᡳ	yanggidei	
4	鵕鸃	ᡳᠯᡩᡝᡩᡝᡳ	ildedei	
5	鷩雉	ᡶᡠᠯᡤᡳᡩᡝᡳ	fulgidei	
6	天雞	ᡨᡠᡤᡳᡩᡝᡳ	tugidei	
7	蛹蛦	ᠪᡳᠶᠠᠩᡤᡳᡩᡝᡳ	biyanggidei	

順次	漢文	滿文	羅馬字轉寫	備註
8	翬雉	ᡶᡳᠶᠠᠩᡤᠠ ᡠᠯᡥᡡᠮᠠ	fiyangga ulhūma	
9	丹鳥	ᡶᡠᠯᡤᡳᡵᡳ	fulgiri	
10	白鷴	ᡧᡠᠩᡤᡳᠨ ᡤᠠᠰᡥᠠ	šunggin gasha	
11	白鷴	ᡧᠠᠩᡤᡳᠨ	šanggin	
12	閑客	ᠰᡠᠯᡨᠠᡥᠠ	sultaha	
13	白雉	ᡧᠠᠯᡥᡡᠮᠠ	šalhūma	
14	吐綬雞	ᠰᡠᡳᡥᡝᡨᡠ ᠴᠣᡴᠣ	suihetu coko	

順次	漢文	滿文	羅馬字轉寫	備註
15	避株	ᠨᠠᠩᡤᡳᡨᡠ ᠴᠣᡴᠣ	nanggitu coko	
16	錦帶功曹	ᠵᡠᠩᡤᡳᠰᡠᠨ ᠴᠣᡴᠣ	junggisun coko	
17	綬鳥	ᠰᡠᡳᡥᡝᡨᡠ ᡤᠠᠰᡥᠠ	suihetu gasha	
18	珍珠雞	ᠮᡝᡵᠰᡝᠨᡨᡠ ᠴᠣᡴᠣ	mersentu coko	
19	錦囊鳥	ᠵᡠᠩᡤᡳᠯᠠ ᡤᠠᠰᡥᠠ	junggila gasha	
20	鸐	ᠪᡠᠶᠠᠨᡨᡠ ᡠᠯᡥᡡᠮᠠ	buyantu ulhūma	

順次	漢文	滿文	羅馬字轉寫	備註
21	潮雞	ᡶᡠᡵᡤᡳ ᠴᠣᡴᠣ	furgi coko	
22	鸜鴿	ᡴᡳᠣᠩᡤᡠᡥᡝ	kiongguhe	
23	田洞雞	ᠨᡳᠶᡝᡴᠰᡝᡵᡥᡝᠨ	niyekserhen	
24	朱頂大啄木	ᡶᡠᠯᡤᡳᠶᠠᠨ ᡨᠣᠰᡳᠩᡤᠠ ᡶᡳᠶᠣᡵᡥᠣᠨ	fulgiyan tosingga fiyorhon	
25	斲木	ᠴᠣᡵᡥᠣᠨ	corhon	
26	鴷	ᡶᠠᡨᠠᡵᡥᠣᠨ	fatarhon	
27	鑚打木	ᡨᠣᡵᡥᠣᠨ	torhon	
28	火鴉	ᡶᡠᠯᡤᡳᠶᠠᠨ ᡤᠠᡥᠠ	fulgiyan gaha	

順次	漢文	滿文	羅馬字轉寫	備註
29	仙鶴	ᠪᡠᠯᡝᡥᡝᠨ	bulehen	
30	鴽	ᡶᠠᡩᠠᡵᡥᠣᠨ	fadarhon	
31	丹頂啄木	ᡶᡠᠯᡤᡳᠶᠠᠨ ᡨᠣᠰᡳᠩᡤᠠ ᡶᡳᠶᠣᡵᡥᠣᠨ	fulgiyan tosingga fiyorhon	
32	青啄木	ᠶᠠᠴᡳᠨ ᡶᡳᠶᠣᡵᡥᠣᠨ	yacin fiyorhon	
33	花啄木	ᠶᠣᠯᠣᡴᡨᠣ	yolokto	
34	黑頭啄木	ᡴᡠᡵᡝᡥᡠ	kurehu	
35	白頭啄木	ᠴᠠᡴᡡᠯᡠ ᡴᡠᡵᡝᡥᡠ	cakūlu kurehu	
36	山啄木	ᡶᡳᠶᠣᡵᡥᠣᠨ	fiyorhon	

順次	漢文	滿文	羅馬字轉寫	備註
37	紅頭花啄木	ᡶᡠᠯᡤᡳᠶᠠᠨ ᡠᠵᡠᠩᡤᠠ ᠶᠣᠯᠣᡴᡨᠣ	fulgiyan ujungga yolokto	
38	花翅山啄木	ᠠᠯᡥᠠ ᠠᠰᡥᠠᠩᡤᠠ ᡶᡳᠶᠣᡵᡥᠣᠨ	alha ashangga fiyorhon	
39	戴勝	ᡳᠨᡩᠠᡥᡡᠨ ᠴᡝᠴᡳᡴᡝ	indahūn cecike	
40	戴鵀	ᡤᡠᠩᡤᡠᡥᡠᠨ ᠴᡝᠴᡳᡴᡝ	gungguhun cecike	
41	戴南	ᡩᠠᠨᠠᡥᡡᠨ ᠴᡝᠴᡳᡴᡝ	danahūn cecike	
42	鴐鸅	ᡶᠣᡵᠣᡥᡡᠨ ᠴᡝᠴᡳᡴᡝ	forohūn cecike	

順次	漢文	滿文	羅馬字轉寫	備註
43	戴鵀	ᠰᡠᡨᡠᡥᡡᠨ ᠴᡝᠴᡳᡴᡝ	sutuhūn cecike	
44	服鶝	ᡶᡠᡵᡥᡡᠨ ᠴᡝᠴᡳᡴᡝ	furhūn cecike	
45	織鳥	ᠵᠣᡩᠣᡥᡡᠨ ᠴᡝᠴᡳᡴᡝ	jodohūn cecike	
46	織鳥	ᠵᠣᡩᠣᡵᠣ ᡤᠠᠰᡥᠠ	jodoro gasha	
47	頭上勝	ᡤᡠᠩᡤᡠᡥᡠᠨ ᠴᡝᠴᡳᡴᡝ	gungguhun cecike	
48	鶝鵖	ᡶᡠᠪᡳᡥᡡᠨ ᠴᡝᠴᡳᡴᡝ	fubihūn cecike	

順次	漢文	滿文	羅馬字轉寫	備註
49	鶵鷗	ᡶᡠᡵᡥᡠᠨ ᠴᡝᠴᡳᡴᡝ	furhun cecike	
50	黑鳩	ᠰᠠᡥᠠᠯᡳᠶᠠᠨ ᡴᡝᡴᡠᡥᡝ	sahaliyan kekuhe	
51	可姑	ᡴᡝᡴᡠᡥᡝ	kekuhe	
52	鶻鵃	ᡤᡠᠵᡝᡥᡝ	gujehe	
53	鸕鳩	ᠰᠠᡴᠰᠠᡨᡠ ᡴᡝᡴᡠᡥᡝ	saksatu kekuhe	
54	鶻鳩	ᡳᡨᡠᡵᡳ ᡴᡝᡴᡠᡥᡝ	ituri kekuhe	
55	鵲鳩	ᠰᠠᡴᠰᠠᡵᡳ ᡴᡝᡴᡠᡥᡝ	saksari kekuhe	

順次	漢文	滿文	羅馬字轉寫	備註
56	鳴鳩	ᡤᡠᠸᡝᠨᡩᡝᡵᡝ ᡴᡝᡴᡠᡥᡝ	guwendere kekuhe	
57	鶻鵰	ᡤᡠᠵᡝᡥᡝ	gujehe	
58	拙鳥	ᠮᠣᡩᠣ ᡤᠠᠰᡥᠠ	modo gasha	
59	鷦鷯	ᠵᡳᡵᡴᠠ ᠴᡝᠴᡳᡴᡝ	jirka cecike	
60	水喳子	ᡴᠠᡵᡴᠠ ᠴᡝᠴᡳᡴᡝ	karka cecike	
61	刺毛鷹	ᡴᡝᡴᡠᡨᡠ	kekutu	
62	火紋斑	ᠠᠯᡥᡠᡵᡠ ᡩᡠᡩᡠ	alhuru dudu	

順次	漢文	滿文	羅馬字轉寫	備註
63	鵓鳩	ᡴᡝᡴᡠᡥᡝ	kekuhe	
64	綠斑	ᡳᠯᡥᡠᡵᡠ ᡩᡠᡩᡠ	ilhuru dudu	
65	山斑	ᠠᠯᡳᠨ ᡩᡠᡩᡠ	alin dudu	
66	鵓鴣	ᡴᡝᡴᡠᡥᡝ	kekuhe	
67	南綠斑	ᠵᡠᠯᡝᡵᡤᡳᠩᡤᡝ ᠨᡳᠣᠸᠠᠩᡤᡳᠶᠠᠨ ᡩᡠᡩᡠ	julergingge niowanggiyan dudu	
68	鸕鷜	ᠯᠠᠯᡠᡵᡳ ᡩᡠᡩᡠ	laluri dudu	

順次	漢文	滿文	羅馬字轉寫	備註
69	綠斑	ᠨᡳᠣᠸᠠᠩᡤᡳᠶᠠᠨ ᡩᡠᡩᡠ	niowanggiyan dudu	
70	紫斑	ᡧᡠᡧᡠ ᠪᠣᠴᠣᡳ ᡩᡠᡩᡠ	šušu bocoi dudu	
71	糠斑	ᠮᡝᡵᠰᡝᠩᡤᡝ ᡩᡠᡩᡠ	mersengge dudu	
72	布穀鳥	ᡨᠣᡳᡨᠣᠨ	toiton	
73	佛鳥	ᡨᡠᡳᡨᡠᠨ ᡤᠠᠰᡥᠠ	tuitun gasha	
74	花雞	ᠠᠯᡥᠠ ᡨᠣᡳᡨᠣᠨ	alha toiton	

順次	漢文	滿文	羅馬字轉寫	備註
75	王岡哥	ᠵᡳᠯᡤᠠᠩᡤᠠ ᡤᠠᠰᡥᠠ	jilgangga gasha	
76	伯勞	ᡥᡳᠣᠩᡥᡳᠣᡳ ᠴᡝᠴᡳᡴᡝ	hionghioi cecike	
77	姑獲	ᠶᠠᠮᠵᡳᡵᡳ ᡤᠠᠰᡥᠠ	yamjiri gasha	
78	貼樹皮	ᠴᠠᠯᡳᡥᡡᠨ	calihūn	
79	覆樹陰	ᡤᠠᠯᠠᠮᠠ ᡥᡝᡵᡝᡴᡠ	galama hereku	
80	弩克鴉克	ᠨᡠᡴᠶᠠᡴ ᡤᠠᠰᡥᠠ	nukyak gasha	

順次	漢文	滿文	羅馬字轉寫	備註
81	雌努克鴉克	ᡝᠮᡳᠯᡝ ᠨᡠᡴᠶᠠᡴ ᡤᠠᠰᡥᠠ	emile nukyak gasha	
82	石燕	ᡥᠠᡩᠠ ᠴᡳᠪᡳᠨ	hada cibin	
83	越燕	ᡤᡡᠯᡩᠠᡵᡤᠠᠨ	gūldargan	
84	鳦	ᠵᡳᠵᡳᡵᡤᠠᠨ	jijirgan	
85	元鳥	ᡨᡠᡵᠠᡴᡳ	turaki	
86	鷰	ᠴᡳᠪᡳᠨ	cibin	
87	燕	ᠴᡳᠪᡳᠨ	cibin	
88	社燕	ᠪᠣᡳᡥᠣᠵᡠ ᠴᡳᠪᡳᠨ	boihoju cibin	

順次	漢文	滿文	羅馬字轉寫	備註
89	紫燕	ᠴᡳᠪᡳᠨ	cibin	
90	鷙鳥	ᡩᠠᠰᡳᡥᡳᡴᡠ ᡤᠠᠰᡥᠠ	dasihiku gasha	
91	漢燕	ᠨᡳᡴᠠᠨ ᡤᡡᠯᡩᠠᡵᡤᠠᠨ	nikan gūldargan	
92	蟄燕	ᠪᡠᡨᡠᡥᠠ ᠴᡳᠪᡳᠨ	butuha cibin	
93	白燕	ᡧᠠᠨᠶᠠᠨ ᠴᡳᠪᡳᠨ	šanyan cibin	
94	沙燕	ᠶᠣᠩᡤᠠᠨ ᠴᡳᠪᡳᠨ	yonggan cibin	
95	蛇燕	ᡴᡝᠯᡨᡝᡵᡥᡝᠨ	kelterhen	

順次	漢文	滿文	羅馬字轉寫	備註
96	胡燕		monggo cibin	
97	夏侯		juwari gūldargan	

資料來源：《故宮鳥譜》，北京，故宮出版社，2014 年 10 月，第五冊。

《鳥譜》第五冊，共計三十幅，所標列鳥類名稱，包括：錦雞（junggiri cecike）、白鷴（šunggin gasha）、吐綬雞（suihetu coko）、紅色吐綬雞（fulgiyan suihetu coko）、田洞雞（niyekserhen）、朱頂大啄木（fulgiyan tosingga fiyorhon）、山啄木（fiyorhon）、雌山啄木（emile fiyorhon）、紅頭花啄木（fulgiyan ujungga yolokto）、花啄木（yolokto）、黑頭啄木（kurehu）、白頭啄木（cakūlu kurehu）、花翅山啄木（alha ashangga fiyorhon）、戴勝（indahūn cecike）、黑鳩（sahaliyan kekuhe）、剌毛鷹（kekutu）、火紋斑（alhuru dudu）、綠斑（ilhuru dudu）、南綠斑（julergingge niowanggiyan dudu）、紫斑（šušu bocoi dudu）、布穀鳥（toiton）、佛鳥（tuitun gasha）、王岡哥（jilgangga gasha）、貼樹皮（calihūn）、弩克鴉克（nukyak gasha）、雌弩克鴉克（emile nukyak gasha

）、石燕（hada cibin）、越燕（gūldargan）、紫燕（cibin）、蛇燕（kelterhen）等三十種鳥類名稱，此外，還有各種別名，表五所列名稱，多達九十七種。

錦雞，滿文讀作“junggiri cecike”，因文彩如錦、勻淨如畫而得名。其別名包括：文鵗（šunggidei）、華蟲（yanggidei）、鵕鸃（ildedei）、鷩雉（fulgidei）、天雞（tugidei）、蛃蛦（biyanggidei）等。華蟲，滿文又作“boconggo ulhūma”，亦即「彩雉」。鵗屬於雉類，文鵗類似翟雉（fiyangga ulhūma）。鵕鸃之文在身，鵗之文在背。《左傳》中丹鳥（fulgiri），即鷩雉，〈蜀都賦〉稱為蛃蛦，亦即鵕鸃。白鷴、黑鷴，都是雉類。鷴似山雞（ulhūma）而色白，稱為白鷴（šunggin gasha），一名白鵫（šanggin），即白雉（šalhūma），又名閑客（sultaha），羽毛美麗，是一種珍禽。

吐綬雞（suihetu coko），項有嗉囊，內藏肉綬。其別名包括：避株（nanggitu coko）、錦帶功曹（junggisun coko）、綬鳥（suihetu gasha）、珍珠雞（mersentu coko）、錦囊鳥（junggila gasha）。吐綬雞，屬於雉類，或謂其大如鸛（buyantu ulhūma），或謂如鸜鴿（kiongguhe），因所見而異，陝西人呼為潮雞（furgi coko）。天氣晴暘則頸出彩色作囊，遇樹木則避之，故名避株。吐綬雞彩囊，紅碧相間，俗稱錦囊鳥。吐綬雞因其毛羽有白圓點，故又稱珍珠雞。

田洞雞（niyekserhen）食魚蝦，出自福建侯官縣深山田澤地方。啄木鳥因常斲樹食蟲而得名。又名斲木（corhon）。啄木鳥有大有小，有褐有斑，有青又有青黑。其中身大如火鴉（fulgiyan gaha），稱為丹頂啄木，又名朱頂大啄木，滿文讀作“fulgiyan tosingga fiyorhon”。其身如雀，身青而白花者，稱為青啄木（yacin fiyorhon）。自頂至背，翅黑色白紋者，稱為花啄木（yolokto）。頭頂全黑者，稱為黑頭啄木（kurehu）。白頭、白項，形似小雀者，稱為白頭啄木（cakūlu kurehu）。紅睛、紅頂、背翅青綠色，身大如鳩者，稱為山啄木（fiyorhon）。紅頂、翅上有白圓點相間，近尾腹毛殷紅者，稱為紅頭花啄木（fulgiyan ujungga yolokto）。膊翅土紅色，間以黑斑者，稱為花翅山啄木（alha ashangga fiyorhon）。啄木鳥因毛色及其身形大小不同，而有各種別名。

戴勝，滿文讀作"indahūn cecike"，意即「狗雀」，屬於鳩類，長觜黑色，兩翅黃白黑三色相間，頂有花羽，鳴則頂花開張。其別名包括：戴鵀（gungguhun cecike）、戴南（danahūn cecike）、戴鳻（sutuhūn cecike）、鵟鸅（forohūn cecike）、服鶝（furhūn cecike）、鐵鳥（jodohūn cecike）等等。在朝鮮洌水之間，稱為鶝鶝（fubihūn cecike），關東稱為戴鵀，東齊海岱之間，稱為戴南，或稱為鵟鸅，或稱為戴鳻，或稱為戴勝。吳揚之間，則稱之為鵀。關西地區稱為服鶝，或稱為鶝鶝（furhun cecike）。

黑鳩（sahaliyan kekuhe），鳴聲作「可姑」，故一名可姑（kekuhe）。江東地方稱為鶻鵃（gujehe），又作鶻鳩（ituri kekuhe），蜀人稱為拙鳥（modo gasha），不善築巢，取他鳥之巢居之，鶻鵃春來秋去而為司事，又名鷗鳩（saksatu kekuhe），或稱為鵲鳩（saksari kekuhe），或稱為鶻鵰（gujehe）。鷦鷯（jirka cecike），為生鵰之鵰，水喳子，滿文讀作"karka cecike"，鳲鳩、鳴鳩，滿文俱作"guwendere kekuhe"。刺毛鷹（kekutu），亦屬於鳩類。刺毛鷹常棲止松林，春季三月時，松尖花落葉生，有一種黑毛蟲食其新葉，刺毛鷹專食此蟲。

斑與鳩，雖屬同類，其實，斑與鳩，不能合而為一，有紋者，稱為斑，純色無紋者，稱為鳩。火紋斑（alhuru dudu），小於鵓鳩（kekuhe），背黃褐色，因有斑如火焰，故名火紋斑。綠斑（ilhuru dudu），大於鵓鴣（kekuhe），其項、頰、頷、臆俱嫩柳綠色，北方山中頗多，稱為山斑（alin dudu）。南方的綠斑，俗稱南綠斑

（julergingge niowanggiyan dudu），北方人稱為鸛鶇（laluri dudu），意即毛翠不整齊，如衣服藍縷的樣子。紫斑（šušu bocoi dudu），身背紫紅色，俚俗稱為糠斑（mersengge dudu）。

布穀鳥（toiton），一名花雞，滿文讀作"alha toiton"，意即「花布穀鳥」，地方人稱之為一歲的佛鳥（tuitun gasha）。佛鳥鳴聲近似「推吞」（tuitun），又似誦彌陀（omito）聲，故稱佛鳥。王岡哥，滿文讀作"jilgangga gasha"，意即「有聲音的鳥」，是一種夜鳴的鳥，但聞其聲，不見其形。貼樹皮（calihūn），不能站立，常緣木而行，其色又與木色相類，故名貼樹皮，南方稱為覆樹陰（galama hereku）。弩克鴉克，滿文讀作"nukyak gasha"，雌雄相同，出自暹羅國。

石燕（hada cibin），出自吉林船廠，與內地沙燕（yonggan cibin）相似，頭觜似燕，但有長翅，尾無雙岐。石燕，滿文讀作"hada cibin"，意即「峰燕」，或因石燕棲息於岩峰而得名。越燕（gūldargan），身小而善鳴。燕字篆文象形，燕燕又名鳦，滿文讀作"jijirgan"，詞中"jiji"，鳥鳴聲「啁啾」。《禽經》元鳥（turaki），當即玄鳥，元鳥，即燕燕，又作鷾，即鳦。因春社來秋社去，故名社燕（boihoju cibin）。燕或以色分，或以形異，種類不一而足。紫燕（cibin），紫胸紅腹，與越燕同類而殊種，《本草綱目》記載：鷹鷂食燕則斃，故有鷙鳥（dasihiku gasha）之稱。民間相傳，燕能興波祈雨，故有游波（welderhen）之號，其中聲多稍小者，稱為漢燕（nikan gūldargan），頷下紫，巢於門楣上者，謂之紫燕（cibin）。樵採者於古木空穴中所見無羽毛者，則為南方蟄燕（butuha cibin）。驚蟄後，蟄燕脫毛復長，乘陽氣蒸騰而出，千百為隊，飛翔剪掠，謂之舞燕（maksire cibin）。蛇燕（kelterhen）、胡燕（monggo cibin），巢於大屋兩榱，其身長者，謂之蛇燕，胡燕胸斑身大，俗呼為夏侯（juwari gūldargan）。

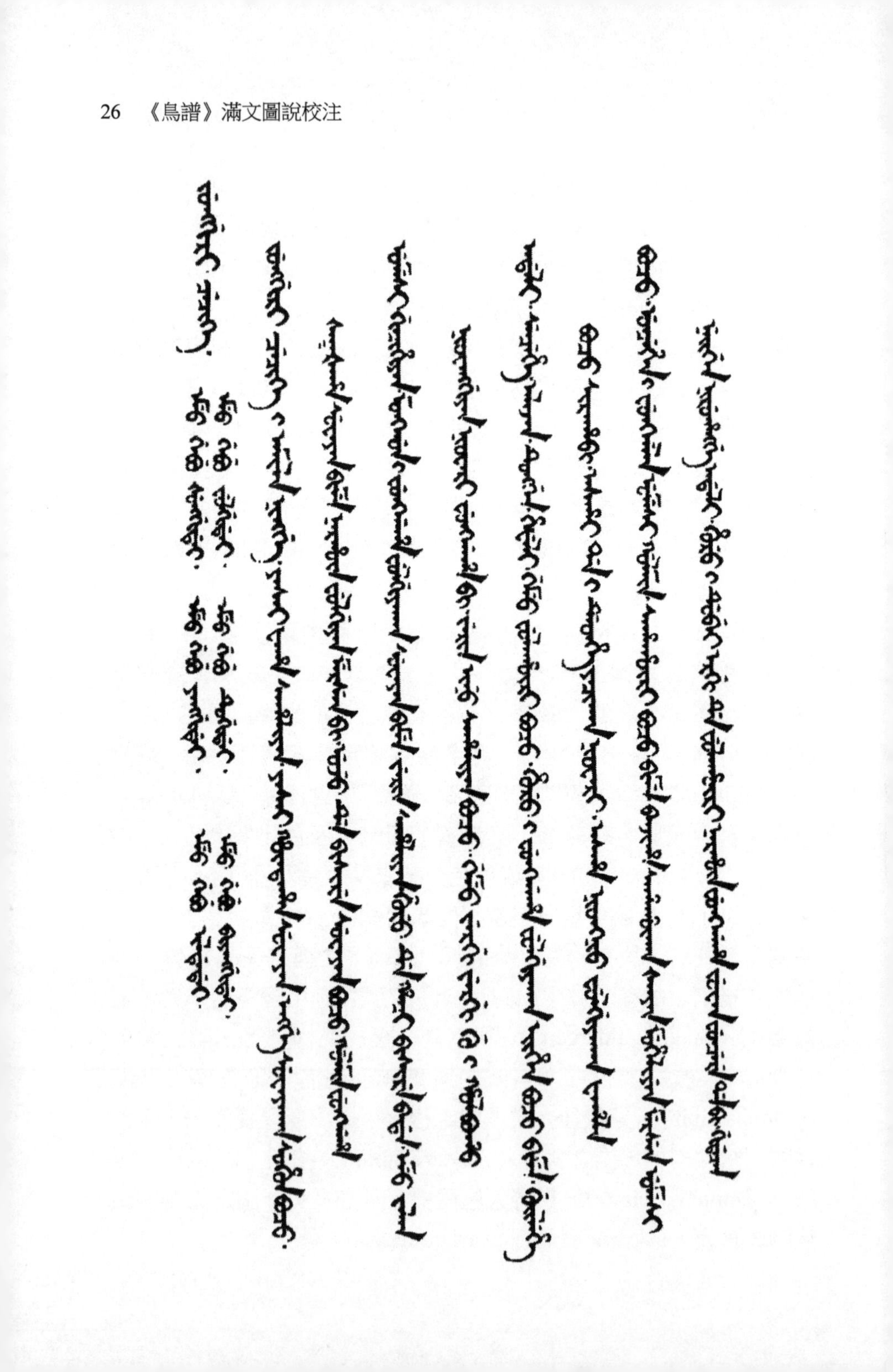

[illegible]

junggiri cecike, emu gebu šunggidei, emu gebu yanggidei, emu gebu ildedei, emu gebu fulgidei, emu gebu tugidei, emu gebu biyanggidei.

junggiri cecike i amila ningge, yasai faha sahaliyan, yasai hūntahan suwanyan, engge suwayakan suhun boco, šakšaha suwayan bime narhūn fulgiyan mersen bi, uju de bisire suwayan boco golmin funggaha umesi gincihiyan, monggon i funggaha fulgiyakan suwayan bime, jerin sahaliyan, huru de hanci bisire bade emu jalan niowanggiyan niowari funggaha bi, jerin inu sahaliyan boco, gemu jergi jergi gu i holboho adali, sencehe, alajan, tunggen, hefeli gemu fulahūri boco, huru i funggaha fulgiyakan eihen boco bime, guilehe boco sirahabi, ashai da i dethe yacikan niowari, asha niongnio fulgiyakan fahala boco, uncehen i funggala umesi golmin, sahahūri boco bime banjiha sahahūkan šanyan muheliyen mersen umesi neigen niruhangge adali, huru i dubei ergi de fulahūri narhūn funggaha juwan funcere da bi, gidacan

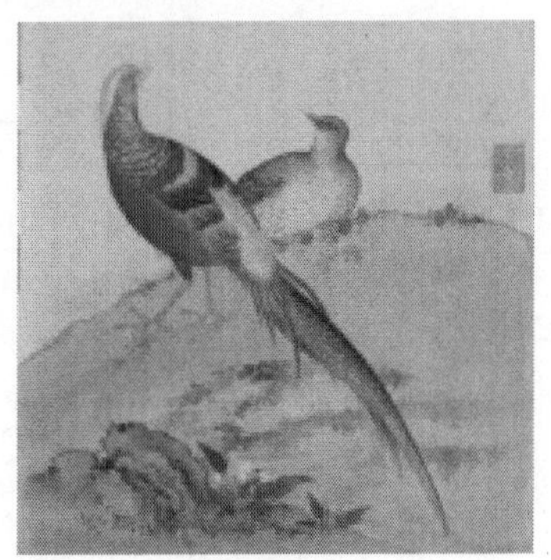

錦雞，一名文鵫，一名華蟲，一名鵕鸃，一名鷩雉，一名天雞，一名蛸蛺

錦雞，雄者黑目，黃眶，米黃觜，黃頰，細紅點。頂有長纓，黃色極鮮。項毛赤黃黑邊，近背有翠綠毛一節，邊亦黑色，俱相次如銜玦。頷、臆、胸、腹俱赤紅色，背毛赤赭接以杏黃，膊毛翠青，翅翮紅藕色。尾翎極長，蒼黑質蒼白圓點滿之，勻淨如畫。背末有赤紅細毛十餘莖，蓋尾

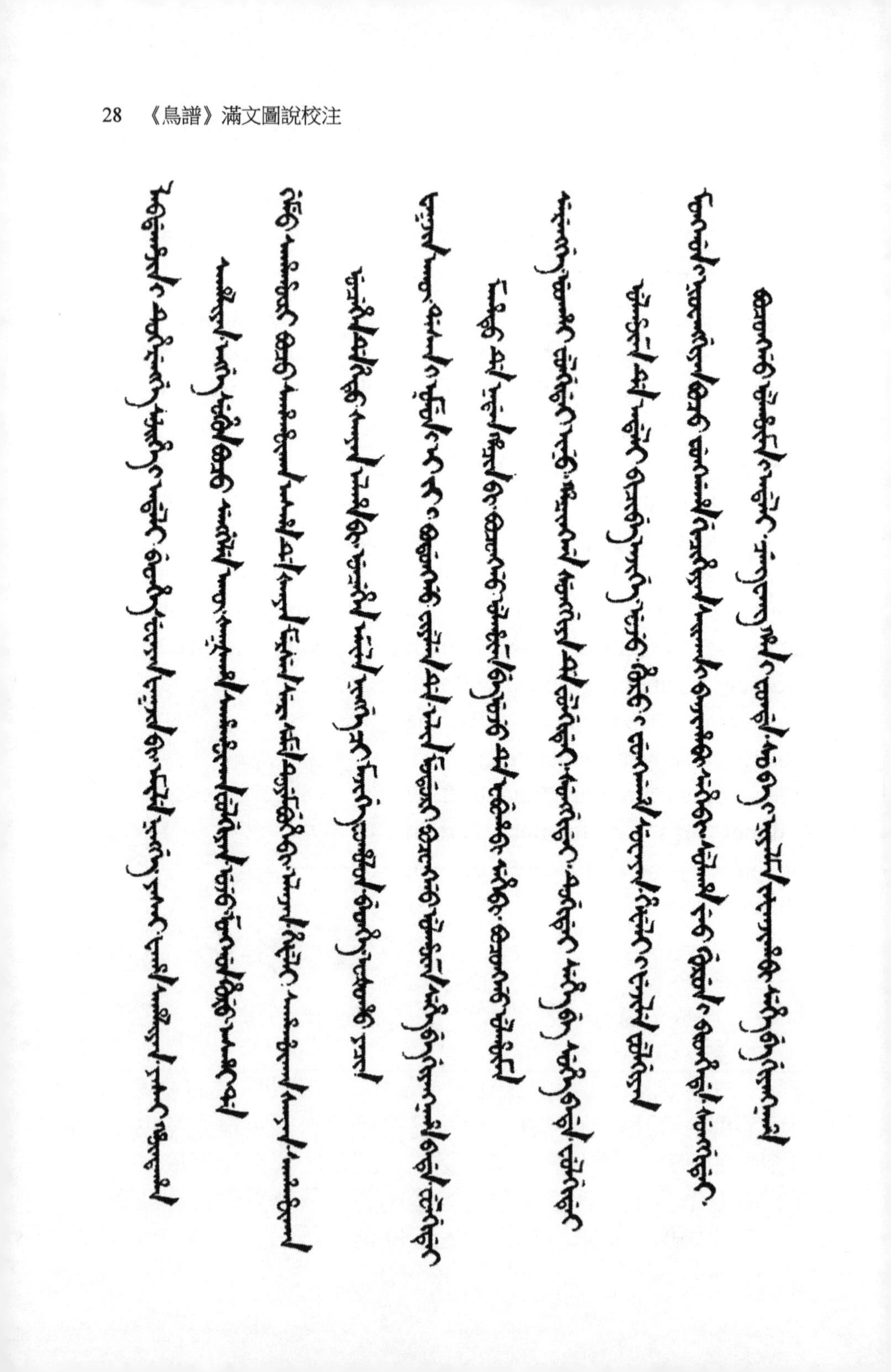

labdahūn i tuherengge suihe i adali, bethe suwayan fakjin bi, emile ningge, yasai faha sahaliyan, yasai hūntahan sahaliyan, engge suhun boco senggele akū, šakšaha sahahūkan fulgiyan, uju, monggon, huru, ashai da gemu sahahūri boco sahahūkan asha de šanyan mersen ser seme tuyembuhebi, alajan, hefeli sahahūkan šanyan, sahahūkan uncehen de hetu šanyan alha bi, uncehen amila ningge ci majige foholon, bethe, ošoho yacin fakjin akū. dasan i nomun i i ji i bodonggo fiyelen de, alin muduri boconggo ulhūma sehe be giyangnaha bade, fulgidei mahatu de nadan hacin bi, boconggo ulhūma be uju de obuhabi sehebi, boconggo ulhūma serengge, uthai fulgidei inu. hancingga šunggiya de fulgidei, šunggidei, tugidei sehe be suhe bade, fulgidei ulhūma de adali bicibe ajige, uju, huru i funggaha suwayan, hefeli fejile fulgiyan monggon i niowanggiyan boco funggaha gincihiyan saikan i banjihabi sehebi. sulaha jeo gurun i bithede, šunggidei, boconggo ulhūma i adali, ceng wang han i fonde, šu ba i niyalma jafanjihabi sehe be giyangnaha

---

披離如綬，黃足有距。雌者黑睛，黑眶，米色觜，無冠，蒼赤頰，頂、項、背、膊俱蒼黑色，蒼翅，白點隱見。蒼白臆、腹，蒼尾有橫白紋，尾比雄者稍短，青足爪，無距。《書•益稷謨》：山龍華蟲。疏云：驚冕七章，華蟲為首，華蟲，即鷩雉也。《爾雅》鷩雉，又鵫，天雞。注云：鷩似山雞而小，冠、背毛黃，腹下赤項綠色鮮明。《逸周書》曰：文鵫若彩雞，成王時蜀人獻之。疏云：

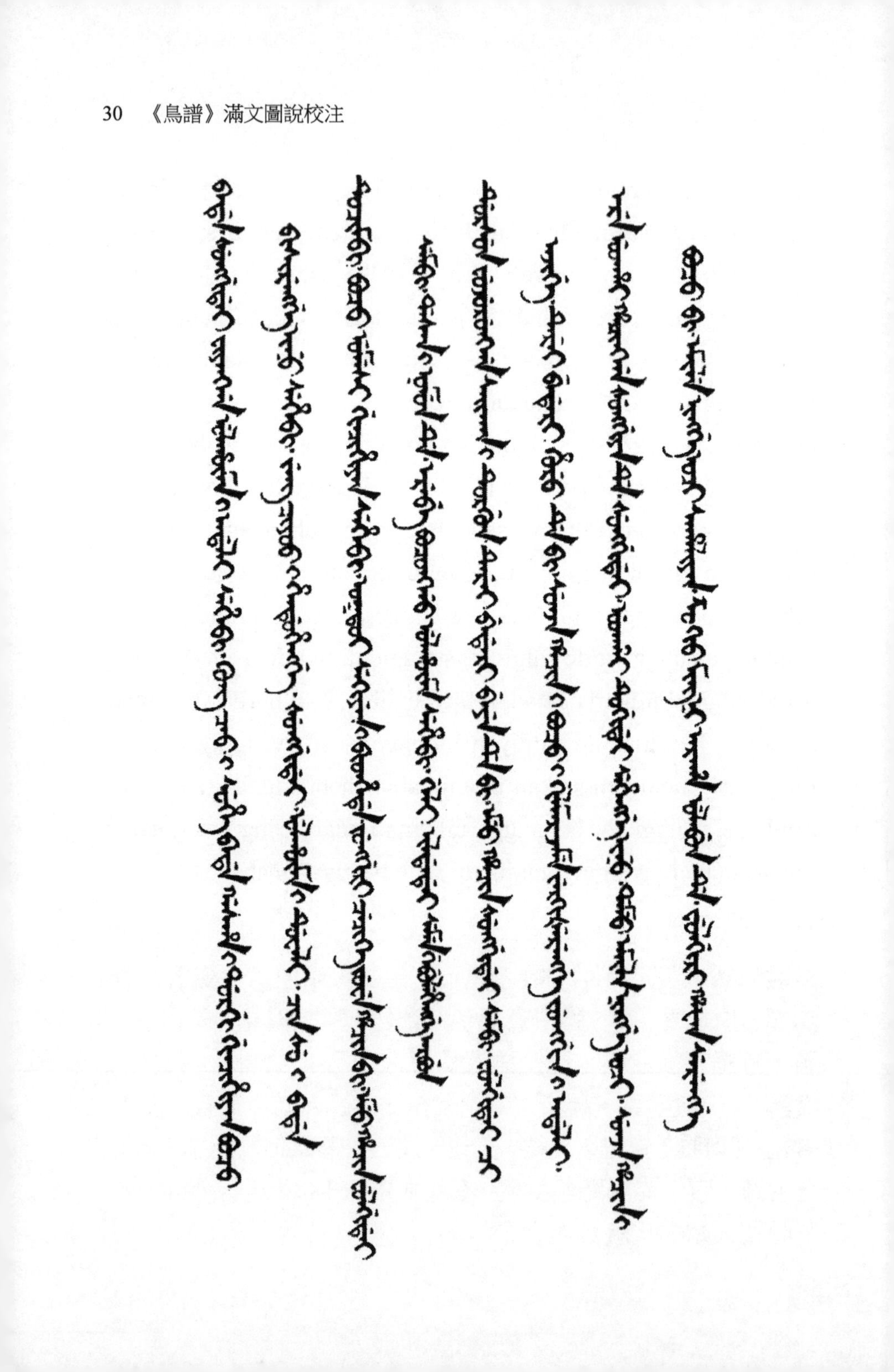

bade, šunggidei fiyangga ulhūma i adali sehebi, kung cao i suhe bade, gasha i dorgi gincihiyan boco bisirengge inu sehebi, jeng ciyoo i henduhengge, šunggidei ulhūma i duwali, cin šu i bade tucimbi, boco umesi gincihiyan sehebi. oktoi sekiyen i bithede, junggiri cecike juwe hacin bi, emu bacin fulgidei sembi. dasan i nomun de, erebe boconggo ulhūma sehebi, geli ildedei seme gebulehengge arbun dursun fujurungga saikan i turgun, terei bederi beye de bi, emu hacin šunggidei sembi, fulgidei ci ajige, terei bederi huru de bi, sunja hacin i boco i gilmarjame jerkišerengge junggin i adali, ere uthai hancingga šunggiya de šunggidei, uthai tugidei sehengge inu, damu amila ningge oci, sunja hacin i boco bi, emile ningge oci sahaliyan. dzo kio ming ni araha ulabun de, fulgiri hafan serengge

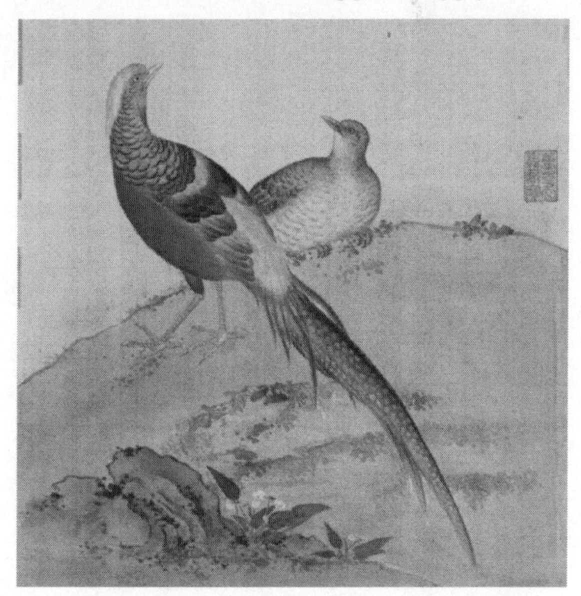

文鵫若翬雉。孔晁注云：鳥有文彩者是也。鄭樵云：鵫，蓋雉類，秦蜀有之，甚有文彩。《本草綱目》云：錦雞有二種：一曰鷩，《書》所謂華蟲，亦名鵕鸃，儀容俊秀也，其文在身；一曰鵫，小於鷩，其文在背，青揚五色，煥耀如錦。此《爾雅》所謂鵫，天雞也，但雄者色五采，雌者黑。《左傳》丹鳥氏

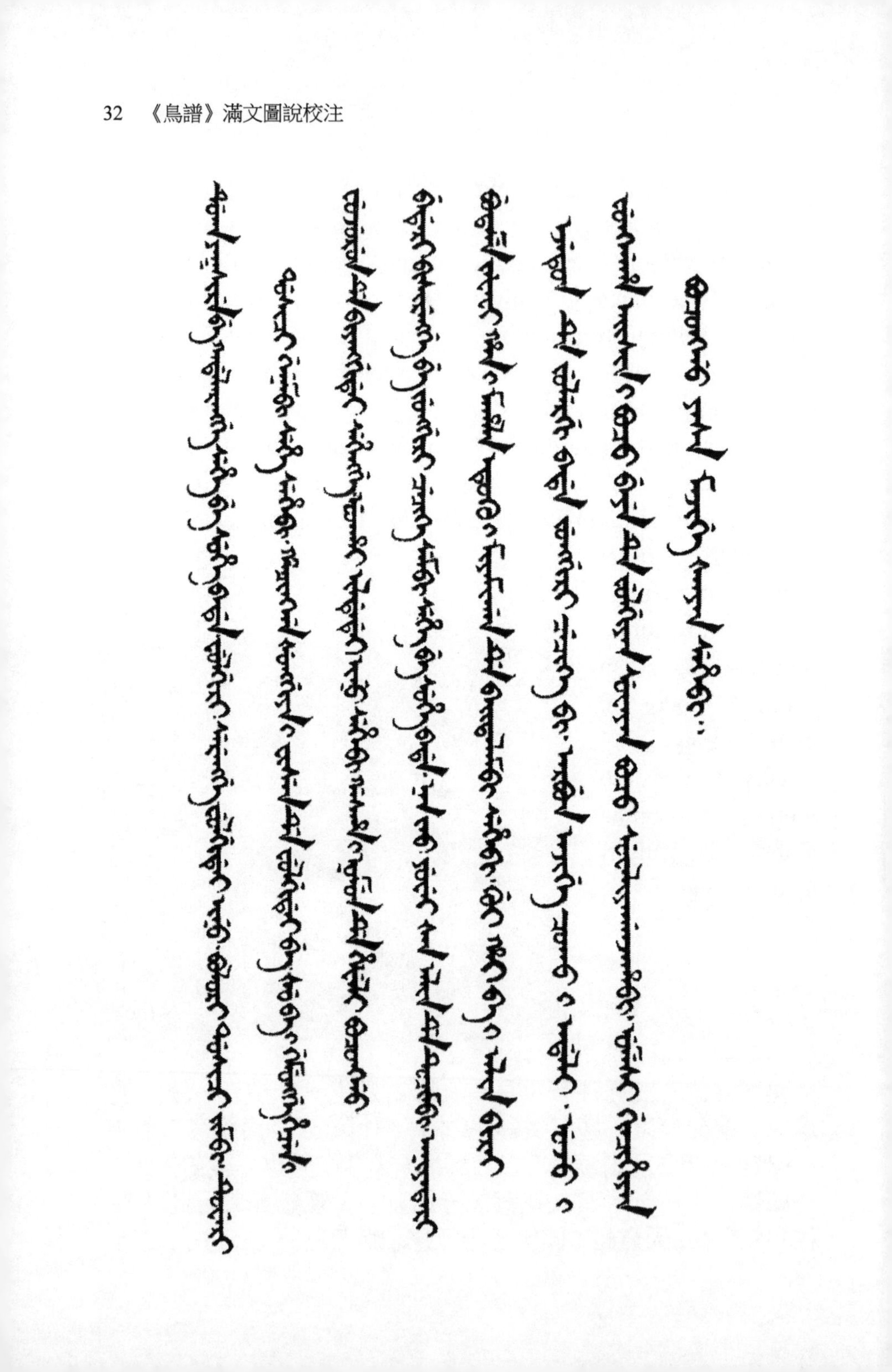

[illegible]

[illegible]

[illegible]

[illegible]

[illegible]

[illegible]

[illegible]

[illegible]

duka yaksire be kadalarangge sehe be suhe bade, fulgiri serengge fulgidei inu, bolori dosici jimbi, tuweri dosici genembi sehe sehebi. hancingga šunggiya i fisen de, fulgidei be šu ba i gemungge hecen i fujurun de biyanggidei sehengge, uthai ildedei inu sehebi. gasha i nomun de, hefeli boconggo bederi bisirengge be junggiri cecike sembi sehe be suhe bade, nan jao yuwei šan alin de tucimbi, aniyadari butame jafafi han i mahala etuku i miyamigan de baitalambi sehebi. gui hai ba i alin birai ejetun de, julergi bade junggiri cecike bi, arbun ajige coko i adali, uju i funggaha aisin i boco beye de fulgiyan suwayan boco suwaliyaganjahabi, umesi gincihiyan boconggo, yasa majige šanyan sehebi.

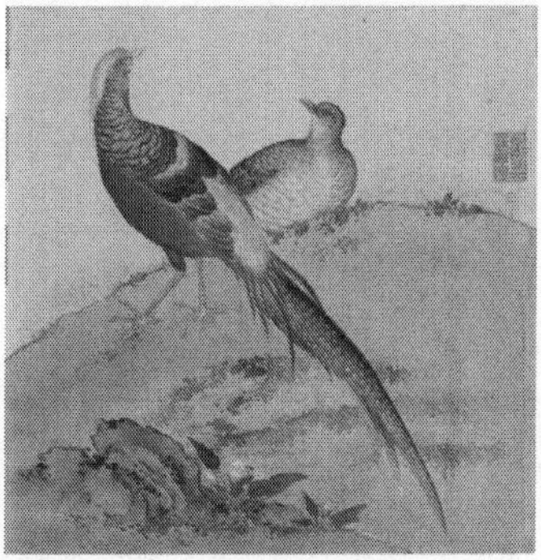

司閉者也。注云：丹鳥，鷩雉也。以立秋來，立冬去。《爾雅翼》云：鷩，〈蜀都賦〉謂之蛹蛦，即鷁鶂也。《禽經》云：腹有彩文[1]曰：錦雞。注云：出南詔越山中，歲採捕之，為王者冠服之飾。《桂海虞衡志》云：南中有錦雞，形如小雞，頭頂髮毛金色，身紅黃相間，極有文彩，目覺微白[2]。

1 腹有彩文，滿文讀作“hefeli boconggo bederi bisirengge”，意即「腹有彩斑」。

2 目覺微白，滿文讀作“yasa majige šanyan”，意即「目微白」。

ᡧᠠᠩᡤᡳᠶᠠᠨ ᡠᠯᡥᡡᠮᠠ

[illegible]

[illegible]

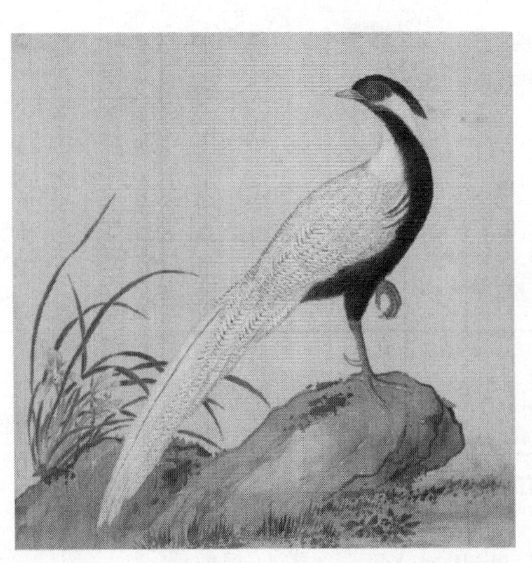

šunggin gasha, emu gebu šanggin,
emu gebu sultaha, emu gebu šalhūma.

nirugan i nomun de, šunggin gasha, ulhūma de adali bime, šanyan boco, sahaliyan bederi bi, mukei weren i gese banjihabi, uncehen i golmin ici ilan duin jušuru bi, beye de senggele fakjin yongkiyahabi, engge, ošoho yacikan sahaliyan boco, fulgiyan ningge inu bi, yabure ilire de elhe sulfa, geren gasha i feniyen de dosirakū ofi, tuttu šunggin gasha seme gebulehebi sehebi. tuwaci, hacingga〔hancingga〕 šunggiya de, šanggin serengge, šalhūma inu sehebi. julergi bai niyalma, hiyan sere hergen be, ha<u>n</u> sere hergen i adali hūlambi, ha<u>n</u> sere hergen serengge, funggaha dethe i saikan be, erebe

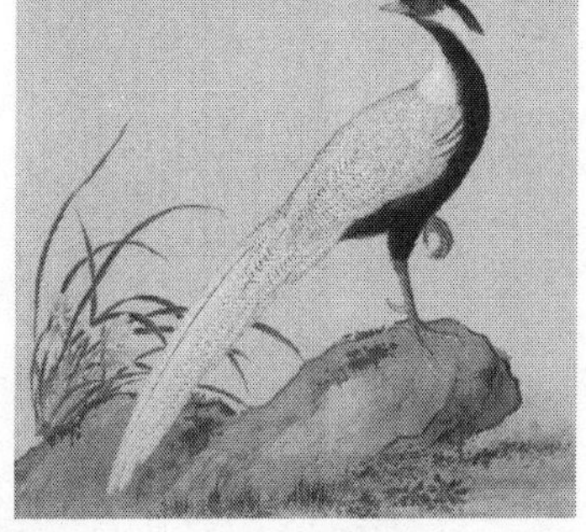

白鷴，一名白鶾，一名閑客，一名白雉

《圖經》云：鷴似山雞而色白，有黑文如漣漪[3]，尾長三、四尺，體備冠距，觜、爪青黑色，亦有丹者。行止閑暇，不雜於凡鳥，故得鷴稱。按《爾雅》[4]云：鶾，白雉。南人呼閑字如寒，鶾者，羽毛之美，

3 黑文，滿文讀作"sahaliyan bederi"，意即「黑斑」。

4 爾雅，滿文讀作"hacingga šunggiya"，句中"hacingga"，誤，當作"hancingga"。

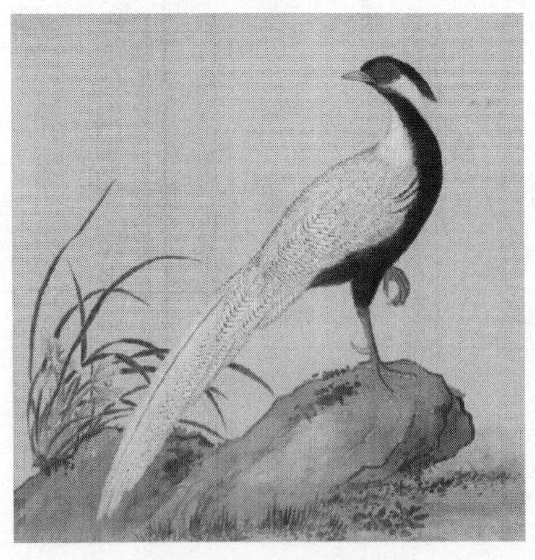

šanggin seme obuci acambi, hiyan sere hergen serengge, uthai haṉ sere hergen mudan i forgošohongge, guwangdung ni ejetun de, šunggin gasha serengge, julergi yuwei bai gashai dorgi sain ningge, šanyan boco de sahaliyan bederi, fulgiyan senggele ningge inu bi, huru i funggaha gemu sahaliyan jerin, mukei weren i adali banjihabi, terei emile oci, talu de fulgiyan funggaha ningge inu bi, inu sahaliyan šanggin gasha bi, gemu ulhūma i duwali, lii fang erebe sultaha sembi sehebi.

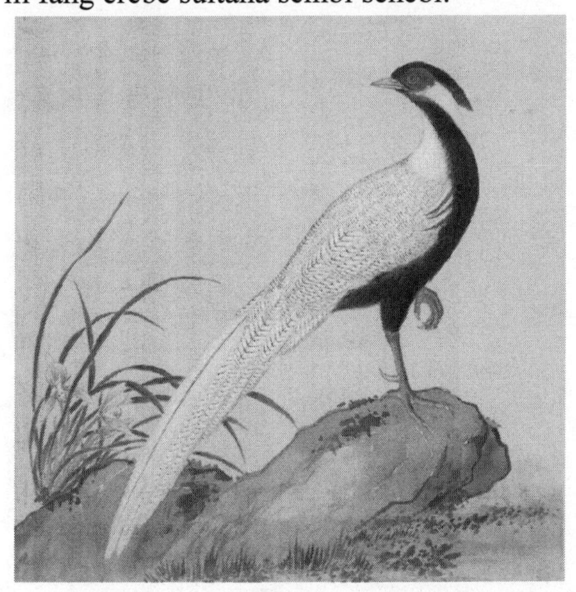

當作白⿱黔鳥。鷴即⿱黔鳥音之轉也。《粵志》曰：白鷴者南越羽族之珍，素質黑章[5]，有朱冠者，背毛皆以黑為邊襴，如水波形。其雌者間有朱毛，亦有黑鷴，皆雉類也。李昉謂之閑客。

5 素質黑章，滿文讀作“šanyan boco de sahaliyan bederi”，意即「在白色上有黑斑」，又作「白質黑斑」。

[illegible]

[illegible]

[illegible]

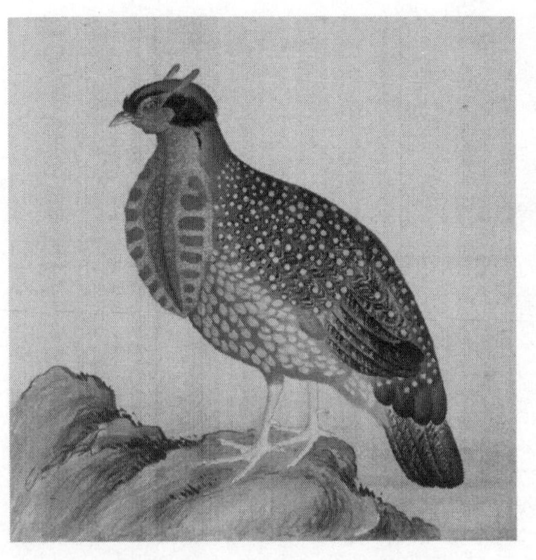

suihetu coko, emu gebu nanggitu coko, emu gebu junggisun coko, emu gebu suihetu gasha, emu gebu mersentu coko, emu gebu junggila gasha.

suihetu coko i yasai faha sahaliyan, šurdeme tumin suwayan boco kūwarahabi, šakšaha niowari, engge sahahūkan yacin, engge i da i sahahūkan niowari boco, šakšaha de siranduhabi, uju i julergi ci šakšaha i amargi de isitala, sahaliyan funggaha emu farsi bi, uju, monggon fulgiyan, huru, ashai da de eihen boco suwayakan bocoi toron suwaliyaganjahabi, funggaha i dube de nicuhe i adali yacikan šanyan muheliyen mersen bi, hefeli eihen boco bime, yacikan šanyan bederi bi, asha, uncehen eihen boco bime, suwayakan bocoi alha

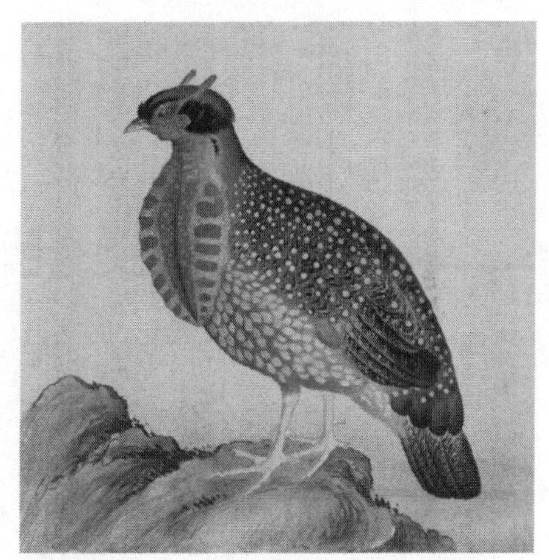

吐綬雞，一名避株，一名錦帶功曹，一名綬鳥，一名珍珠雞，一名錦囊鳥

吐綬雞，黑睛，深黃暈，翠頰，青蒼觜，觜根蒼翠，連頰、頂前至頰後黑毛一片，赤頂，項、背、膊赭黑土黃色相暈，每毛尖末有圓青白點如珠，赭腹，青白斑，翅、尾赭黑質

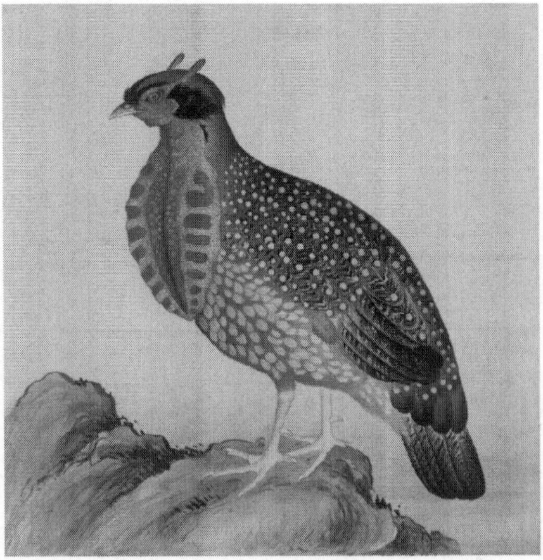

toron bi, bethe, ošoho coko i adali gelfiyen fulgiyan suhun boco, fakjin bi, gilha inenggi sain forgon be teisuleci, yasai amargici neneme juwe niowari yali uihe tucifi, alajan i juleri ulhiyen i ududu jurhun i yali jumanggi dukdureme tucinembi, dulimbade emu justan i tumin niowari boco bimbime, gelfiyen yacin bederi bi, juwe dalbai fulgiyan niowanggiyan boco ishunde suwaliyaganjahabi, giltari niowari gilmarjambi, kejine oho manggi, uihe jumanggi gemu bargiyambi.

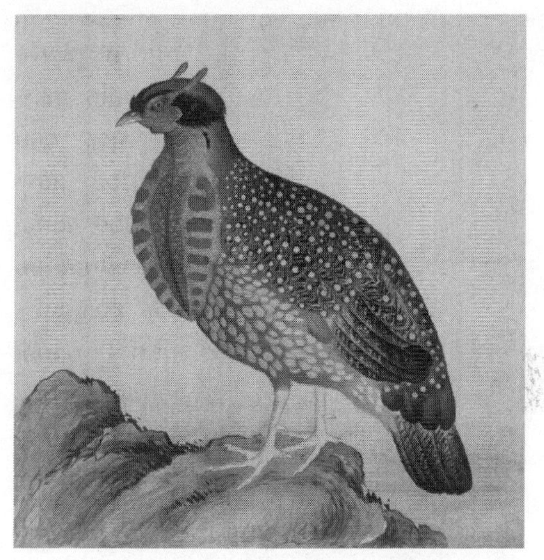

土黃紋暈，足、爪如雞，淺米紅色，有懸距，遇天晴景適，則眼後先出兩翠肉角，胸前徐吐出肉囊數寸[6]，中間一道深翠色帶粉青斑，兩邊紅翠相間，光彩閃爍。逾時角囊俱歛。

6 胸前徐吐出肉囊數寸，句中「胸前」，滿文讀作“alajan i juleri”，意即「臆前」。

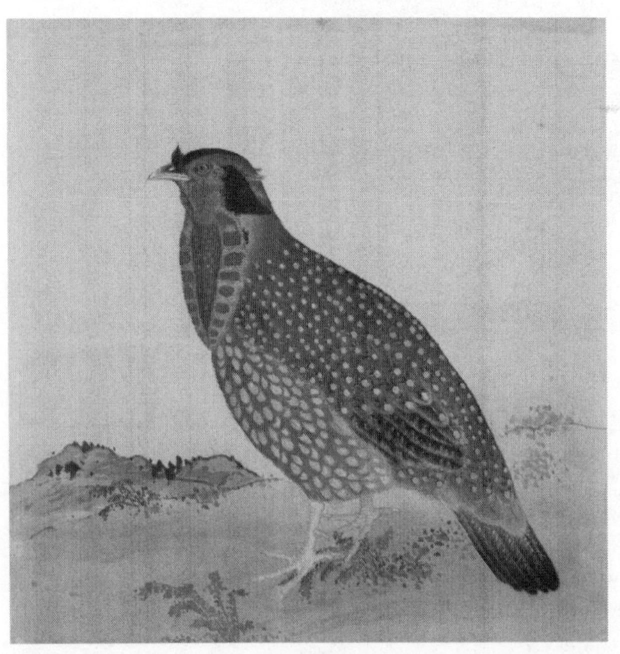

fulgiyan suihetu coko.

fulgiyan suihetu coko i arbun mersen suihetu coko de adalikan, damu funggaha i boco fulahūri, jumanggi uihe majige ajige, ere ainci ba na i turgunde encu dere, ere juwe hacin gemu ulhūma i duwali. haṉ šang ba i jijungge nomun i ulabun de, dahasun i ergi ba i ulhūma tucike jumanggi junggin i adali, ere eldehen kūbulifi urgunjen oho aise sehebi. te jegiyang goloi sy ming šan alin, jai sycuwan, guwangdung, fugiyan i jergi golo de gemu bi, funggaha, dethe majige encu bime, amba ajige inu adali akū, tuttu aldungga jaka i ejebun de, amba ici buyantu ulhūma i adali sehebi. nonggiha šunggiya de,

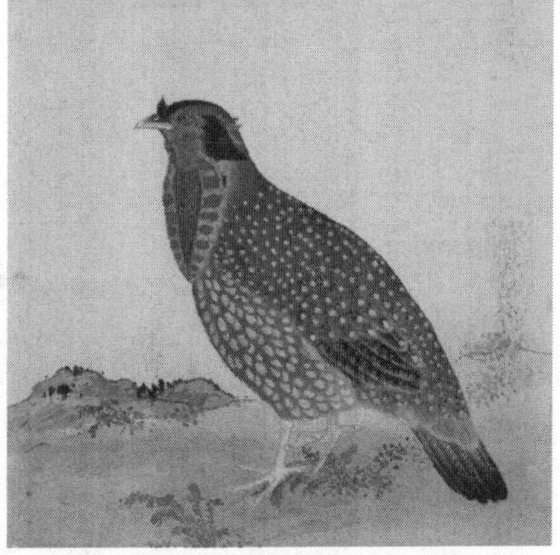

紅色吐綬雞

紅色吐綬雞，形狀珠點相同，但毛色紅赤，囊角略小，或因地而異耳！此二種俱本雉類。《漢上易傳》云：坤方之雉，嘔文如繡，離變而兌乎？今浙江四明山中，及川、廣、福建皆有之，羽毛或異，大小亦不齊，故《述異記》謂大如鸛，《埤雅》謂

[illegible]

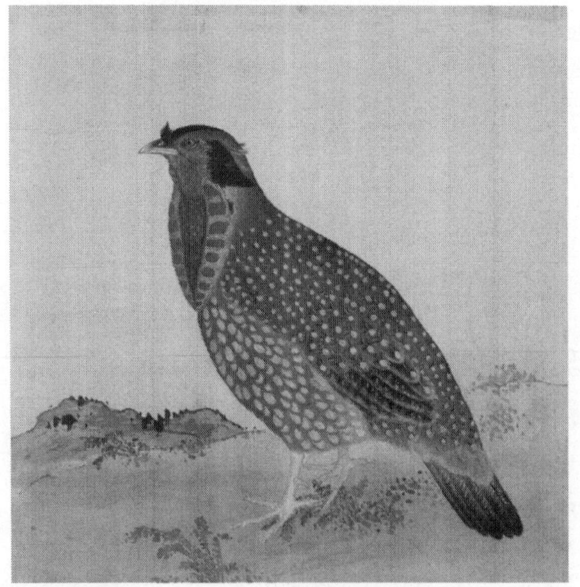

kionggguhe i adali sehengge, gemu sabuhangge be jafafi gisurehengge, šansi ba i niyalma erebe furgi coko seme hūlambi, min jeo ba i alin i holo de tucimbi. gasha i nomun de, monggon de bocoggo jumanggi bisirengge be nanggitu coko sembi sehe be suhe bade, ulhūma i duwali, hūwa šan alin, jai šeng šan alin de tucimbi. gilha inenggi de monggon ci boconggo jumanggi tucimbi, moo be ucaraci uthai jailara jakade, tuttu nanggitu sembi sehebi. aldungga jaka i ejebun de, sycuwan i alin de suihetu gasha bi, funggaha i boco buyecuke, aika gilha inenggi saikan forgon be teisuleci, juliyame tucike suihe emu jušuru isimbi, tulhun farhūn erin de oci, juliyame tucirakū, emu gebu junggisun coko sembi sehebi. nonggiha šunggiya de, suihetu gasha, uju, šakšaha

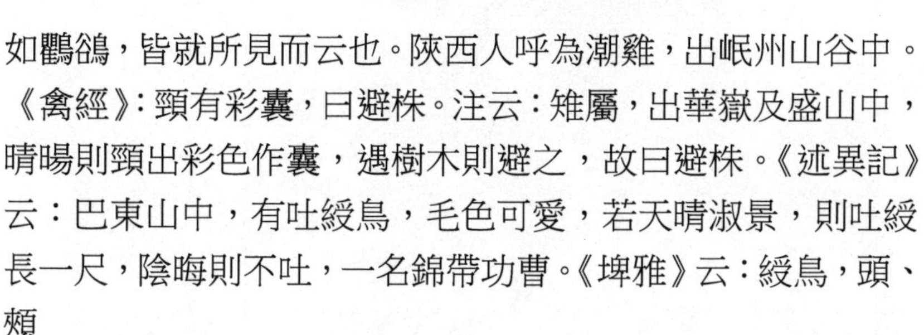

如鸜鵒，皆就所見而云也。陝西人呼為潮雞，出岷州山谷中。《禽經》：頸有彩囊，曰避株。注云：雉屬，出華嶽及盛山中，晴暘則頸出彩色作囊，遇樹木則避之，故曰避株。《述異記》云：巴東山中，有吐綬鳥，毛色可愛，若天晴淑景，則吐綬長一尺，陰晦則不吐，一名錦帶功曹。《埤雅》云：綬鳥，頭、頰

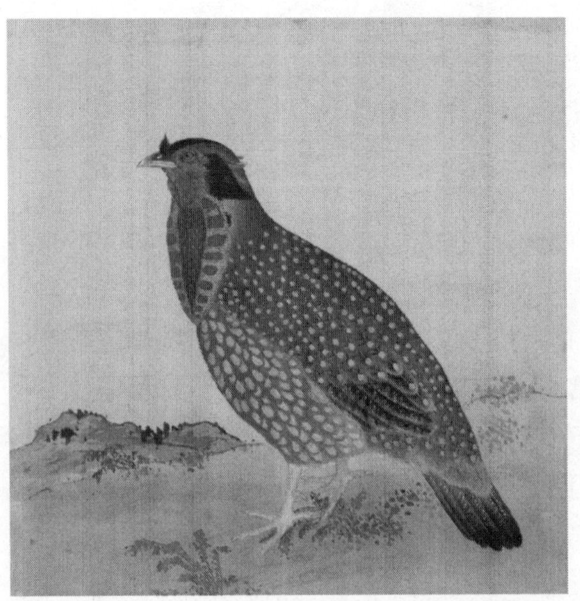

ulhūma de adali bime konggolo i fejile jumanggi bi, fulgiyan niowanggiyan boco ishunde suwaliyaganjahabi, an i hūlara de, erebe junggila gasha sembi sehebi. acamjaha duwalibun de, suihetu coko be emu gebu mersentu coko sembi sehebi, terei funggaha de šanyan muheliyen mersen bisire turgun. oktoi sekiyen i bithede, suihetu coko i monggon de jumanggi i gese konggolo bi, dorgi de yali suihe somihabi, an i ucuri sabuburakū, niyengniyeri juwari forgon de šun i baru isihihai uju ci neneme juwe niowari uihe tucinefi, amala ulhiyen i sencehe fejile i suihe be sirabumbi, golmin onco ici emu jušuru isime bi, eldengge boco gincihiyan saikan, kejine oho manggi, yooni bargiyambi, ememungge sacifi tuwaci, fuhali eiten akū sehebi.

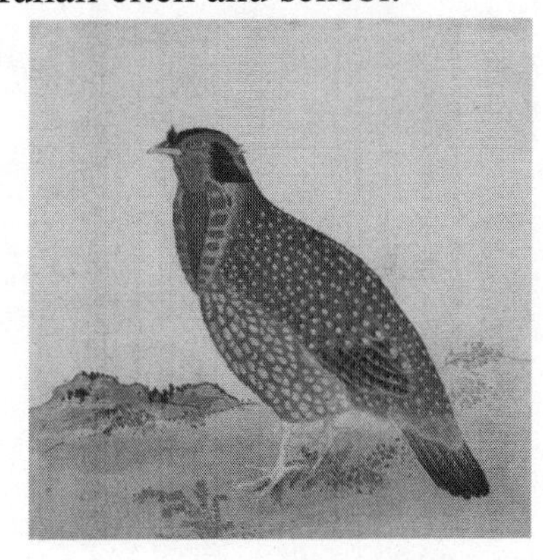

似雉，咽下有囊，紅碧相間，俗謂之錦囊鳥。《彙苑》云：吐綬雞，一名珍珠雞，以毛羽有白圓點也。《本草綱目》云：吐綬雞，項有嗉囊，內藏肉綬，常時不見。每春夏向日擺之，頂上先出兩翠角，乃徐舒頷下之綬，長闊近尺，采色煥爛，踰時悉斂，或剖視之，一無所覩。

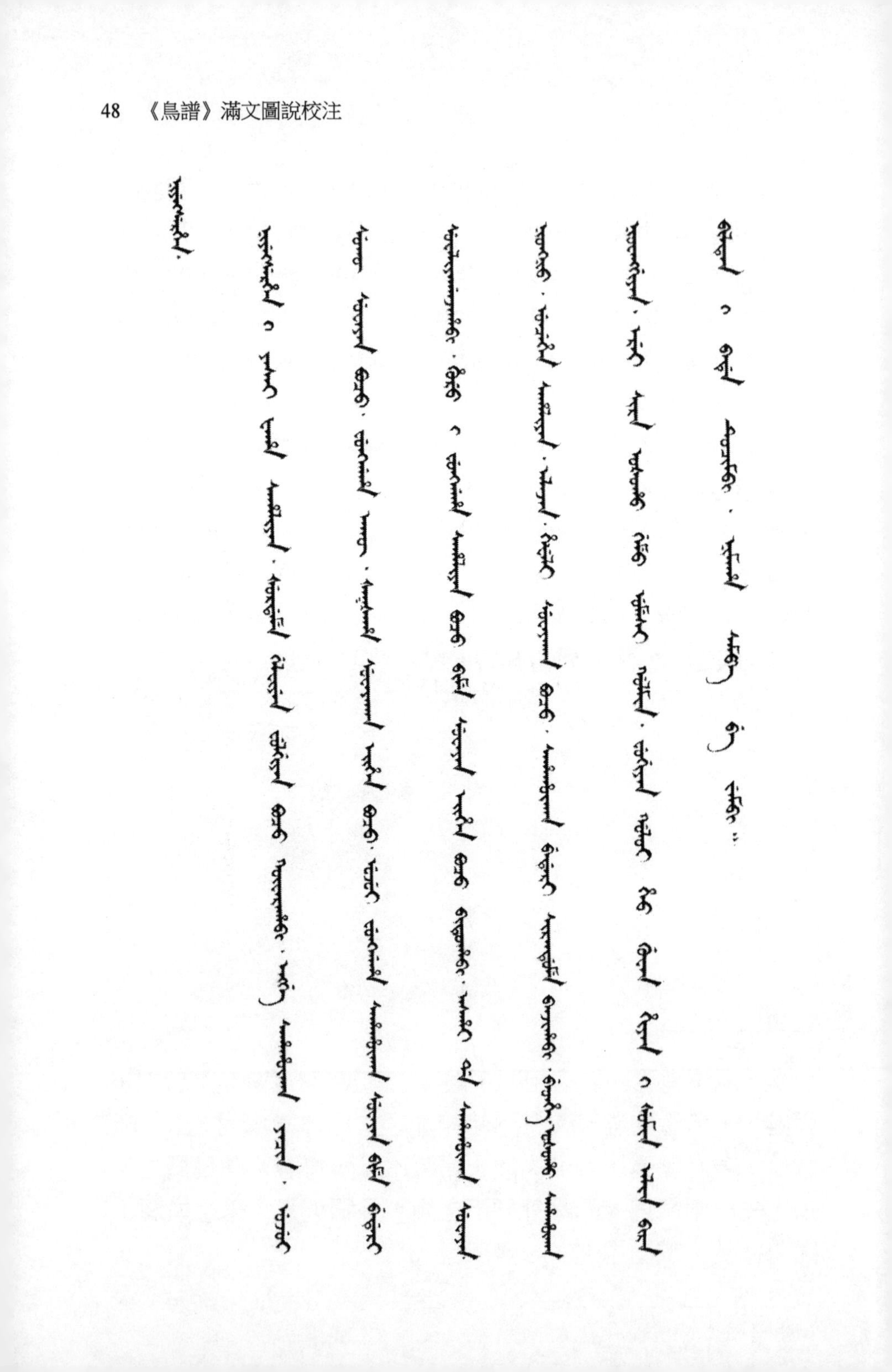

[illegible]

niyekserhen.

niyekserhen i yasai faha sahaliyan, šurdeme gelfiyen fulgiyan boco kūwarahabi, engge sahahūkan yacin, ujui sukū suwayan boco, funggaha akū, šakšaha suwayakan eihen boco, ujui funggaha sahahūkan suwayan bime bederi suwaliyaganjahabi, huru i funggaha sahaliyan boco bime suwayan eihen boco bituhabi, ashai da sahahūkan suwayan niongnio, uncehen sahaliyan, alajan, hefeli suwayakan boco, sahahūkan bederi sirandume banjihabi, bethe, ošoho sahahūkan niowanggiyan, erei sira ošoho gemu umesi golmin, fugiyan goloi heo guwan hiyan i šumin alin bira bilten i bade tucimbi, nimaha sampa be jembi.

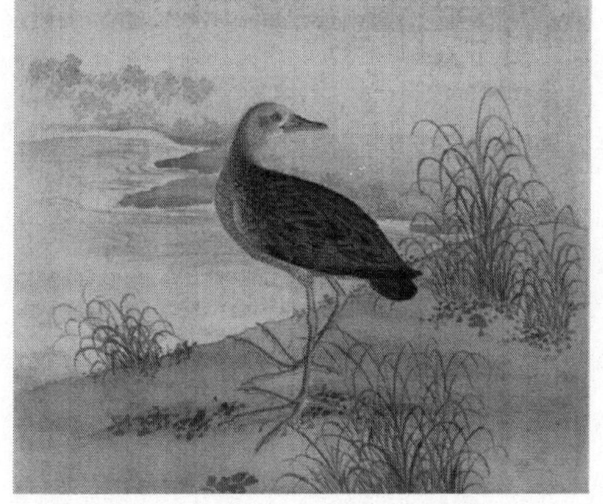

田洞雞

田洞雞，黑睛，淺赤暈，青蒼觜，頂皮黃色，無毛，赭黃頰，頂毛蒼黃，雜紋，背毛黑質，赭黃緣，蒼黃膊，黑翮尾，土黃臆、腹，蒼斑相次，蒼綠足、爪，其脛趾俱極長，出福建侯官縣深山田澤之處，食魚蝦。

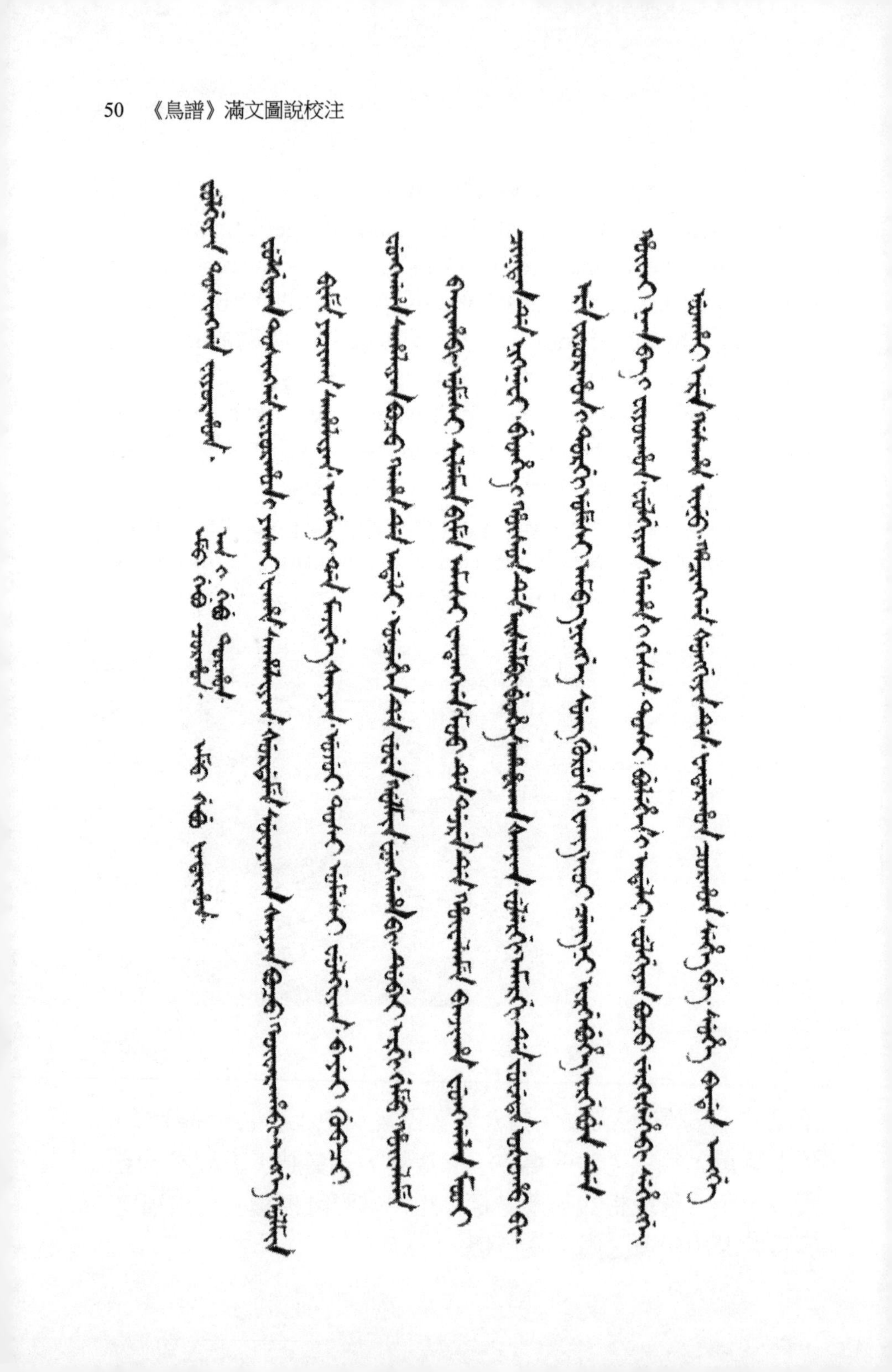

fulgiyan tosingga fiyorhon, emu gebu corhon, emu gebu fatarhon, an i gebu torhon.

fulgiyan tosingga fiyorhon i yasai faha sahaliyan, šurdeme suwayakan šanyan boco kūwarahabi, engge golmin bime yacikan sahaliyan, engge i da majige šanyan, ujui tosi umesi fulgiyan, beyei gubci funggaha sahaliyan boco gaha de adali, uncehen de juwe golmin funggaha bi, dubei ergi gemu hūwalame banjihabi, umesi silemin bime amasi watangga, moo de dore de hūwalame banjiha funggala mooi cikten de nikenefi, bethe i hūsun de aisilambi, bethe sahahūkan šanyan, julergi amargi de juwete ošoho bi, ere fiyorhon i dorgi umesi amba ningge, sung gurun i wang ioi ceng ni irgebuhe irgebun de, hūwai nan ba i fiyorhon, fulgiyan gaha i gese, tosi bulehen i adali, fulgiyan boco jerkišehebi sehengge, uthai ere gasha inu, hacingga〔hancingga〕šunggiya de, fadarhon corhon sehe be suhe bade, engge

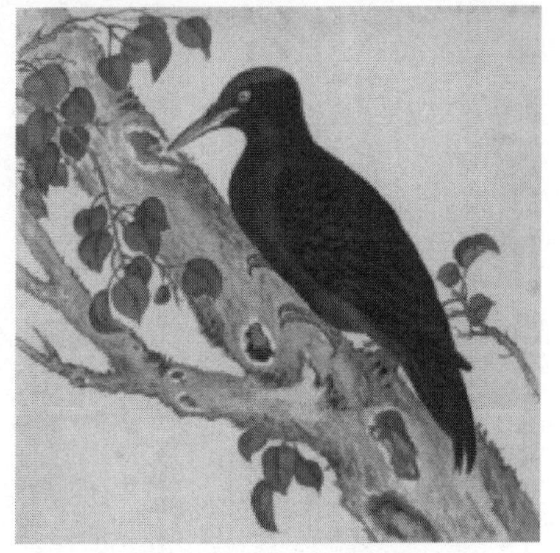

朱頂大啄木，一名斲木，一名鴷，俗名鑽打木

朱頂大啄木，黑睛，黃白暈，青黑長觜，吻根微白，鮮紅頭頂，通身黑色如鴉，尾有長翎二，根尖皆兩岐，甚勁，而曲向內，覆樹時以兩岐貼于樹身以助足力，蒼白足，前後各兩趾，此啄木之最大者。宋王禹偁詩云：淮南啄木，如火鴉[7]，頂似仙鶴堆丹砂，即此種也。《爾雅》云：鴷，斲木，注云：

7 火鴉，滿文讀作“fulgiyan gaha”，意即「紅鴉」。

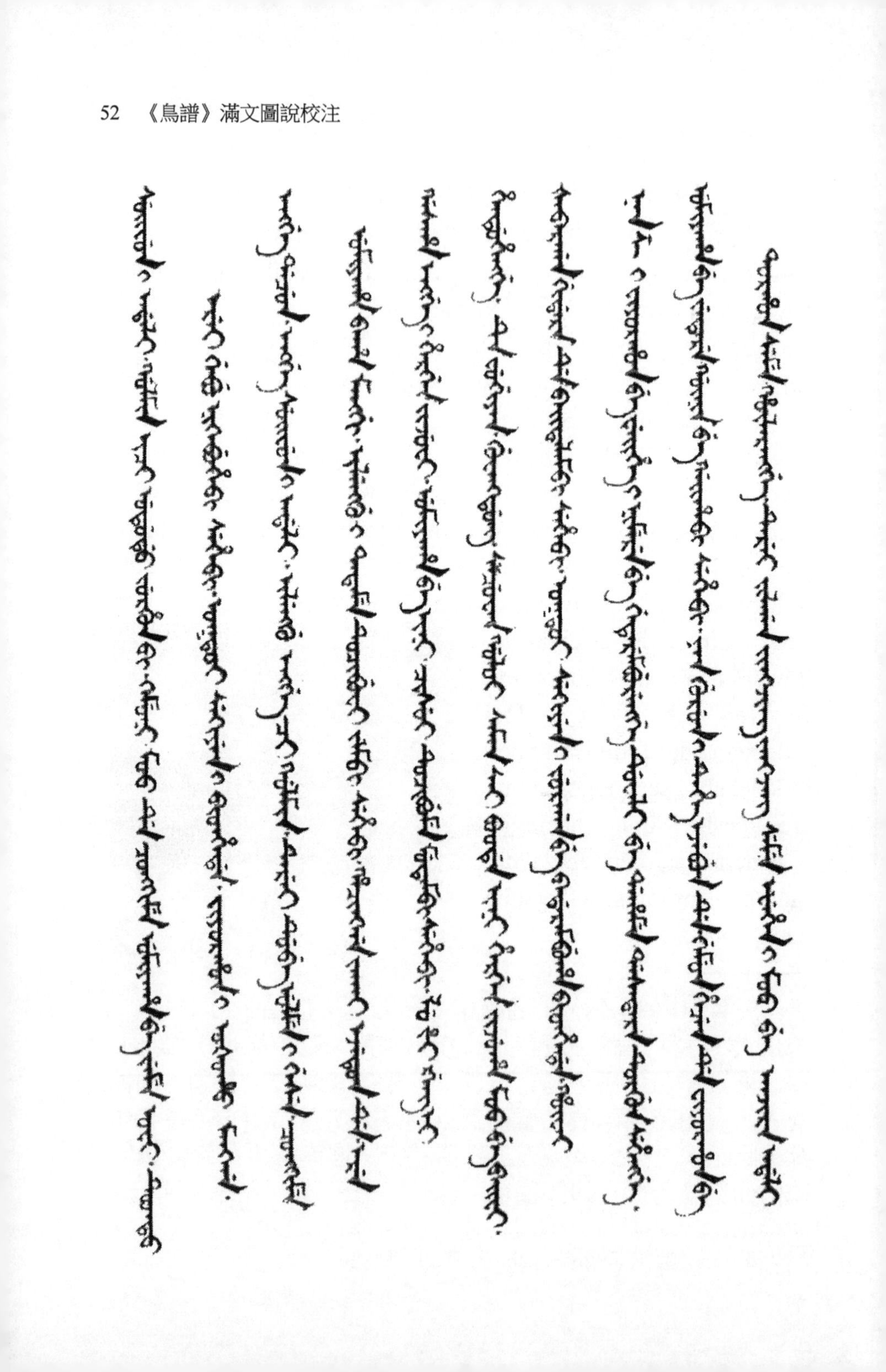

suifun i adali, golmin ici ududu jurhun bi, kemuni moo de congkime umiyaha be jeme ofi, tuttu erei gebu nikebuhebi sehebi. oktoi sekiyen i bithede, fiyorhon i ošoho mangga, engge dacun, engge suifun i adali, ilenggu engge ci golmin, terei dube ulme i gese, congkime umiyaha baha manggi, ilenggu i tatame tucibufi jembi sehebi. hacingga jakai ejetun de, ere gasha engge i hergen jijufi, umiyaha be ini cisui tucibume mutembi sehebi. lu jy g'ang ni henduhengge, te fugiyan, guwangdung, sycuwan goloi saman sai boode ini hergen jijuha moo be baifi, šabargan gidara de baitalambi sehebi. oktoi sekiyen i jurgan be badarambuha bithede, hūwai nan dz i fiyorhon be weihe i nimere be geteremburengge duwali be dahame dasatara turgun sehengge, umiyaha be fetere gūnin be gaihabi sehebi. yan gurun i tehe ejebun de, gemun hecen de fiyorhon be torhon seme hūlarangge, terei jilgan jingjing jangjang seme efehen i moo be anjira adali

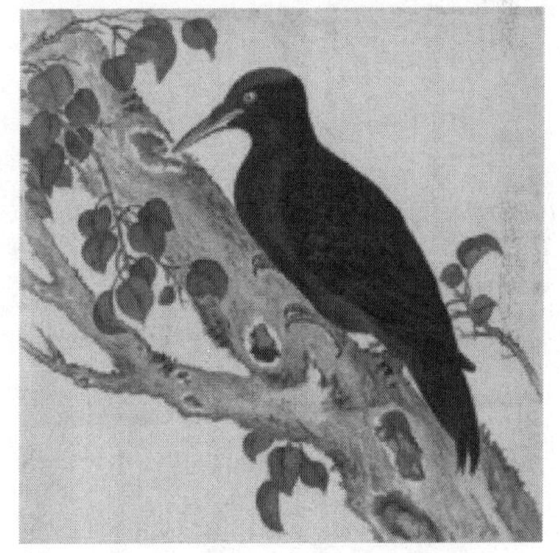

口如錐，長數寸。常斲樹食蟲，因名。《本草綱目》云：啄木剛爪利觜，觜如錐，舌長於咮，其端有針刺，啄得蟲以舌鈎出食之。《博物志》云：此鳥能以觜畫字，令蟲自出。魯至剛云：今閩、廣、蜀人巫家收其畫字木，以收驚癇。《本草衍義》曰：《淮南子》謂啄木愈齲，以類相攝也，取制蟲之義。《客燕記》云：京師呼啄木為鐀打木，言其聲丁丁然如鐀椓木也。

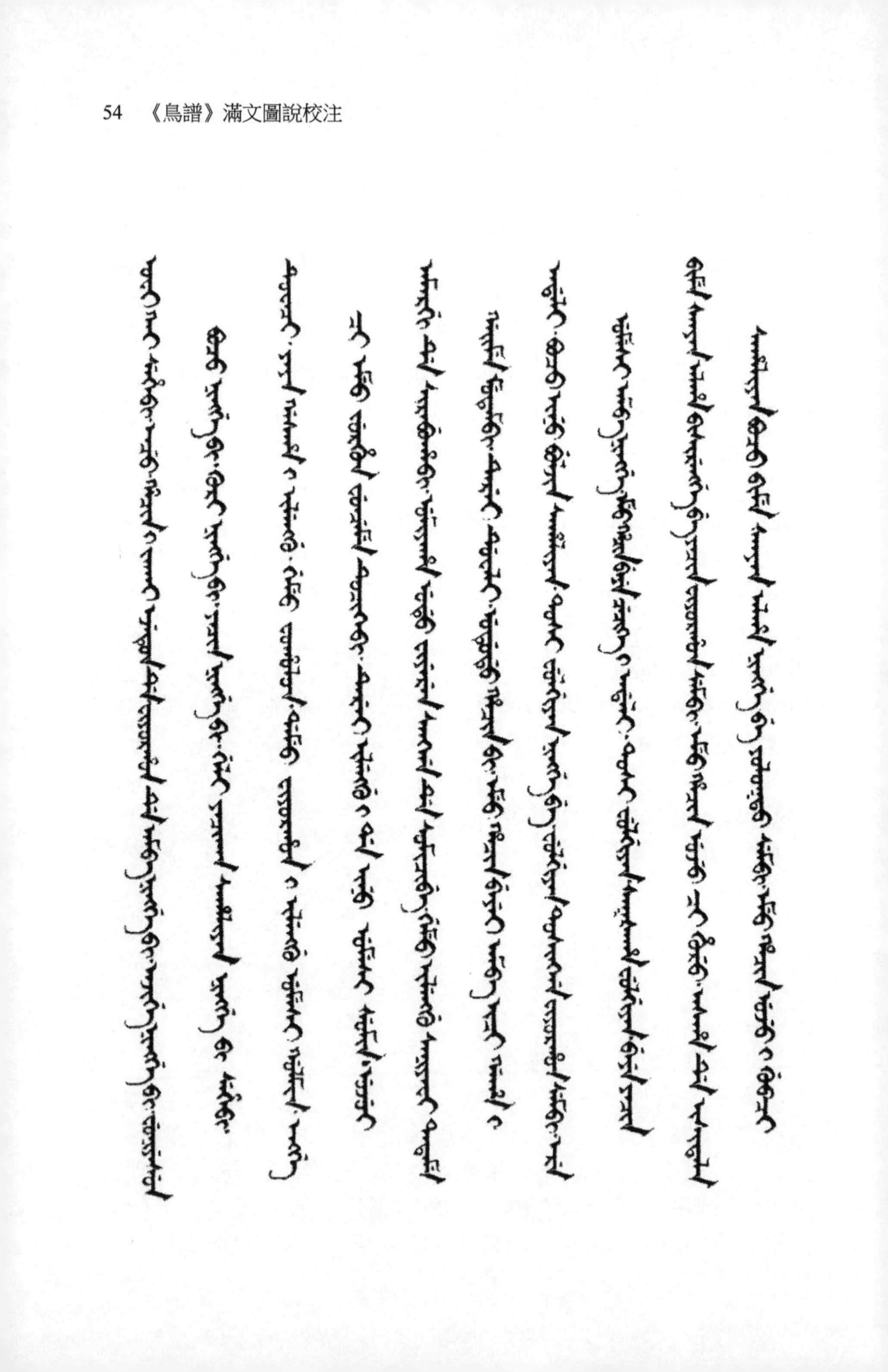

ofi kai sehebi. encu hacin i jakai ejetun de, fiyorhon de amba ningge bi, ajige ningge bi, funiyesun boco ningge bi, kuri ningge bi, yacin ningge bi, geli yacikan sahaliyan ningge bi sehebi. tuwaci, yaya gasha i ilenggu, gemu foholon, damu fiyorhon i ilenggu umesi golmin, engge ci emu jurhun funceme tucikebi, terei ilenggu i da inu umesi šumin, ujui amargi de sirabuhabi, umiyaha udu fiyeren sangga de somicibe, gemu ilenggu saniyafi tatame gaime mutembi, terei duwali, ududu hacin bi, emu hacin beyei amba ici gaha i adali, boco inu buljin sahaliyan, tosi fulgiyan ningge be fulgiyan tosingga fiyorhon sembi, ere umesi amba ningge, emu hacin beye cecike i adali, tosi fulgiyan, šakšaha fulgiyan, beye yacin bime šanyan alha bisirengge be yacin fiyorhon sembi, emu hacin uju ci huru, asha de isitala sahaliyan boco bime šanyan alha ningge be yolokto sembi, emu hacin uju i gubci

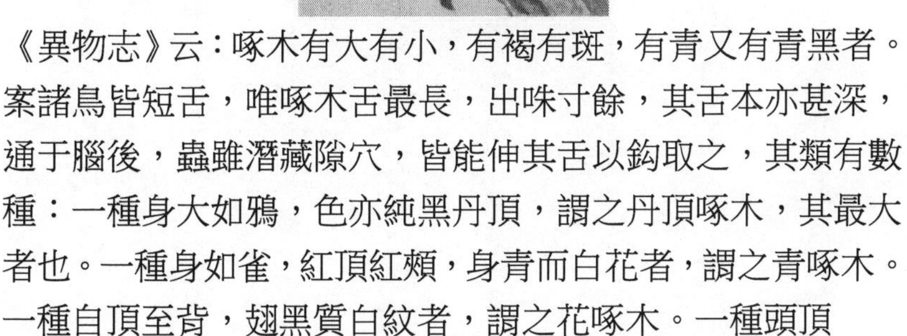

《異物志》云：啄木有大有小，有褐有斑，有青又有青黑者。案諸鳥皆短舌，唯啄木舌最長，出味寸餘，其舌本亦甚深，通于腦後，蟲雖潛藏隙穴，皆能伸其舌以鈎取之，其類有數種：一種身大如鴉，色亦純黑丹頂，謂之丹頂啄木，其最大者也。一種身如雀，紅頂紅頰，身青而白花者，謂之青啄木。一種自頂至背，翅黑質白紋者，謂之花啄木。一種頭頂

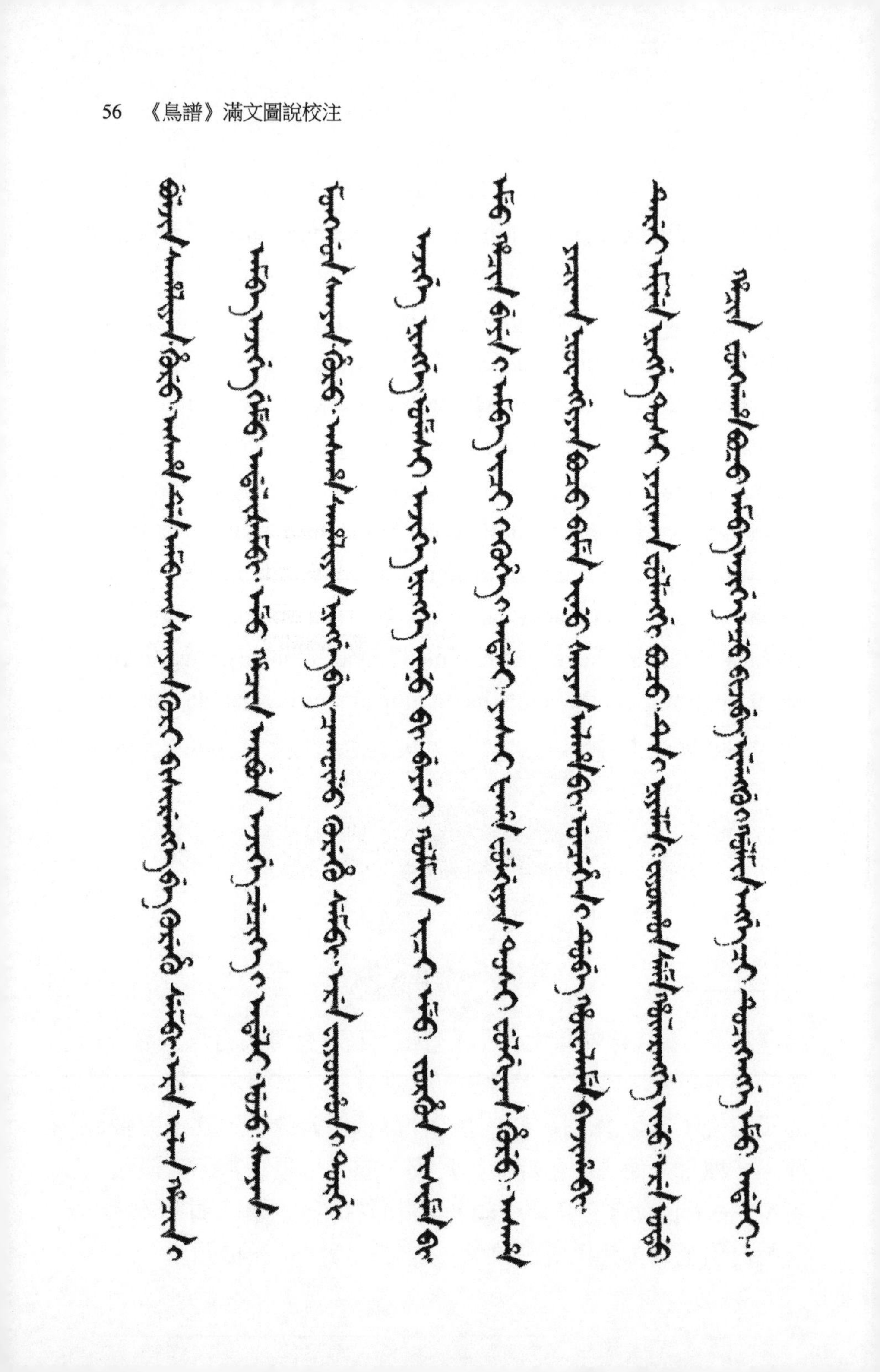

[illegible]

[illegible]

[illegible]

[illegible]

[illegible]

[illegible]

[illegible]

buljin sahaliyan, huru, asha de ambakan šanyan kuri bisirengge be kurehu sembi, ere ilan hacin i amba ajige gemu adališambi, emu hacin arbun ajige cecike i adali, uju šanyan, monggon šanyan, huru, asha sahaliyan ningge be cakūlu kurehu sembi, ere fiyorhon i dorgi ajige ningge, umesi ajige ningge inu bi, beyei golmin ici emu jurhun isime bi, emu hacin beye i amba ici kekuhe i adali, yasai faha fulgiyan. tosi fulgiyan, huru, asha yacikan niowanggiyan boco bime inu šanyan alha bi, uncehen i dube hūwalame banjihabi, terei emile ningge tosi yacikan fulenggi boco. te i niyalma i fiyorhon seme hūlarangge inu, ere udu hacin funggaha boco amba ajige encu bicibe, ilenggu i golmin engge ci tucikengge emu adali.

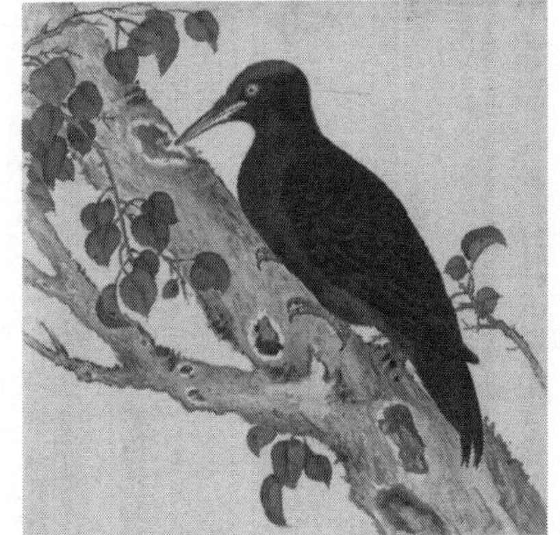

全黑，背、翅有大白斑者，謂之黑頭啄木。此三種大小相近，一種形似小雀，白頭，白項，背、翅黑者，謂之白頭啄木，此啄木之小者也，亦有極小者，身僅長寸許。一種身大如鳩，紅睛，紅頂，背、翅青綠色，亦有白紋，尾分兩岐，其雌者青灰頂，今人所謂山啄木是也。此數種毛色大小不同，而舌之長出于味，則如一焉。

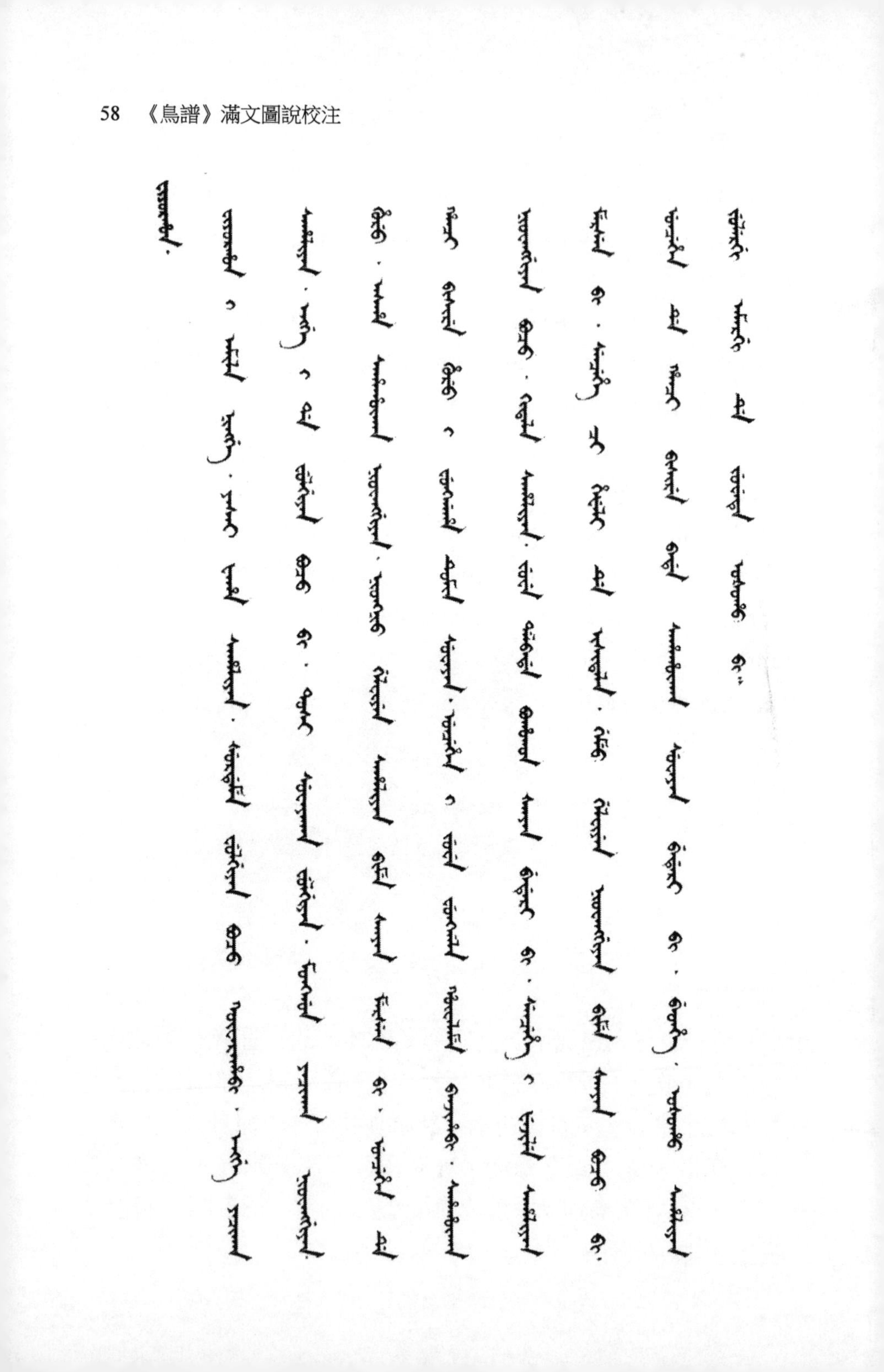

[illegible]

fiyorhon.

fiyorhon i amila ningge, yasai faha sahaliyan, šurdeme fulgiyan boco kūwarahabi, engge yacikan sahaliyan, engge i da fulgiyan boco bi, tosi suwayakan fulgiyan, monggon yacikan niowanggiyan, huru, asha sahahūkan niowanggiyan, niongnio gelfiyen sahaliyan bime šanyan mersen bi, uncehen de hanci bisire huru i funggaha tumin suwayan, uncehen i juwe funggala hūwalame banjihabi, sahahūkan niowanggiyan boco, kitala sahaliyan, juwe dalbade bohokon šanyan bederi bi, sencehe i fejile sahaliyan mersen bi, sencehe ci hefeli de isitala, gemu gelfiyen niowanggiyan bime šanyan boco bi, uncehen de hanci bisire bade sahahūkan suwayan bederi bi, bethe, ošoho sahaliyan julergi amargi de juwete ošoho bi.

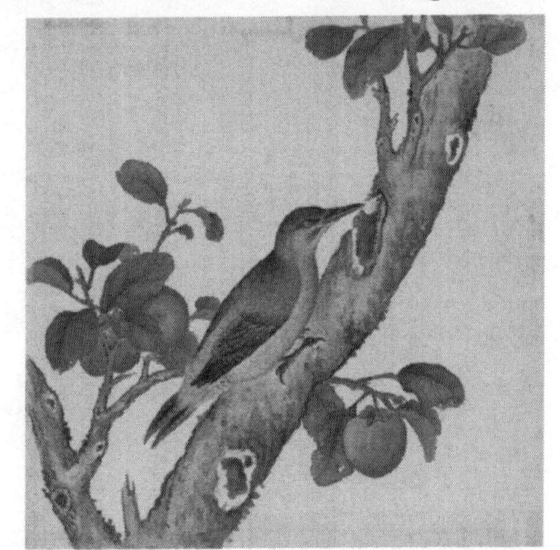

山啄木

山啄木雄者，黑睛，紅暈，青黑觜，吻根帶赤，黃丹頂，青綠項，蒼綠背翅，翮毛淺黑有白點，近尾背毛深黃，尾二翎分兩歧，蒼綠色，黑莖，兩旁有暗白斑，頷下有黑點，自頷至腹俱淺綠帶白，近尾處有蒼黃紋[8]，黑足、爪，前後各兩趾。

8 蒼黃紋，滿文讀作“sahahūkan suwayan bederi”，意即「蒼黃斑」。

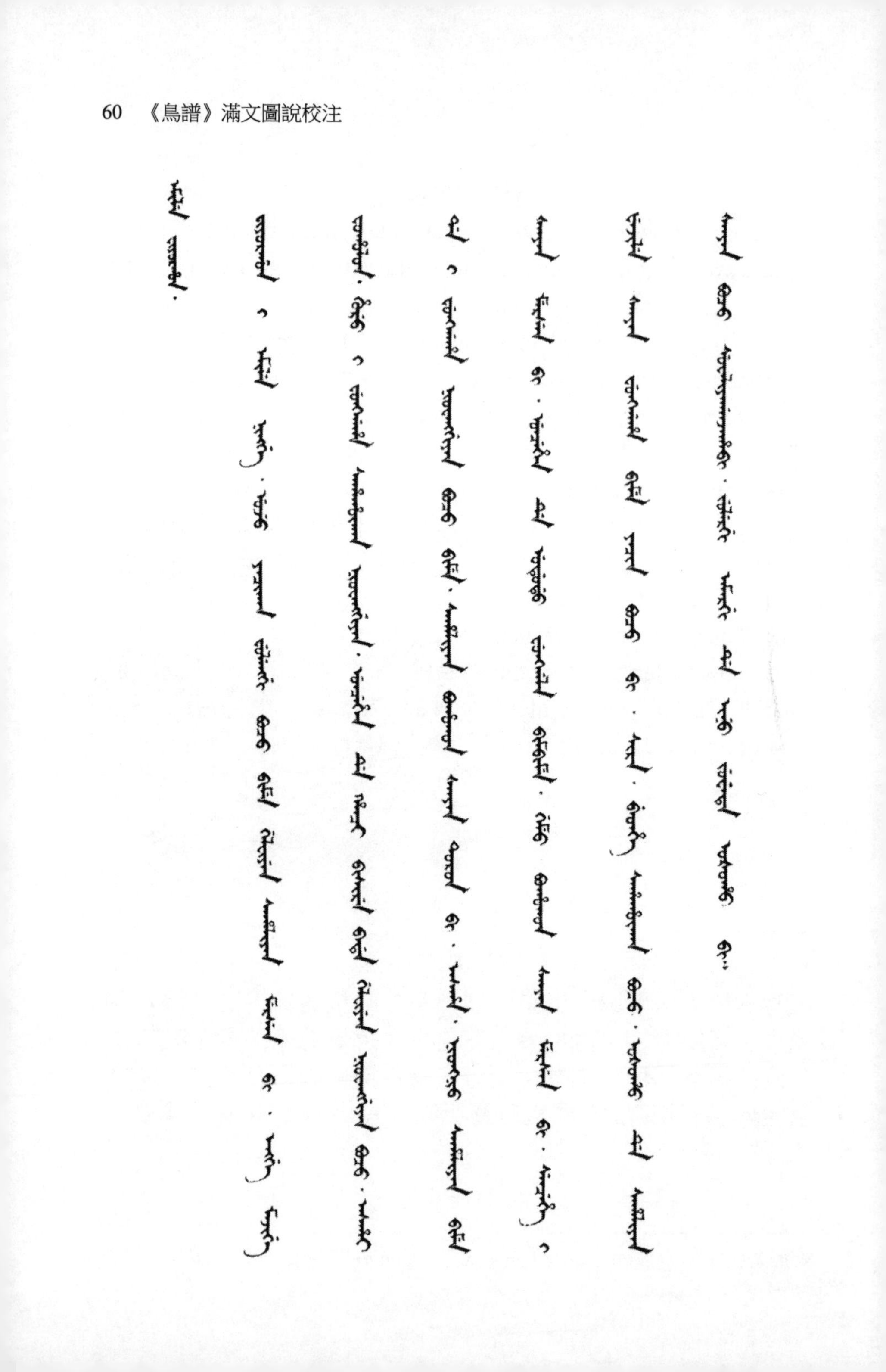

[illegible]

[illegible]

[illegible]

[illegible]

[illegible]

[illegible]

[illegible]

emile fiyorhon.

fiyorhon i emile ningge, uju yacikan fulenggi boco bime gelfiyen sahaliyan mersen bi, engge majige foholon, huru i funggaha sahahūkan niowanggiyan, uncehen de hanci bisire bade gelfiyen niowanggiyan boco, ashai da i funggaha niowanggiyan boco bime, sahaliyan bohokon šanyan toron bi, asha, niongnio sahaliyan bime šanyan mersen bi, uncehen de ududu funggala bimbime, gemu bohokon šanyan mersen bi, sencehe i fejile šanyan funggaha bime yacin boco bi, sira bethe sahahūkan boco, ošoho de sahaliyan šanyan boco suwaliyaganjahabi, julergi amargi de inu juwete ošoho bi.

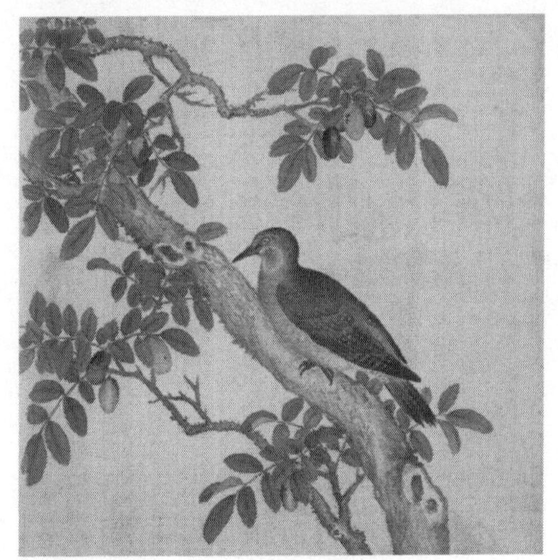

雌山啄木

山啄木雌者，頭頂灰青色，淺黑點。喙稍短，背毛蒼綠，近尾處柳綠色，膊毛綠色，帶黑有暗白暈，黑翅翮白點，尾有數翎，皆有暗白點，頷下白質帶青，脛、足蒼色，爪兼黑白色，前後亦各兩趾。

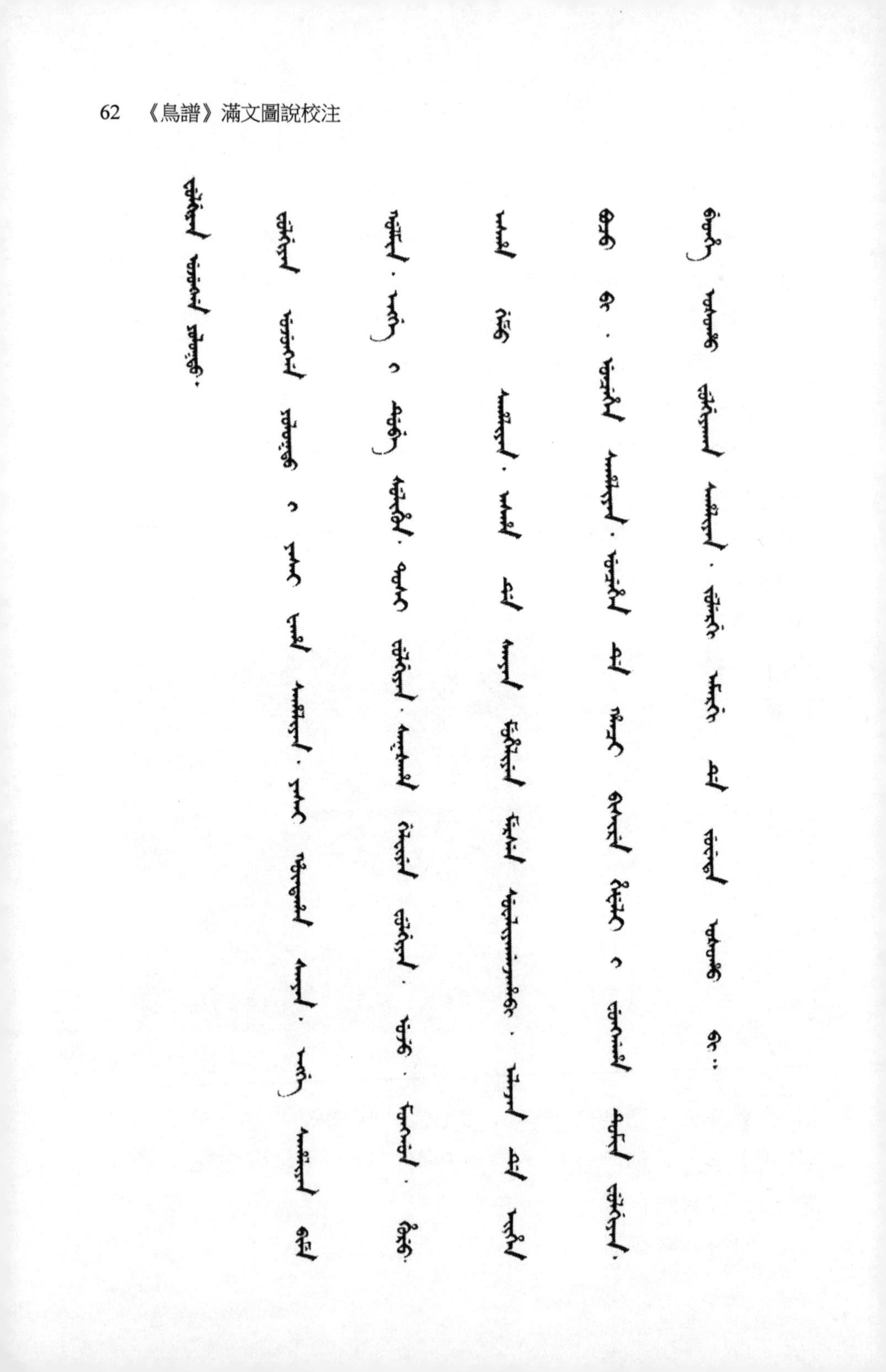

[illegible]

[illegible]

[illegible]

[illegible]

[illegible]

[illegible]

fulgiyan ujungga yolokto.

fulgiyan ujungga yolokto i yasai faha sahaliyan, yasai hūntahan šanyan, engge sahaliyan bime golmin, engge i dube šulihun, tosi fulgiyan, šakšaha gelfiyen fulgiyan, uju, monggon, huru, asha gemu sahaliyan, asha de šanyan muheliyen mersen suwaliyaganjahabi, alajan de eihen boco bi, uncehen sahaliyan, uncehen de hanci bisire hefeli i funggaha tumin fulgiyan, bethe ošoho fulgiyakan sahaliyan, julergi amargi de juwete ošoho bi.

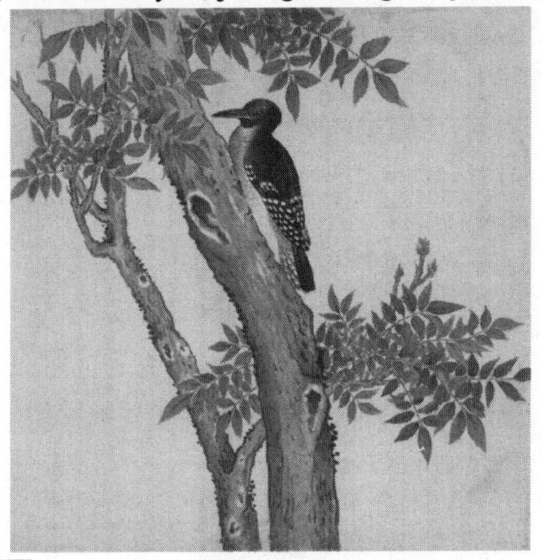

紅頭花啄木

紅頭花啄木，黑睛，白眶，長黑觜，尖喙，紅頂，淺紅頰，頭、項、背、翅俱黑，翅上有白圓點相間，臆帶赭土色，黑尾，近尾腹毛殷紅，黑足、爪[9]，前後各二趾。

9 黑足爪，滿文讀作“bethe, ošoho fulgiyakan sahaliyan”，意即「赤黑足爪」。

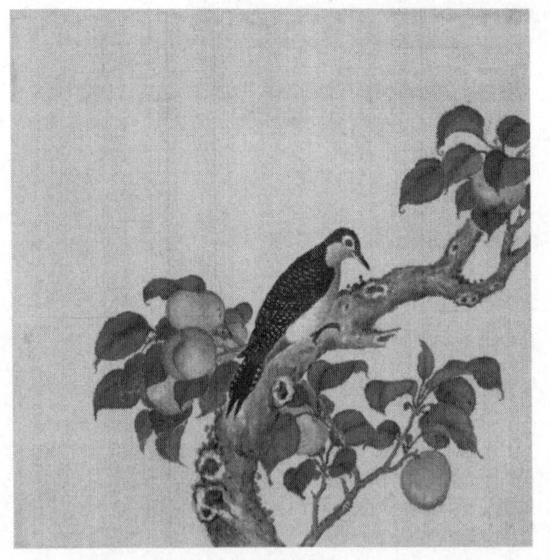

yolokto.

yolokto i yasai faha fulgiyakan sahaliyan, yasai hūntahan šanyan, šakšaha šanyan, engge sahaliyan, engge i fejile sencehe de hanci bisire ba majige suwayan, uju, monggon, huru, asha, uncehen gemu sahaliyan boco bime, šanyan bederi šanyan mersen bi, terei bederi mersen adali akū, uju, monggon de narhūn bederi bifi, ilha i adali banjinambi, huru, asha i da i narhūn undu bederi, jalan jalan sirandume banjihabi, asha i dethe i ser sere

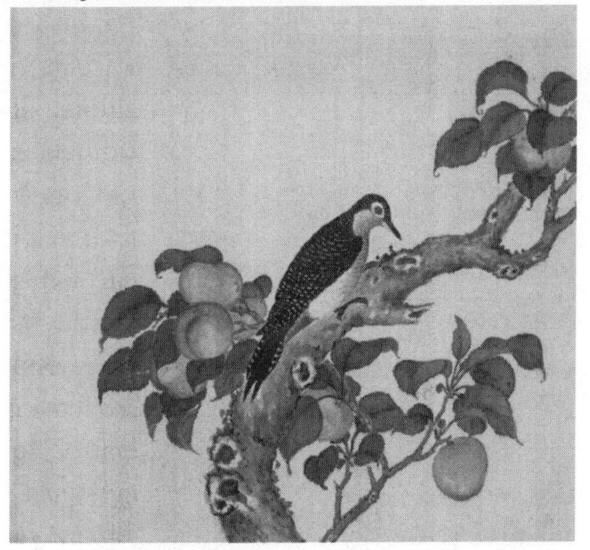

花啄木

花啄木，赤黑睛，白眶，白頰，黑觜，觜下近頷處微黃，頂、項、背、翅、尾皆黑質白紋白點[10]，其紋點殊狀，頂、項細紋相聚成花，背、膊細直紋逐節相次，翅毛

10 白紋白點，滿文讀作"šanyan bederi šanyan mersen"，意即「白斑白點」。

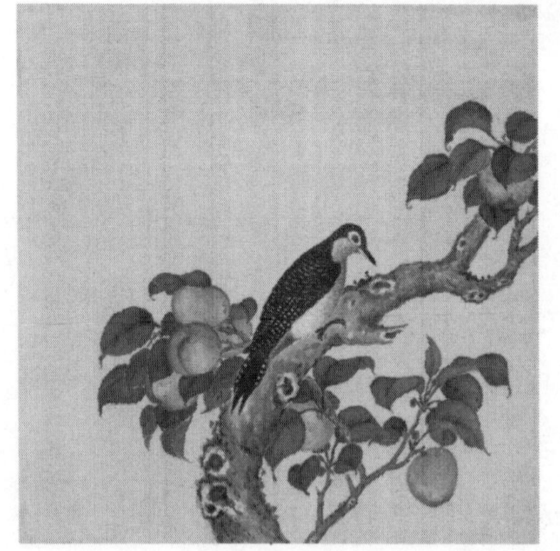

muheliyen mersen hashū ergi ici ergi gemu juru juru banjihabi, uncehen i dulimbai juwe golmin funggala buljin sahaliyan, bederi akū, juwe dalba i juwe foholon funggala i šanyan mersen, ashai mersen ci majige amba, sencehe i fejile eihen boco bime narhūn šanyan funggaha suwaliyaganjahabi, alajan i juleri gelfiyen fulgiyan, hefeli i fejile majige šanyan, uncehen de hanci bisire ba tumin fulgiyan, bethe ošoho sahaliyan.

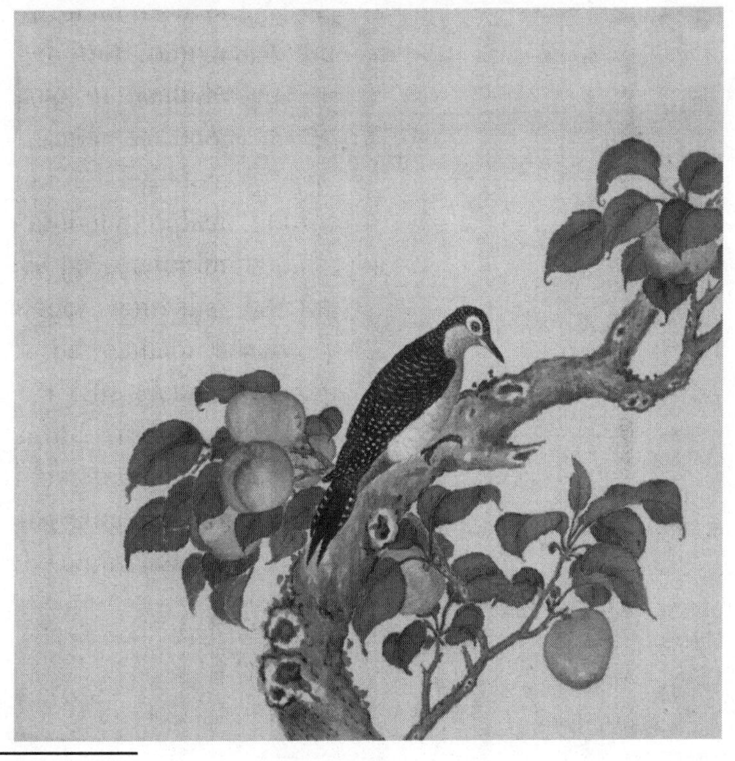

碎圓點，皆左右相對，尾中二長毛，純黑無斑，兩邊二短翎，白點稍大於翅，頷下赭色間細白毛，臆前淺赤，腹下微白，近尾處殷紅，黑足、爪。

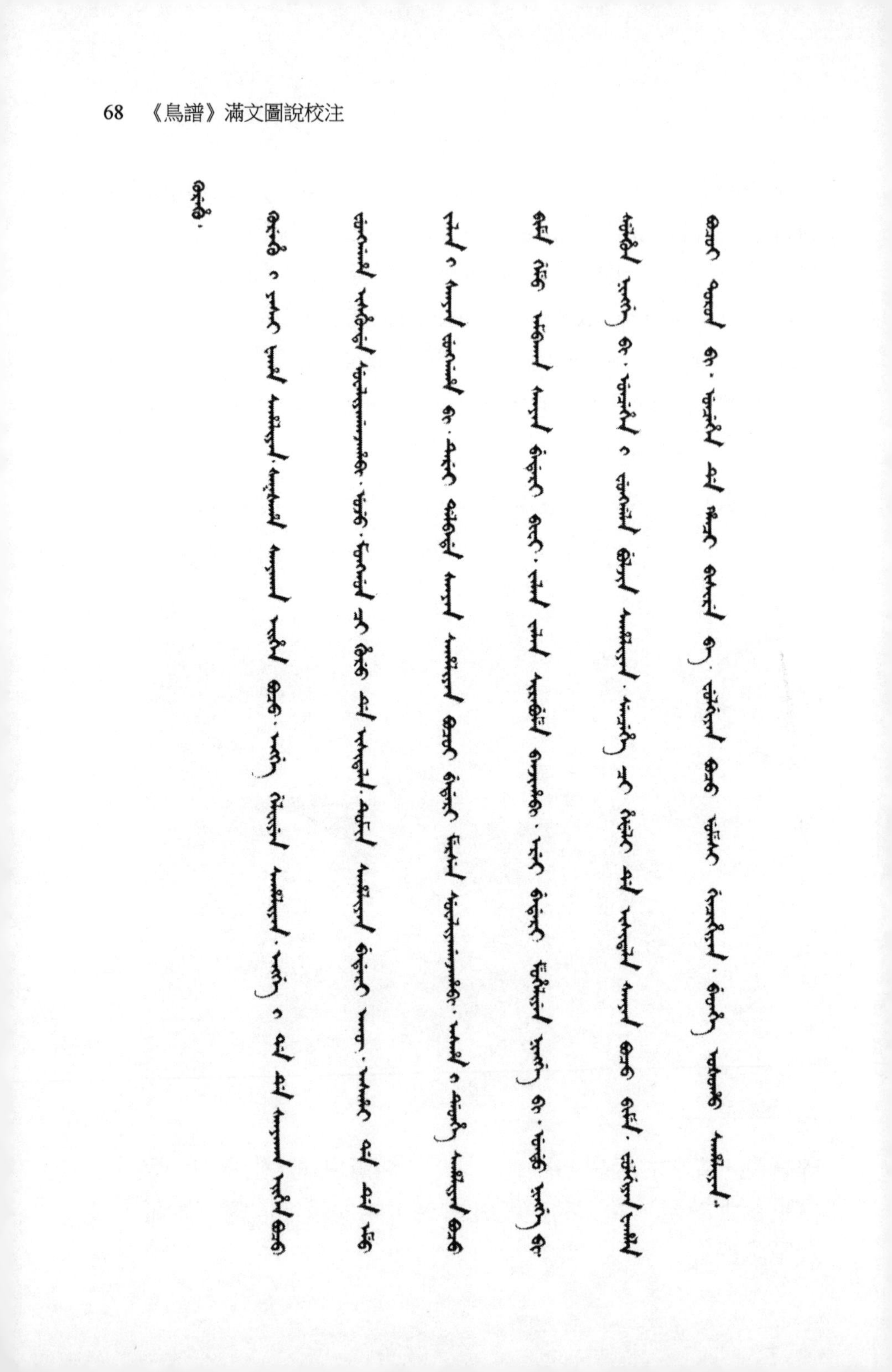

kurehu.

kurehu i yasai faha sahaliyan, šakšaha šanyakan eihen boco, engge gelfiyen sahaliyan, engge i da de šanyakan eihen boco funggaha ishunde suwaliyaganjahabi, uju, monggon ci huru de isitala, tumin sahaliyan bederi akū, ashai da de emu jalan i šanyan funggaha bi, terei dalbade šanyan sahaliyan bocoi bederi mersen suwaliyaganjahabi, asha i dethe sahaliyan boco bime gemu ambakan šanyan bederi bifi, jalan jalan sirabume banjihabi, erei bederi muheliyen ningge bi, undu ningge bi, šulhun ningge bi, uncehen i funggala buljin sahaliyan, sencehe ci hefeli de isitala šanyan boco bime, fulgiyan fahala bocoi toron bi, uncehen de hanci bisire ba, fulgiyan boco umesi gincihiyan, bethe ošoho sahaliyan.

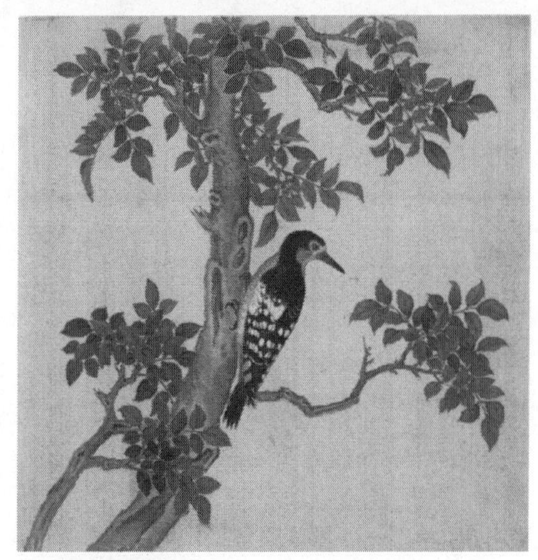

黑頭啄木

黑頭啄木，黑睛，赭白頰，淺黑觜，觜根赭白毛相雜，頂、項至背，深黑無斑，膊上白毛一節，其旁間有白黑紋點，翅毛黑質皆大白斑，逐節相間，其斑或圓，或直，或尖，尾毛純黑，頷至腹白質藕紅暈，近尾處紅色甚鮮，黑足、爪。

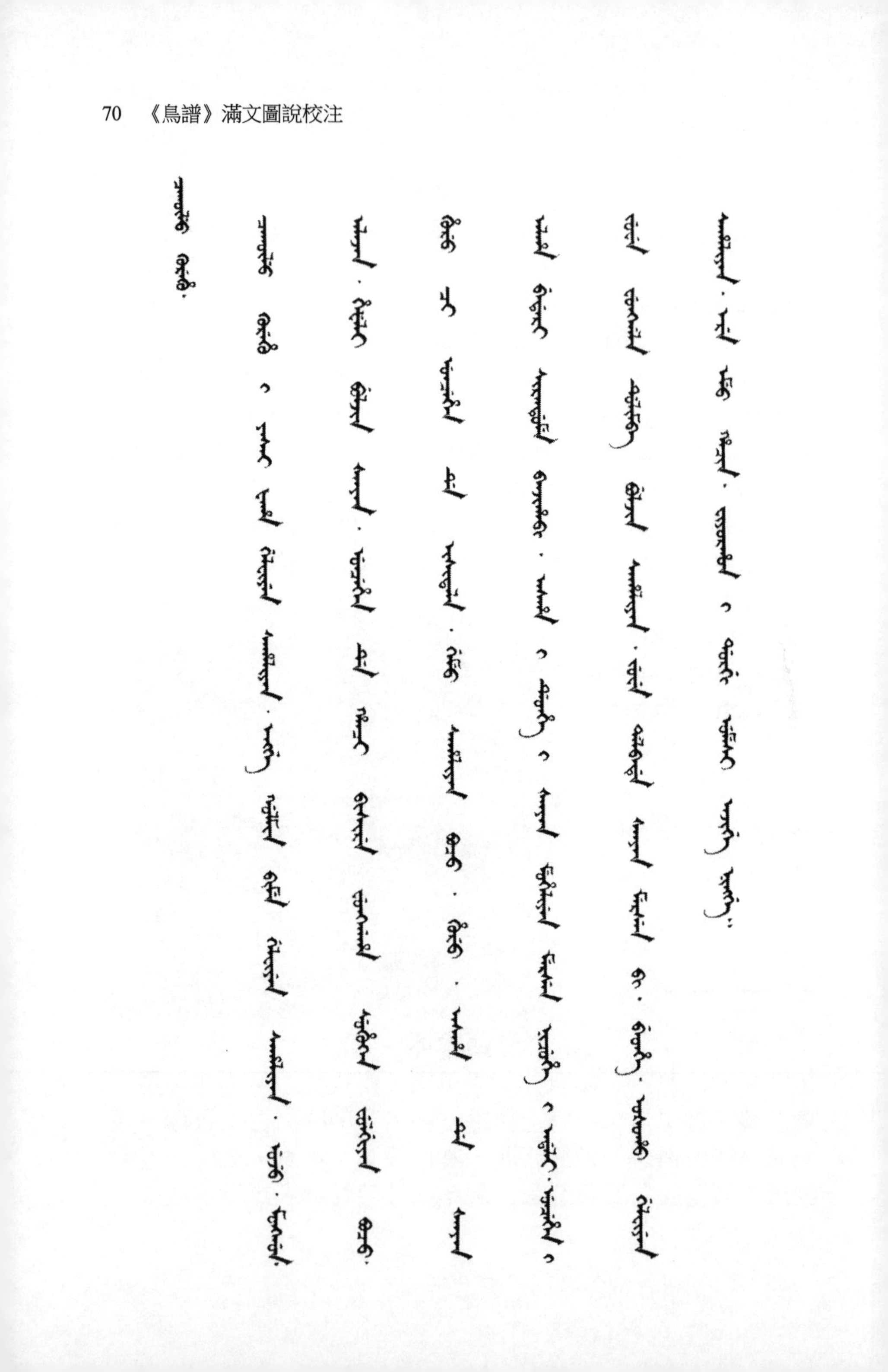

[illegible]

[illegible]

[illegible]

[illegible]

[illegible]

[illegible]

[illegible]

cakūlu kurehu.

cakūlu kurehu i yasai faha gelfiyen sahaliyan, engge golmin bime gelfiyen sahaliyan, uju, monggon, alajan, hefeli buljin šanyan, uncehen de hanci bisire funggaha suhuken fulgiyan boco, huru ci uncehen de isitala, gemu sahaliyan boco, huru, asha de šanyan alha bederi sirandume banjihabi, asha i dethe i šanyan muheliyen mersen nicuhe i adali, uncehen i juwe funggala dulimba buljin sahaliyan, juwe dalbade šanyan mersen bi, bethe, ošoho gelfiyen sahaliyan, ere emu hacin, fiyorhon i dorgi umesi ajige ningge.

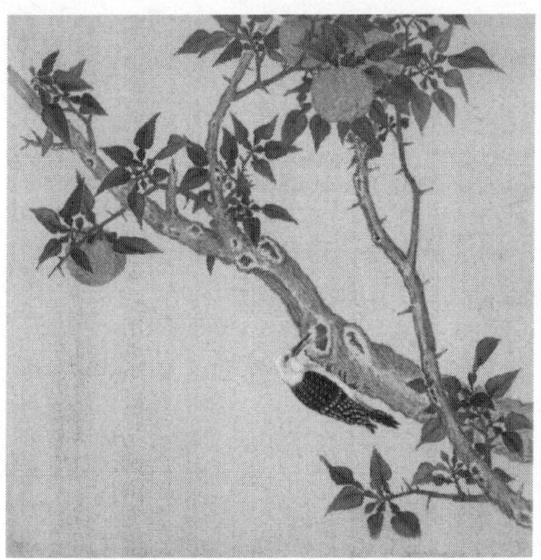

白頭啄木

白頭啄木，淺黑睛，淺黑長觜，頭、項、臆、腹純白，近尾毛牙紅色，背至尾俱黑質，背、膊白花紋相次[11]，翅毛白圓點如珠，尾二翎，中純黑，兩邊有白點，淺黑足、爪，此種啄木之小者也。

11 背、膊白花紋，滿文讀作"huru, asha de šanyan alha bederi"，意即「背、翅白花斑」，滿漢文義不合。

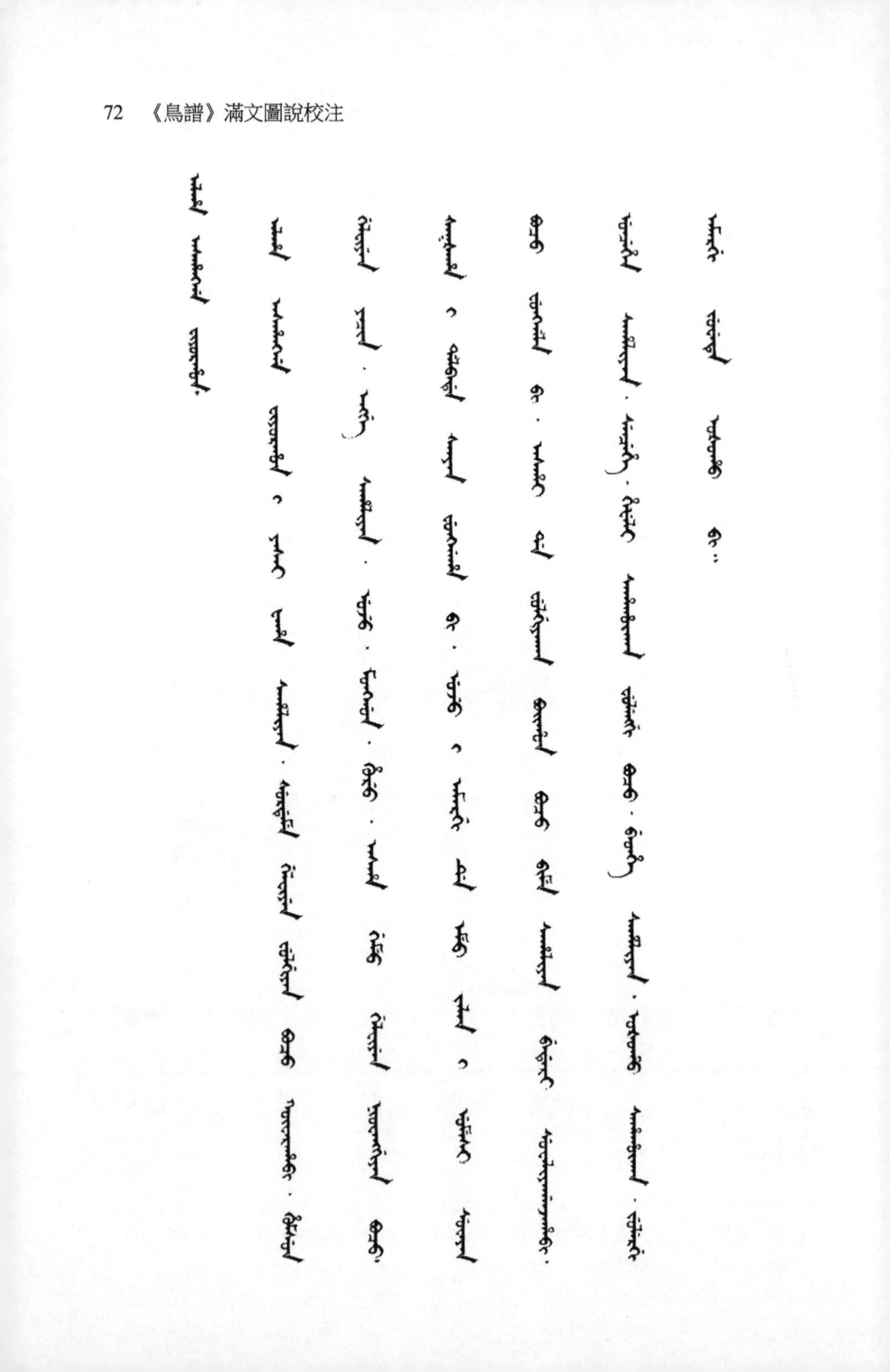

[illegible]

[illegible]

[illegible]

[illegible]

[illegible]

[illegible]

[illegible]

alha ashangga fiyorhon.

alha ashangga fiyorhon i yasai faha sahaliyan, šurdeme gelfiyen fulgiyan boco kūwarahabi, humsun gelfiyen yacin, engge sahaliyan, uju, monggon, huru, asha gemu gelfiyen niowanggiyan boco, šakšaha i dalbade šanyan funggaha bi, uju i amargi de emu jalan i umesi suwayan boco funggala bi, ashai da fulgiyakan boihon boco bime sahaliyan bederi suwaliyaganjahabi, uncehen sahaliyan, sencehe, hefeli sahahūkan fulenggi boco, bethe sahaliyan, ošoho sahahūkan, julergi amargi juwete ošoho bi.

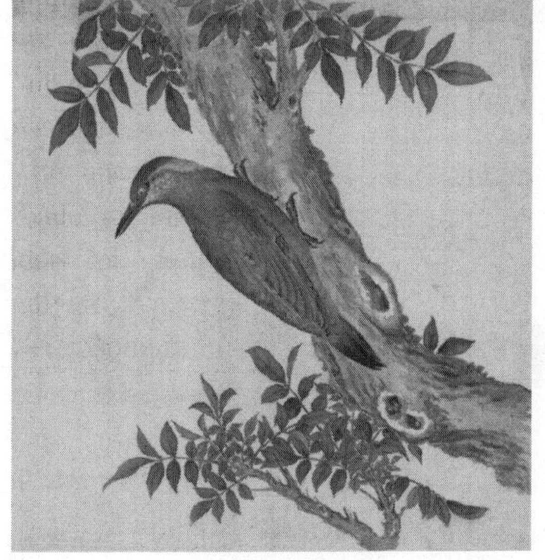

花翅山啄木

花翅山啄木，黑睛，粉紅暈，縹青瞼，黑觜，頭、項、背、翅俱柳綠色，頰旁有白毛，頂後有嬌黃毛一節，膊、翅土紅色，間以黑斑，黑尾，蒼灰頷、腹，黑足，蒼爪，前後各兩趾。

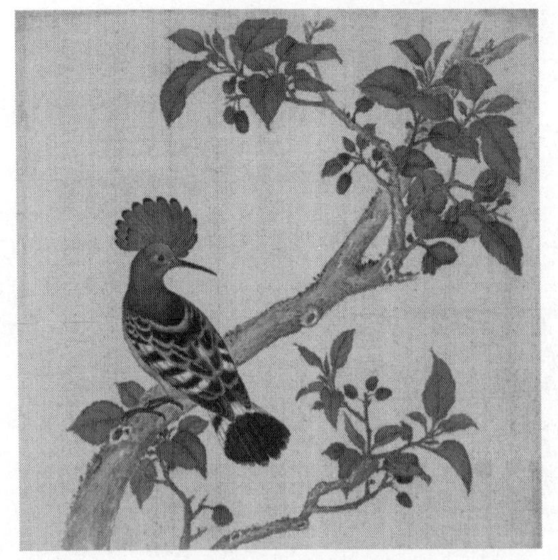

indahūn cecike, emu gebu gungguhun cecike, emu gebu danahūn cecike, emu gebu sutuhūn cecike, emu gebu forohon cecike, emu gebu furhūn cecike, emu gebu jodohūn cecike.

indahūn cecike serengge, kekuhe i duwali, engge golmin bime sahaliyan boco, bethe sahaliyan, uju suwayakan funiyesun boco, juwe asha de suwayan, šanyan, sahaliyan ilan hacin i boco suwaliyaganjahabi, uncehen i da de inu šanyan funggaha bi, uju de alha funggaha juwan funcere da bi, guwendeci, uju i alha funggaha suksurekengge, gincihiyan saikan, uthai ilaka ilha i adali, hancingga šunggiya de, indahūn cecike sehe be suhe bade, gungguhun cecike serengge, terei uju de suksureke funggaha be jorihangge, te indahūn cecike seme hūlambi sehebi. ba i gisun be suhe bithede, yan ba i dergi amargi solho gurun i liyei šui bade erebe fubihūn

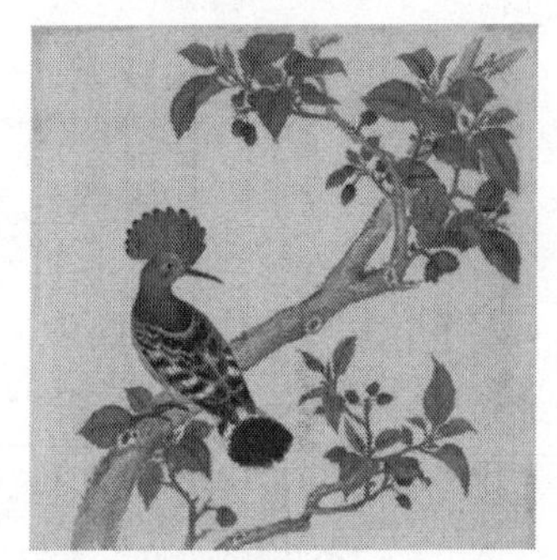

戴勝，一名戴鵀，一名戴南，一名戴鳻，一名鵀鵀，一名服鶝，一名織鳥

戴勝，鳩屬也。長觜黑色，黑足，頭褐黃色，兩翅黃白黑三色相間，尾根亦有白毛，頂有花羽十餘，鳴則頂花開張，蒙茸如花勝然。《爾雅》戴勝注云：鵀，即頭上勝，今亦呼為戴勝。《方言》云：燕之東北，朝鮮洌水之間，

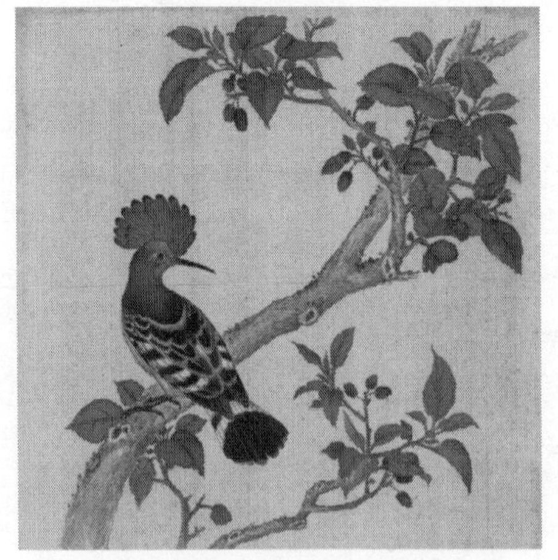

cecike sembi, furdan i dergi bade gungguhun cecike sembi, dergi ci ba i mederi tai šan̲ alin i jergi bade danahūn cecike sembi, danahūn cecike serengge, uthai gungguhun cecike inu, ememungge forohūn cecike sembi, ememungge sutuhūn cecike sembi, ememungge indahūn cecike sembi, u yang ni jergi bade gungguhun cecike sembi, furdan i wargi bade furhūn cecike sembi, ememungge furhun cecike sembi sehebi. g'o pu i suhen de, šeng serengge, hergire jodoro jaka, sutuhūn cecike oci, kekuhe i duwali sehebi. dorolon i nomun i biyai forgon i fiyelen de, indahūn cecike nimalan moo de tomombi sehe be suhe bade, indahūn cecike serengge, hergire jodoro gasha sehebi, tang gurun i jang ho i araha jodoro gasha uculen bi.

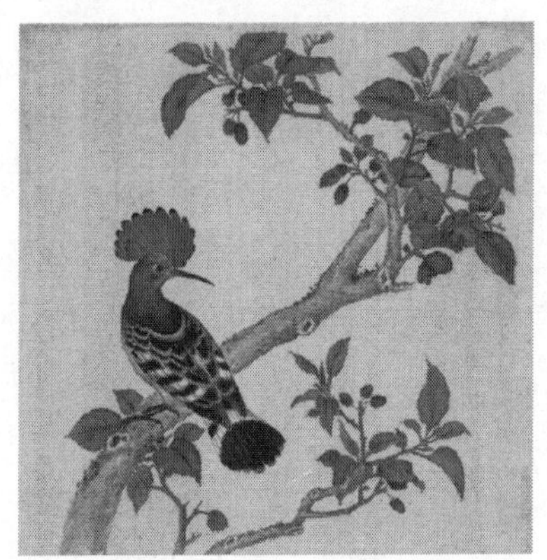

謂之鶝鴔，自關而東謂之戴鵀，東齊海岱之間，謂之戴南，南猶鵀也，或謂之鶭鸅，或謂之戴鳻，或謂之戴勝，吳揚之間謂之鵀，自關而西謂之服鶝，或謂之鵧鶝。郭璞注云：勝所纏紝，戴鳻。鳻者，鳩之族也。《禮記・月令》，戴勝降于桑。注云：戴勝，織紝之鳥，唐張何有〈織鳥詞〉。

[illegible]

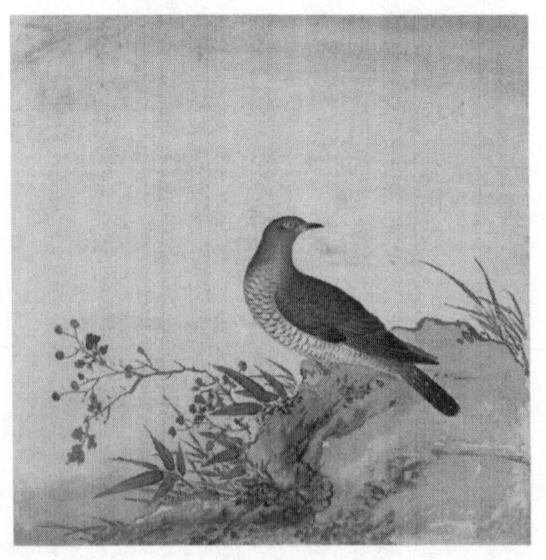

sahaliyan kekuhe, emu gebu kekuhe,
emu gebu gujehe, emu gebu saksari kekuhe.

sahaliyan kekuhe i yasai faha suwayan, engge sahaliyakan suwayan, uju, monggon yacikan sahaliyan, huru yacikan sahaliyan, niongnio dethe sahahūri, uncehen yacikan sahaliyan bime šanyan alha mersen bi, sencehe i fejile yacikan fulenggi boco, alajan, hefeli majige šanyan bime suwayan boco bi, geli hetu sahaliyan bederi sirandume banjihabi, bethe foholon bime suwayan, ošoho suhun boco, erei ošoho julergi amargi de juwete bi, terei jilgan ke gu seme guwendeme ofi, tuttu inu kekuhe seme gebulehebi, ere uthai hancingga šunggiya de gujehe sehengge inu. hancingga šunggiya de, saksatu kekuhe, gujehe sehe be suhe bade, alin i saksaha i adali bime ajige, uncehen fonolon, yacikan sahaliyan boco, guwendere de amuran sehebi. te i giyang dung ni bade inu gujehe seme hūlambi sehebi. giyangnaha bade, šajingga nomun dzo kio ming ni araha ulabun de, ituri kekuhe hafan serengge, baita be

---

黑鳩，一名可姑，一名鶻鵃，一名鵲鳩

黑鳩，黃睛，黑黃觜，青黑頭、項，青黑背，蒼黑翮翅，青黑尾，有白紋點，頷下青灰色，臆、腹微白帶黃，有黑橫紋相次，短黃足，米色爪，其趾前後各兩。其鳴作可姑聲，故亦名可姑，即《爾雅》之鶻鵃也。《爾雅》鴟鳩、鶻鵃。注云：似山鵲而小，短尾青黑色，多聲，今江東亦呼為鶻鵃。疏云：《春秋左氏傳》云：鶻鳩氏，

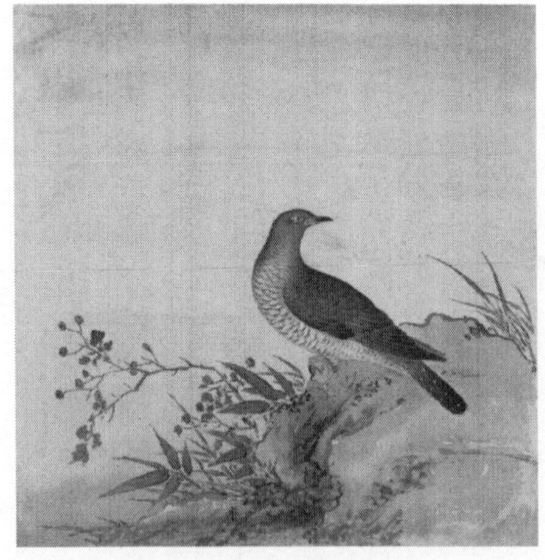

kadalara hafan sehe be, du halangga i suhe bade, ituri kekuhe serengge, uthai gujehe inu, niyengniyeri jimbi, bolori genembi, tuttu baita be kadalara hafan obuha sehengge uthai ere saksatu kekuhe inu sehebi. irgebun i nomun i gebu jakai suhen de, guwendere kekuhe be, ememungge saksari kekuhe sembi, ememungge gujehe sembi sehebi. gasha i nomun de, kekuhe modo bicibe elhe sehe be suhe bade, ba i gisun be suhe bithede, gujehe be, šu ba i niyalma modo gasha sembi, feye arame bahanarakū, gūwa gasha i feye be ejelefi tomobi, udu modo bicibe elhe i tomombi sehe sehebi. irgebun i nomun de, saksaha feye bimbime damu kekuhe tomombi sehe be suhe ulabun de, guwendere kekuhe beye feye ararakū, saksaha i araha feye de tomombi sehengge inu. tuwaci, gujehe serengge, jeo gurun i tukiyecun de, mukdefi deyeme gasha ohongge be suhe bade, jirka cecike damin banjimbi sere damin inu sehengge, uthai ere, erebe karka cecike be suhe hergen de tucibuhebi.

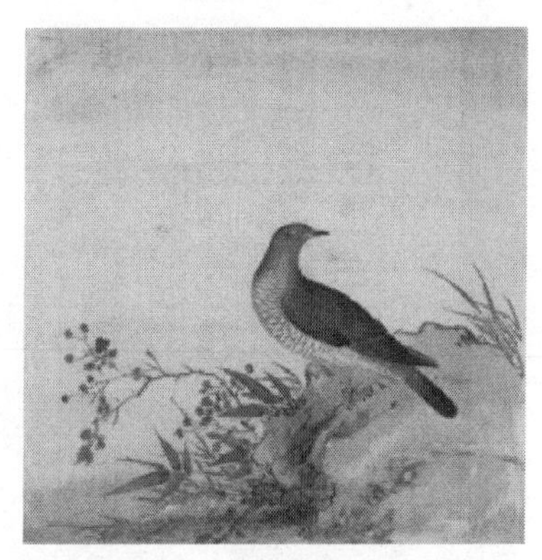

司事也。杜注云：鶻鳩，鶻鵃也。春來秋去，故為司事，即此鶥鳩也。《毛詩名物解》云：鳴鳩，或謂之鵲鳩，或謂之鶻鵰。《禽經》：鳩拙而安。注云：《方言》曰：鶻鵃，蜀謂之拙鳥，不善營巢，取他鳥巢居之，雖拙而安處。《詩》維鵲有巢，維鳩居之。《傳》云：鳲鳩不自為巢，居鵲之成巢是也。案：鶻鵃即《周頌》拚飛維鳥。注：鷦鷯生鵰之雛，注詳水喳子。

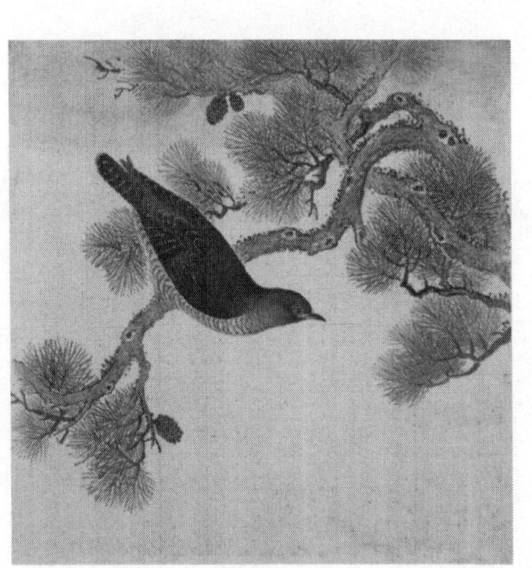

kekutu.

kekutu i yasai faha sahaliyan, yasai hūntahan suwayan, engge sahaliyan, engge i da majige suwayan, uju, monggon, huru, ashai da gemu sahaliyan, funggaha de gemu bohokon šanyan jerin bi, asha, uncehen sahaliyan bime dube šanyan, fulgiyakan suwayan mersen jalan jalan i siranduhabi, uncehen i funggalan i šanyan mersen juwe dalbai fulgiyakan suwayan mersen de bakcilame banjihabi, sencehe i fejile sahaliyan šanyan boco suwaliyaganjahabi, alajan, hefeli šanyan boco bime sahaliyan hetu bederi bi, giyahūn i tunggen i adali, bethe foholon bime suwayakan šanyan, julergi amargi de

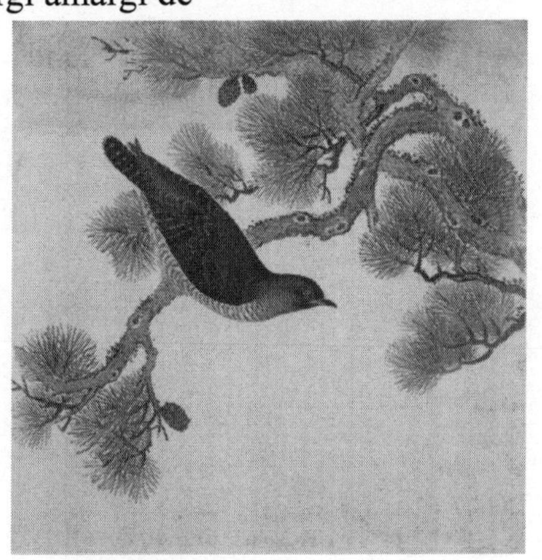

刺毛鷹

刺毛鷹，黑睛，黃眶，黑觜，咮根微黃，頭、項、背、膊俱黑，每毛有暗白邊，黑翅、尾白尖，赤黃點逐節相比，尾毛中白點與兩邊赤黃點相對，頷下黑白雜色，臆、腹白質帶黑橫紋，有似鷹胸，短黃白足，前後

[illegible]

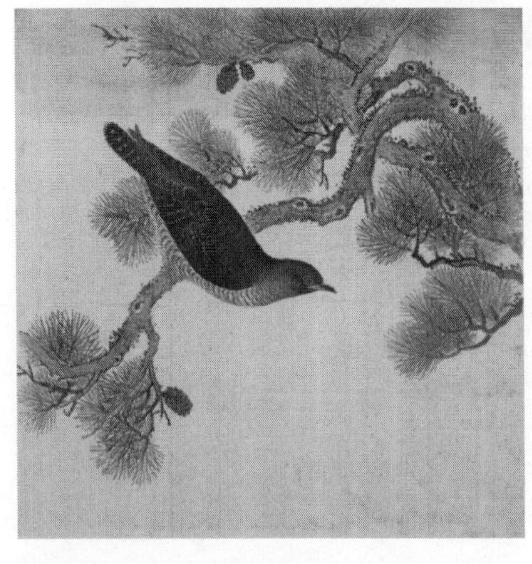

juwete ošoho bi, kekuhe i duwali, kemuni jakdan i bujan de tomombi, niyengniyeri ilan biya de jakdan moo i ilha sihafi abdaha tucike manggi, emu hacin i sahaliyan funiyehe umiyaha bifi, ice abdaha be jembi, ere gasha, ere umiyaha be teile jeme ofi, tuttu kekutu sere gebu nikebuhebi, erei yali tarhūn kūfuyen bime hūri i amtan bi, giyangnan ba i niyalma erebe amtangga booha obumbi, geli emu hacin i gohon engge giyahūn de adali, inu ere umiyaha be jeme ofi, niyalma inu butame jembi.

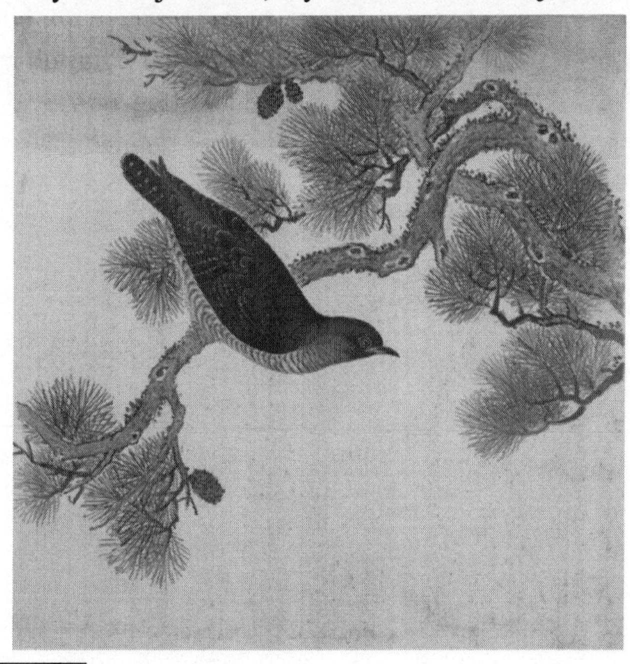

各兩趾，鳩類也。常棲止松林，春三月時，松尖花落葉生。有一種黑毛蟲食其新葉，此鳥專食此蟲，故有刺毛鷹之稱。其肉肥脆而有松香，江南人以為珍味。又有一種，觜勾如鷹者，亦食此蟲，人亦捕食之也。

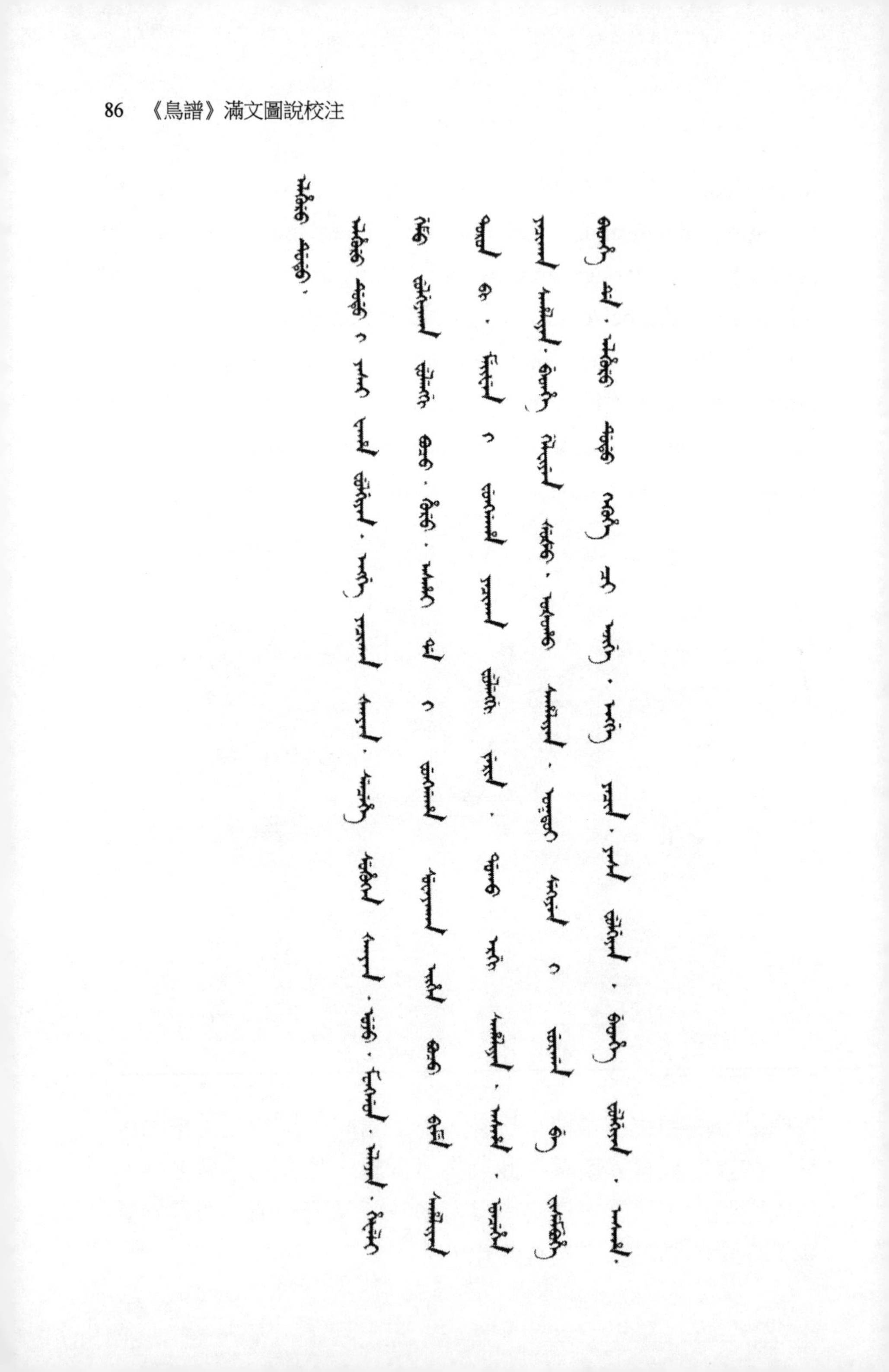

[illegible]

[illegible]

[illegible]

[illegible]

[illegible]

[illegible]

alhuru dudu.

alhuru dudu i yasai faha fulgiyan, engge yacikan šanyan, sencehe suhuken šanyan, uju, monggon, alajan, hefeli gemu fulgiyakan fulenggi boco, huru, ashai da i funggaha suwayakan eihen boco bime sahaliyan toron bi, meifen i funggaha yacikan fulenggi jerin, doko ergi sahaliyan, asha, uncehen yacikan sahaliyan, bethe gelfiyen šušu, ošoho sahaliyan. oktoi sekiyen i jurgan be fisembuhe bithe de, alhuru dudu kekuhe ci ajige, engge yacin, yasa fulgiyan, bethe fulgiyan, asha,

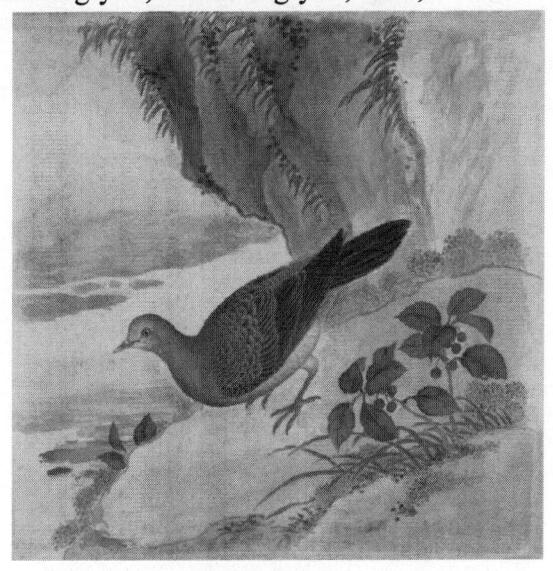

火紋斑

火紋斑，紅睛，青白觜，米白頷，頭、項、臆、腹俱紅灰色。背、膊赭黃毛色，黑暈，肩毛青灰邊黑裏，青黑翅尾。紫粉足，黑爪。《本草衍義》云：火紋斑小於鵓鳩，青觜，赤目，紅足，翅

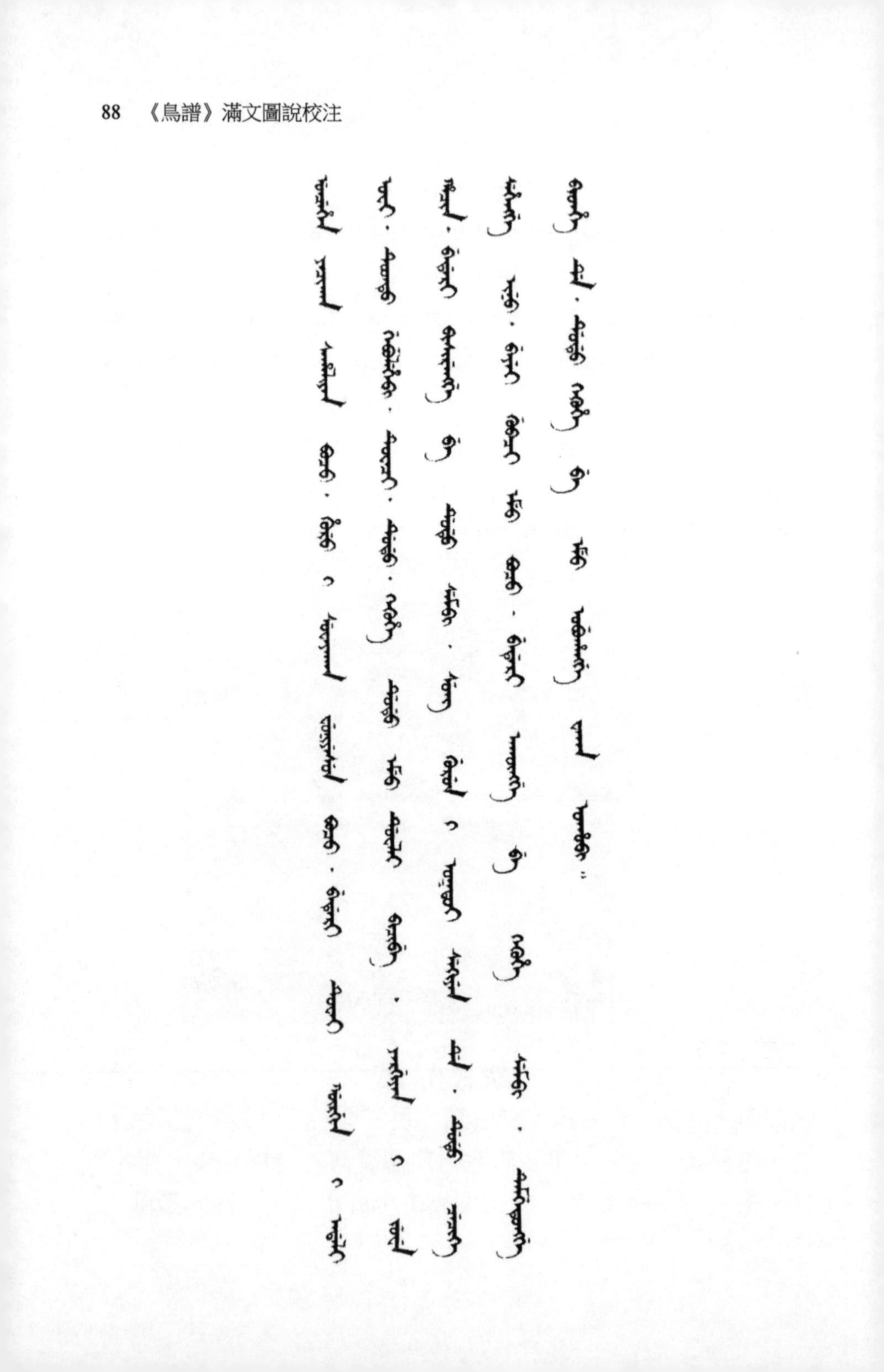

[illegible]

[illegible]

[illegible]

[illegible]

[illegible]

uncehen yacikan sahaliyan boco, huru i suwayakan funiyesun boco, bederi tuwai gūrgin i adali ofi, tuttu gebulehebi. tuwaci, dudu, kekuhe dudu emu duwali bicibe, yargiyan i juwe hacin, bederi bisirengge be dudu sembi, sung gurun i oktoi sekiyen de, dudu cecike sehengge inu, beyei gubci emu boco, bederi akūngge be kekuhe sembi, temgetungge bithe de, dudu kekuhe be emu obuhangge waka ohobi.

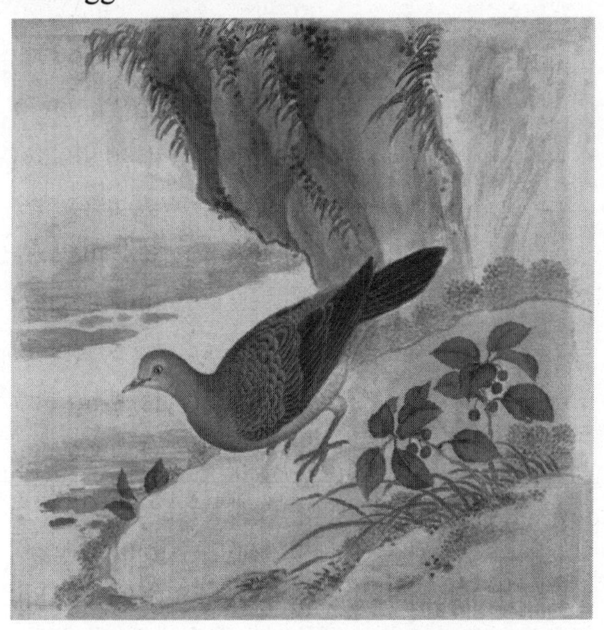

尾青黑色，背有褐黃文如火焰然[12]，故名。案：斑與鳩，雖同類，實係二種：有紋者曰斑。《宋本草》所謂斑，隹是也；純色無紋者曰鳩。諸書合斑與鳩為一，非是。

12 背有褐黃文如火焰然，滿文讀作"huru i suwayakan funiyesun boco, bederi tuwai gūrgin i adali ofi"，意即「背黃褐色，因有斑如火焰」。

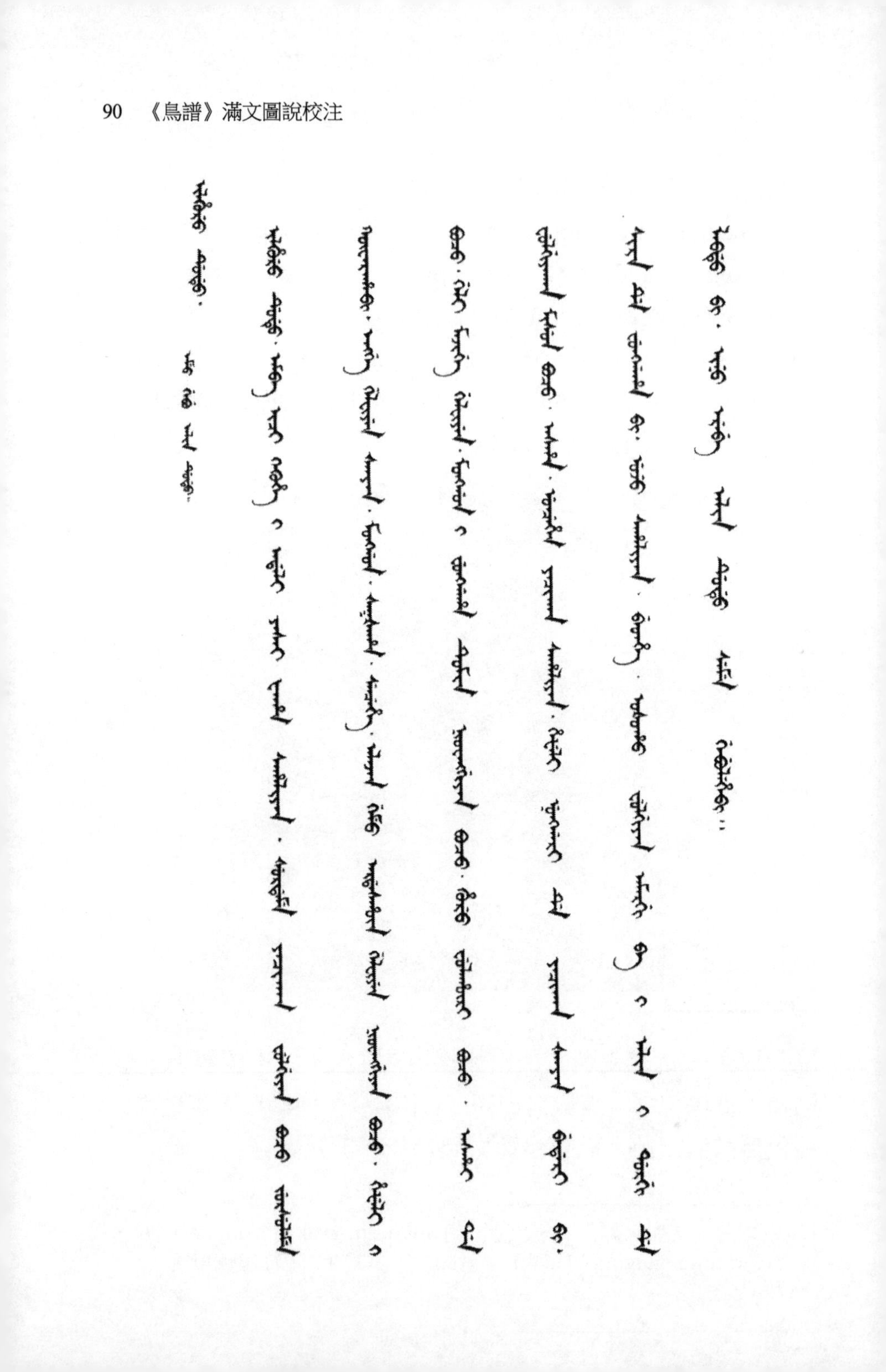

[illegible]

[illegible]

[illegible]

[illegible]

[illegible]

[illegible]

[illegible]

ilhuru dudu, emu gebu alin dudu.

ilhuru dudu, amba ici kekuhe i adali yasai faha sahaliyan, šurdeme yacikan fulgiyan boco jursuleme kūwarahabi, engge gelfiyen šanyan, monggon, šakšaha, sencehe, alajan gemu ardashūn gelfiyen niowanggiyan boco, hefeli i boco, geli majige gelfiyen, monggon i funggaha tumin niowarggiyan boco, huru fulahūri boco, ashai da fulgiyakan misun boco, asha, uncehen yacikan sahaliyan, hefeli nunggari de yacikan šanyan bederi bi, sira de funggaha bi, uju sahaliyan, bethe, ošoho fulgiyan, amargi ba i alin i dorgi de labdu bi, inu erebe alin dudu seme gebulehebi.

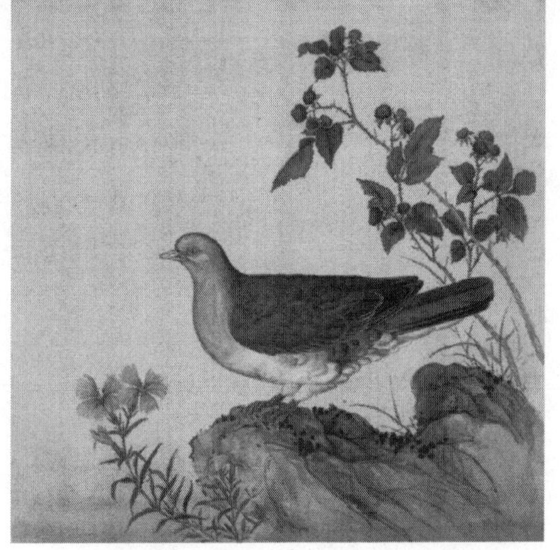

綠斑，一名山斑

綠斑，大如鵓鴣，黑睛，青紅重暈，縹白觜，項、頰、頷、臆俱嫩柳綠色，腹色稍淺，頂毛深綠色，紺背，醬紅膊，青黑翅尾。腹毳有青白文，脛上有毛，黑頭，紅足、爪，北方山中多有之，亦名山斑。

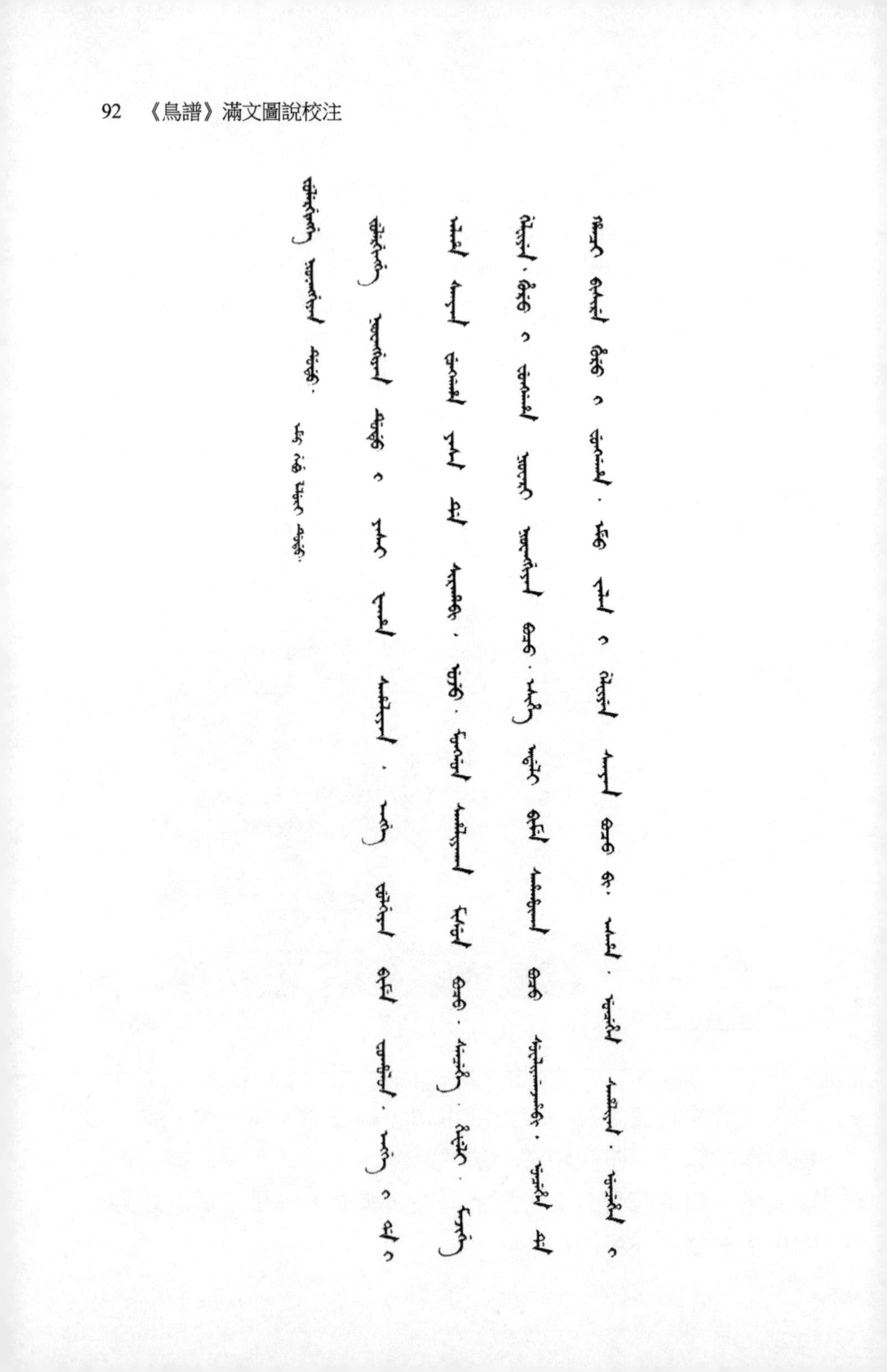

julergingge niowanggiyan dudu,

emu gebu laluri dudu.

julergingge niowanggiyan dudu i yasai faha sahaliyan, engge fulgiyan bime foholon, engge i da i alha šanyan funggaha yasa de sirahabi, uju, monggon sahaliyakan misun boco, sencehe, hefeli majige gefiyen, huru i funggaha niowari niowanggiyan boco, esihe adali bime sahahūkan boco suwaliyaganjahabi, uncehen de hanci bisire huru i funggaha, emu jalan i gelfiyen šanyan boco bi, asha, uncehen sahaliyan, uncehen i

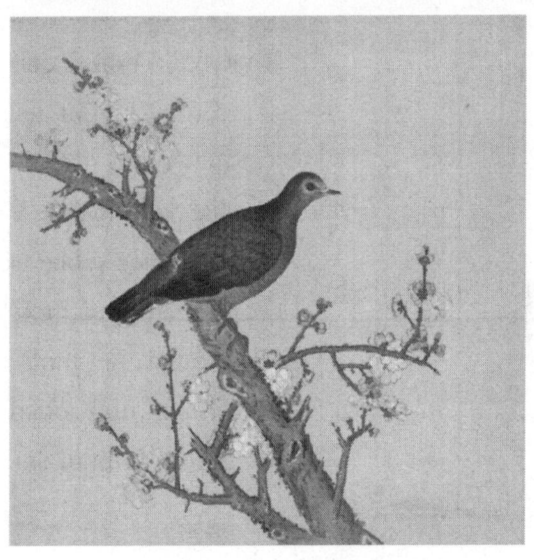

南綠斑，一名鸛鶵

南綠斑，黑睛，短紅觜，觜根花白毛連眼，頂、項醬黑色，頷、腹稍淺，背毛翠綠如鱗，以蒼色間之，近尾背毛有踈白一節，黑翅、尾，

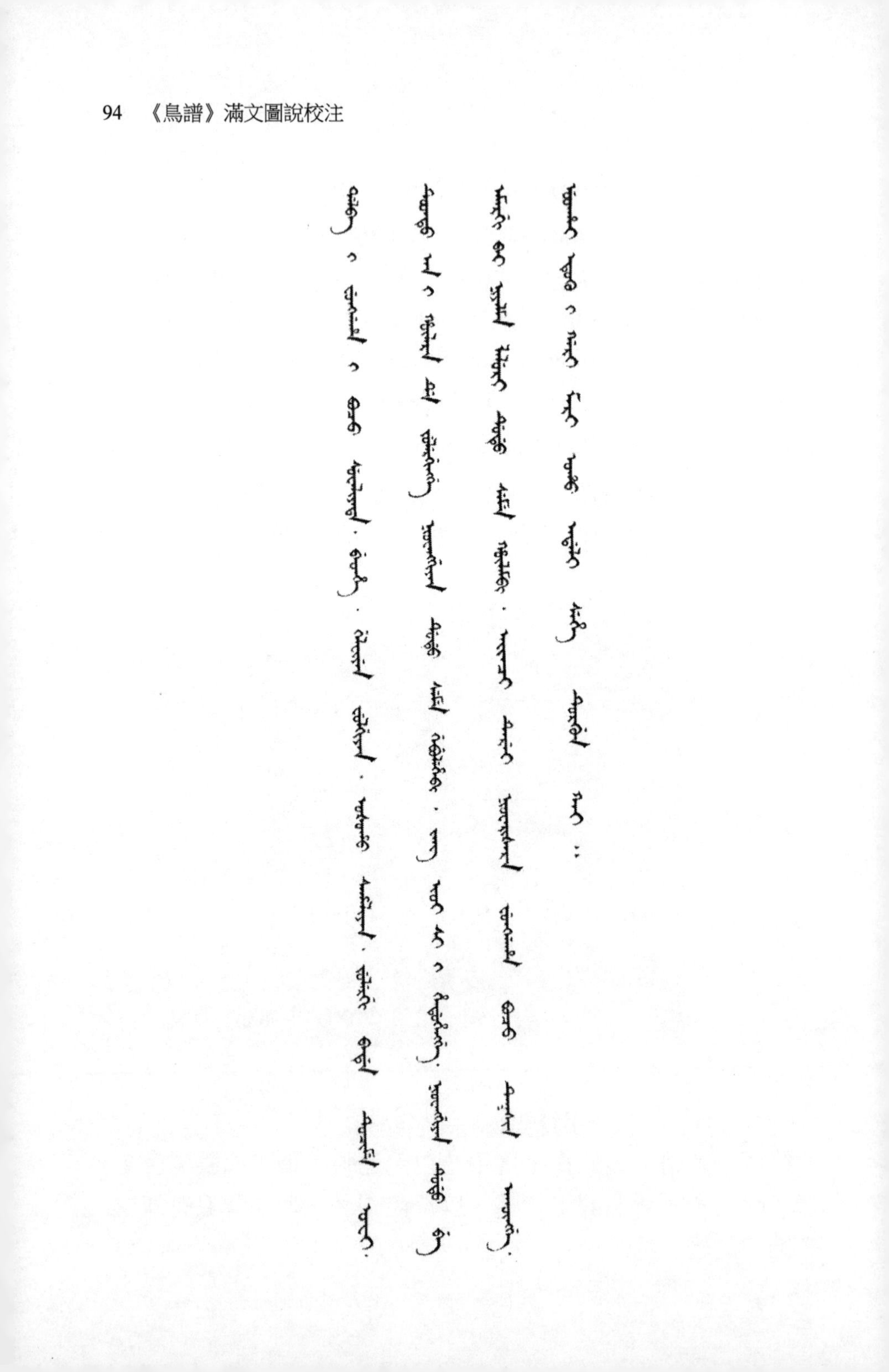

[illegible]

[illegible]

[illegible]

[illegible]

dalba i funggaha i boco suwaliyata, bethe gelfiyen fulgiyan, ošoho sahaliyan, julergi bade tucime ofi, tuttu an i hūlara de julergingge niowanggiyan dudu seme gebulehebi, jang ioi si i henduhengge, niowanggiyan dudu be amargi bai niyalma laluri dudu seme hūlambi, ainci terei niowarišara funggaha boco teksin akūngge, uthai etuku i gari mari oho adali sehe turgun kai.

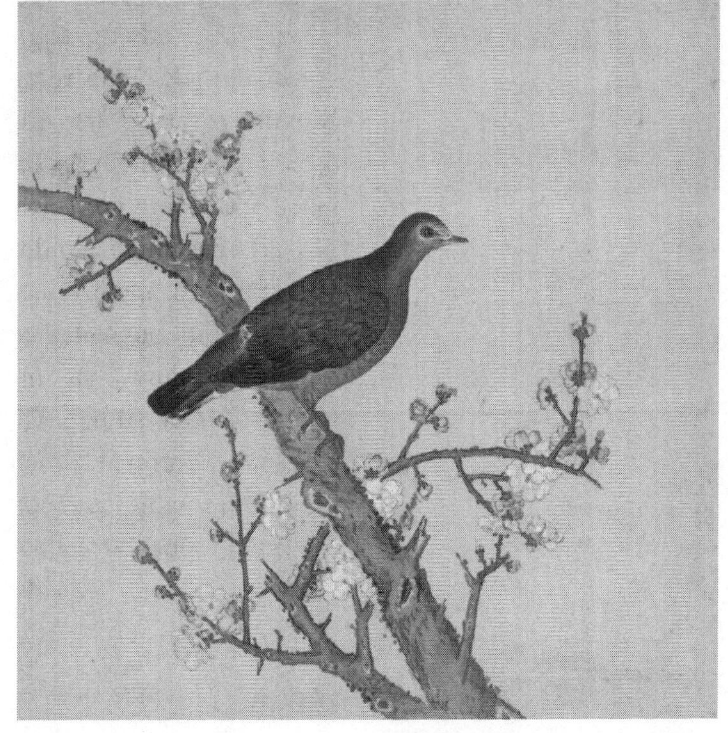

尾傍毛有雜色，粉紅足，黑爪。出于南方，故俗名南綠斑。掌禹錫曰：綠斑，北人呼為䴈鷜，言其毛翠不整齊，如衣之藍縷也。

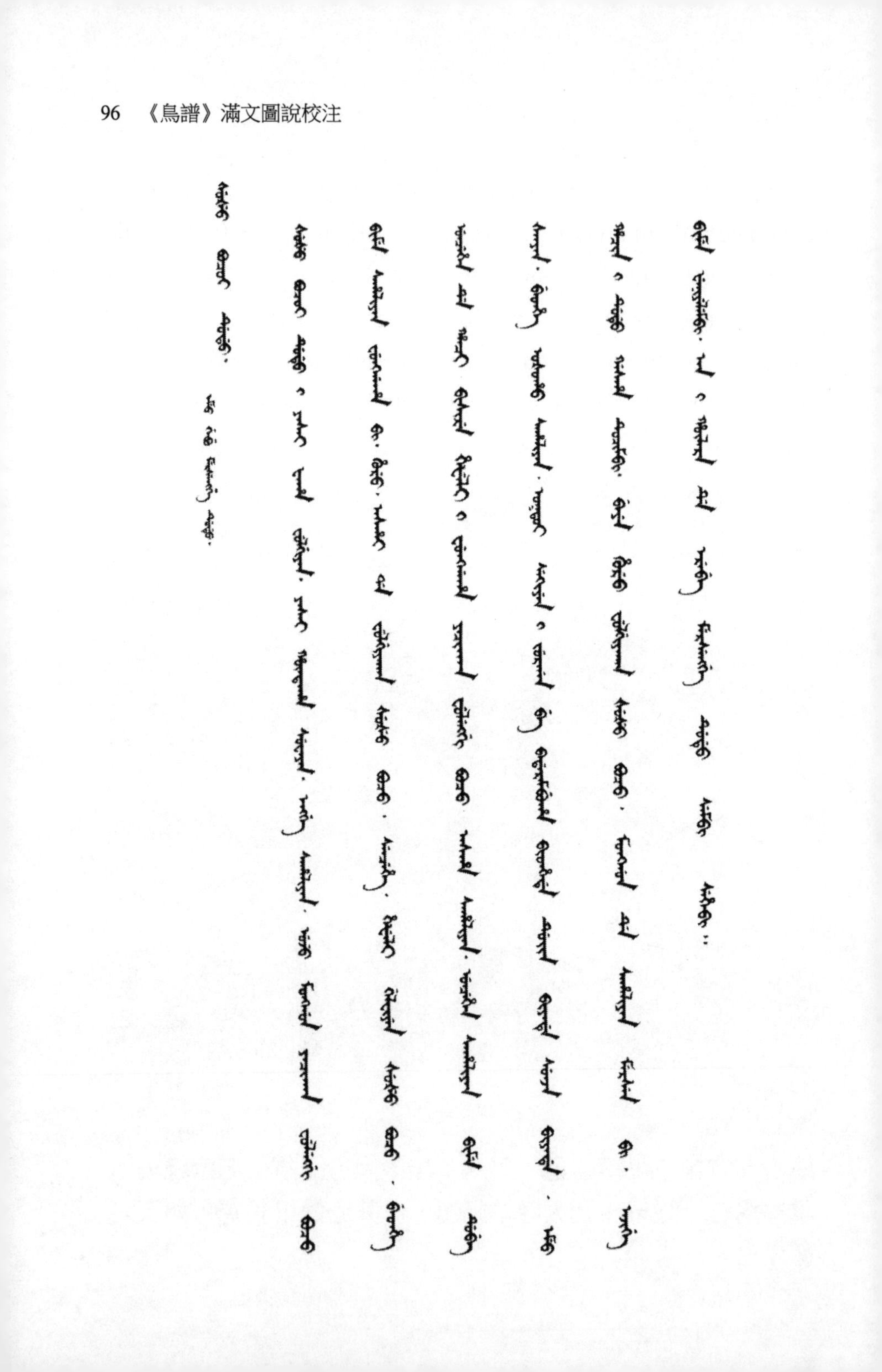

[illegible]

šušu bocoi dudu, emu gebu mersengge dudu.

šušu bocoi dudu i yasai faha fulgiyan, yasai hūntahan suwayan, engge sahaliyan, uju monggon yacikan fulenggi boco bime sahaliyan funggaha bi, huru, ashai da fulgiyakan šušu boco, sencehe, hefeli gelfiyen šušu boco, bethe uncehen de hanci bisire hefeli i funggaha yacikan fulenggi boco, asha sahaliyan, uncehen sahaliyan bime dube šanyan, bethe, ošoho sahaliyan. oktoi sekiyen i jurgan be badarambuha bithede, duin biyade sunja biyade, emu hacin i dudu gasha tucimbi, beye huru fulgiyakan šušu boco, monggon de sahaliyan mersen bi, ajige bime feniyelembi, an i hūlara de erebe mersengge dudu sembi sehebi.

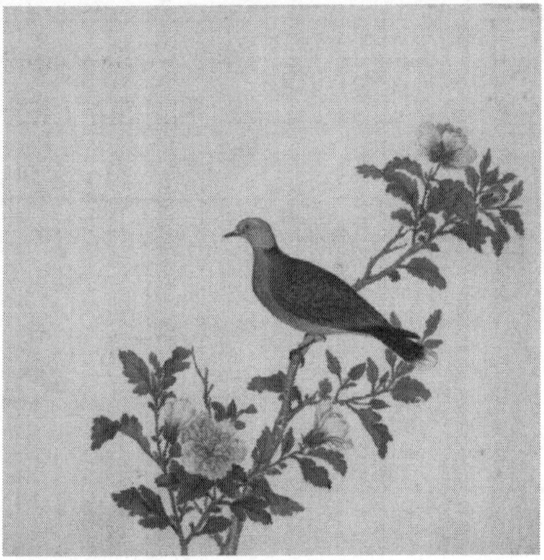

紫斑，一名糠斑

紫斑，赤睛，黃眶，黑觜，青灰頭、項有黑毛，背、膊紫赤，頷、腹粉紫，腹毛近足尾處青灰色，黑翅，黑尾白尖，黑足、爪。《本草廣義》曰：四、五月間出一種斑雛，身背紫紅色，項有黑點，小而成群，俚俗謂之糠斑。

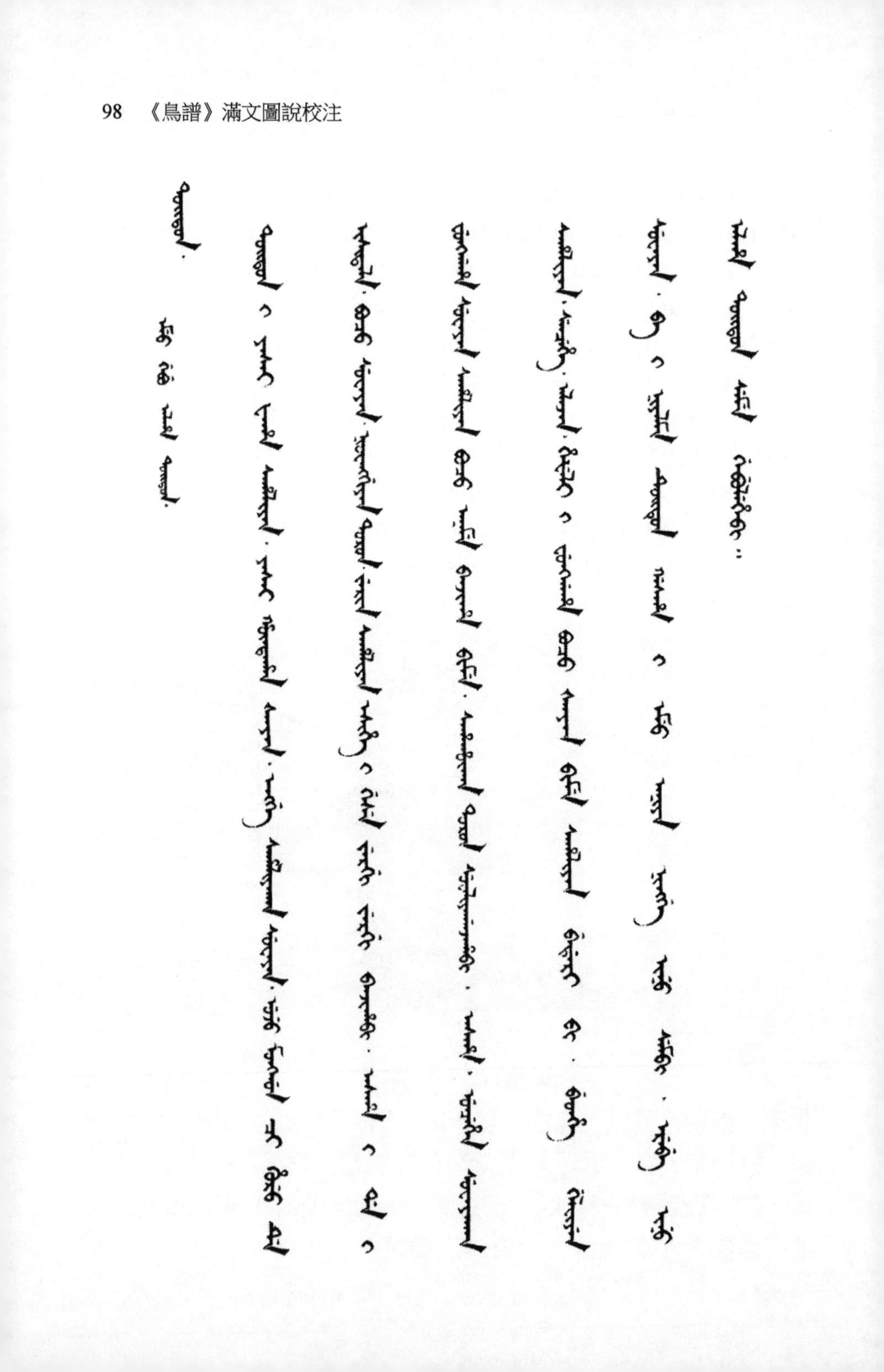

toiton, emu gebu alha toiton.

toiton i yasai faha sahaliyan, yasai hūntahan šanyan, engge sahaliyakan suwayan, uju, monggon ci huru de isitala, boco suwayan, niowanggiyan toron, jerin sahaliyan esihe i gese jergi jergi banjihabi, asha i da i funggaha suwayan sahaliyan boco aname banjiha bime, sahahūkan toron suwaliyaganjahabi, asha, uncehen suwayakan sahaliyan, sensehe, alajan, hefeli i funggaha boco šanyan bime sahaliyan bederi bi, bethe gelfiyen suwayan, ba i niyalma tuitun gasha i emu aniya ningge inu sembi, erebe inu alha toiton seme gebulehebi.

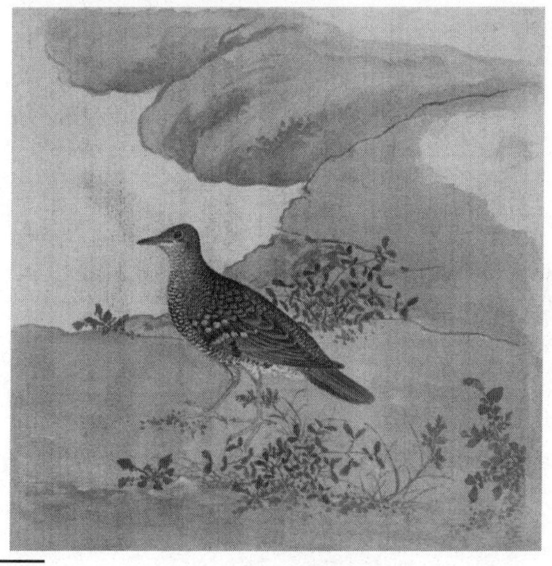

布穀鳥，一名花雞

布穀鳥，黑睛，白眶，黑黃觜，頂、項至背，黃質綠暈，黑邊鱗次，膊毛黃黑相比，間以蒼暈，黃黑翅尾，頷、臆、腹白質黑斑，淺黃足，土人云：佛鳥之一歲者也，亦名花雞。

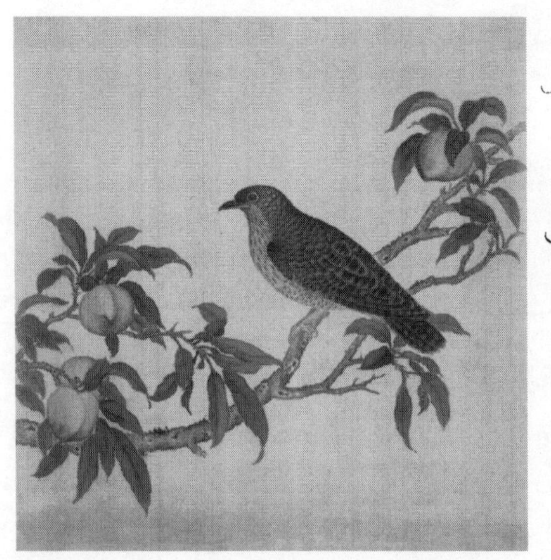

tuitun gasha.

tuitun gasha i yasai faha sahaliyan, yasai hūntahan suwayan, engge sahaliyan, engge i da majige suwayan, uju, monggon, huru, asha i da gemu sahaliyan, funggaha de bohokon šanyan jerin bi, asha uncehen i doko ergi gemu sahaliyan boco, dube šanyan ningge bime, fulgiyakan suwayan mersen jalan jalan aname banjihabi, uncehen funggala i dulimbade bisire šanyan mersen, juwe dalba i fulgiyakan suwayan mersen de bakcilame banjihabi, sencehe i fejile sahaliyan šanyan boco suwaliyaganjahabi, alajan ci hefeli de isitala boco šanyan bime, gelfiyen sahaliyan bederi giyahūn i alajan i adali, bethe foholon bime suwayakan šanyan,

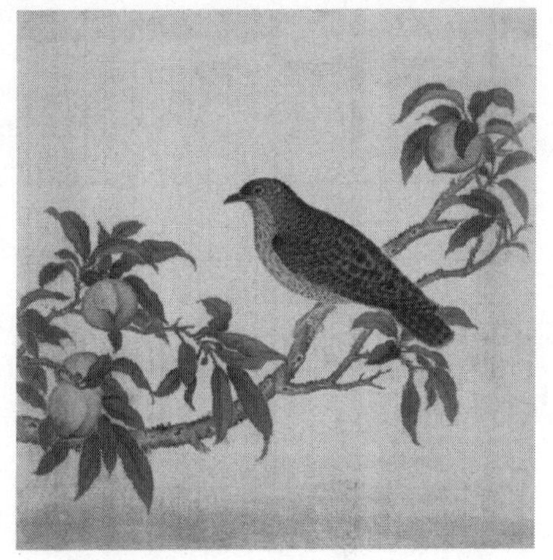

佛鳥

佛鳥，黑睛，黃眶，黑觜，吻根微黃[13]。頭、項、背、膊俱黑，每毛有暗白邊，翅尾皆黑裏白尖，赤黃點逐節相比，尾毛中白點與兩邊赤黃點相對[14]，頷下黑白雜色，臆至腹白質淺黑橫紋[15]，有似鷹胸，短黃白足，

13 吻根，滿文讀作“engge i da”，意即「觜根」。

14 尾毛，滿文讀作“uncehen funggala”，意即「尾翎」。

15 淺黑橫紋，滿文讀作“gelfiyen sahaliyan bederi”，意即「淺黑斑」，滿漢文義不合。

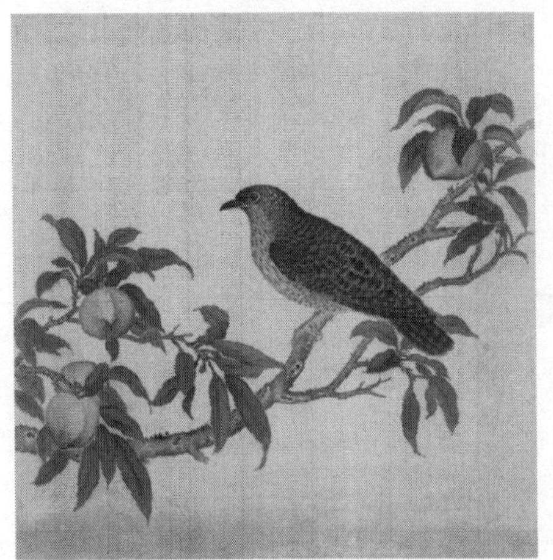

terei ošoho julergi amargi de juwete bi, guwendere jilgan tuitun sere mudan adali bime, geli omito sere adali mudan bi, terei yali tarhūn amtangga jeci ombi. terei deberen uju de nunggari bi, uju, monggon gelfiyen sahaliyan boco suwayakan šanyan narhūn funggaha suwaliyaganjahabi, huru, asha i da, asha, uncehen gemu gelfiyen sahaliyan bederi toron bimbime, dorgi de suwayakan boco somifi giyahūn i huru i adali, sencehe ci hefeli de isitala, šanyakan boihon boco bime, sahahūkan bederi bi, alajan i juleri bederi undu, hefeli i fejile bederi hetu banjihabi, bethe suwayan, ošoho šanyan.

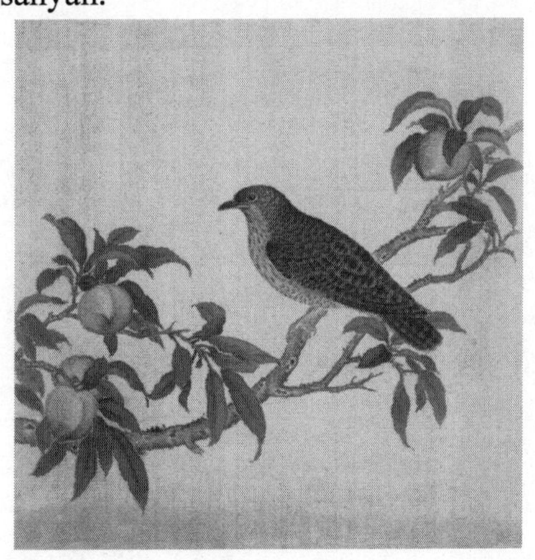

其趾前後各兩[16]，鳴聲似曰推吞，又似誦彌陀聲。其肉肥美可食。其雛頭有茸毛，頂、項上淺黑質黃白細毛間之，背、膊、翅、尾皆淺黑斑暈，中隱土黃色如蒼鷹背，頷至腹土白帶蒼斑，臆前斑縱，腹下斑橫，黃足，白爪。

16 其趾前後各兩，句中「趾」，滿文讀作"ošoho"，意即「爪」。

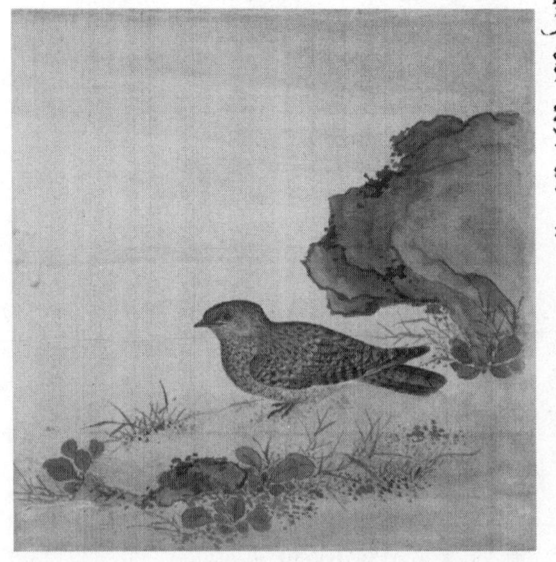

jilgangga gasha.

jilgangga gasha i yasai faha sahaliyan, yasai hūntahan šanyan, engge sahaliyan, sencehe suhun suwayan, uju i funggaha ci huru de isitala, sahahūkan boco bime sahaliyakan šanyan alha i toron bi, sahaliyan kitala, sahaliyan mersen bime boihon i boco suwaliyaganjahabi, huru i fejergi suwayakan boihon bocoi muheliyen bederi aname banjihabi, ashai da, asha i boco sahaliyan bime fulgiyakan suwayan boco suwaliyaganjahangge labdu, kuri bederi bi, asha i dube yacikan sahaliyan boco de šanyakan boco jerin tuyembumbi, uncehen i funggala de yacikan fulenggi toron bime, bederi hetu undu banjiha sahaliyan mersen juru juru bakcilame banjihabi, sencehe ci hefeli de isitala, fulgiyakan suwayan boco sahaliyan bederi aname banjihabi, bethe foholon bime yacin. ba i niyalma i henduhengge, seibeni juwe niyalma hoki arafi tulergide

王岡哥[17]

王岡哥，黑睛，白眶，黑觜，米黃頰，頂毛至背蒼質黑白花暈，黑莖，黑點雜以土色，背下土黃圓斑相次，膊、翅黑質赤黃相間，極其斕斑，翅尖青黑，間露微白邊，尾毛青灰暈，紋理縱横，黑斑兩兩相對[18]，頷至腹赤黃色，黑紋連比，短青足。土人云：昔有二人結伴行商於外，

17 王岡哥，滿文讀作“jilgangga gasha”，意即「有聲音的鳥」，是一種夜鳴的鳥，但聞其聲不見其形。

18 黑斑，滿文讀作“sahaliyan mersen”，意即「黑點」。

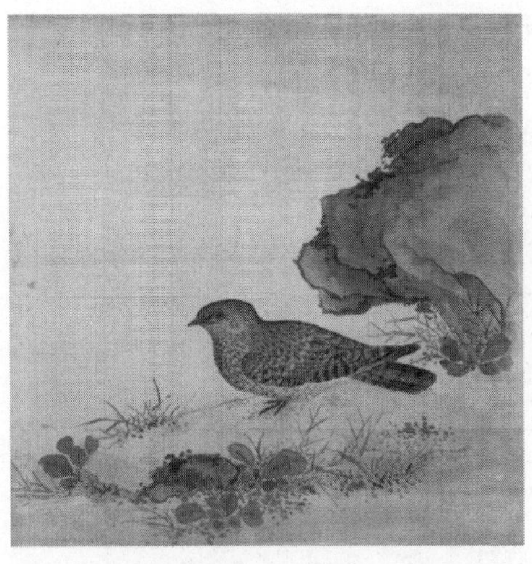

hūdašara de, tere emu wang halangga niyalma jugūn fambuha, ere emu niyalma terei songko be baime, inenggidari alin holo de terei colo be hūlame, beyere yuyure de amcabuha turgunde akū oho, ini fayangga, uthai ere gasha kūbulika, terei wang g'ang ge seme hūlara jilgan be damu dobori de guwendere be donjime ofi, niyalma erebe enduri gasha obuhabi sehebi. ere udu aniya ulhiyen i labdu bifi butame baharangge kejine bi, udu aldungga de hanci sehe seme, be ki hionghioi cecike ubaliyakan, asigan hehe yamjiri gasha, koyangga gasha ubaliyakan, jai du ioi bederere be gūnime guwendere jalingga gasha i kūbulire forgošoro jergi gisun be, bithe cagan de ejeme arahabi, erebe tuwame ohode, eiten jaka i daci akū bime gaitai bisirengge urunakū deribun bi, unenggi gūnin i acinggiyabufi jaka ome ubaliyakangge, inu giyan de bisirengge, yooni holtoro gisun seci ojorakū.

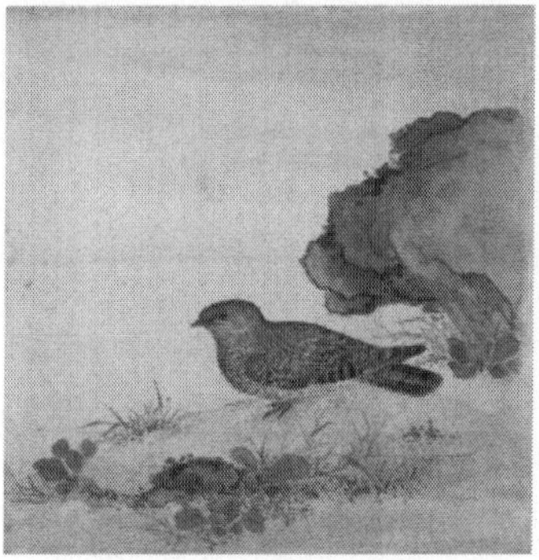

其一王姓者散失，一人尋其跡，日呼其字于山谷間，不勝饑寒而沒，其魂化為此鳥，啼聲云：王岡哥，唯于夜中聞聲，人以為神鳥也。年來漸有之，頗有捕得者，雖說近乎怪異，然伯奇之為伯勞，少女之為姑獲、精衛，杜宇、思婦、鷀鳩變幻之說，見著書冊。大凡物之自無而有，必有所始，精誠所感，憑化為物，理或有之，不可盡誣也。

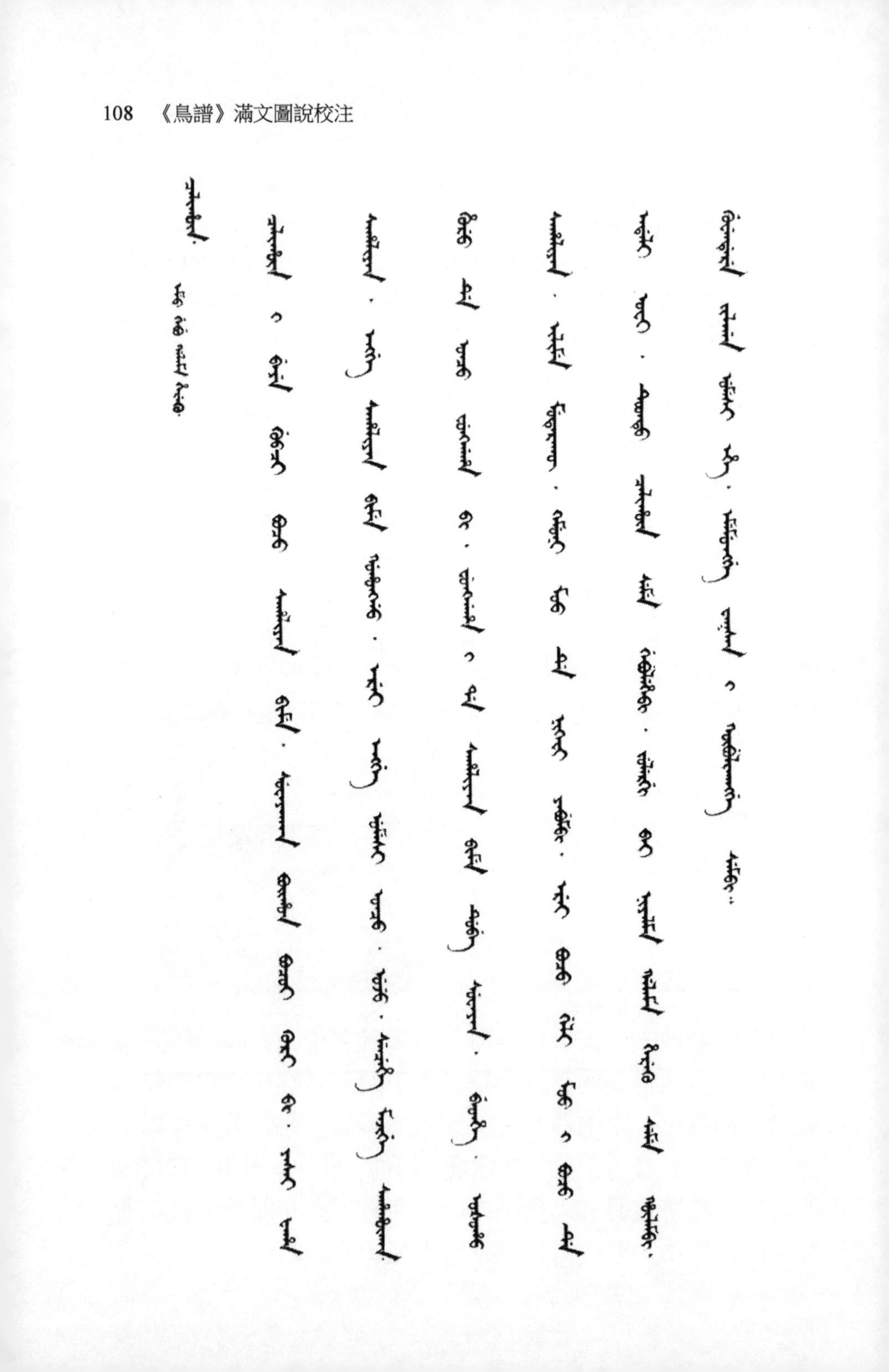

[illegible]

calihūn, emu gebu galama hereku.

calihūn i beye gubci boco sahaliyan bime, suwayakan boihon bocoi kuri bi, yasai faha sahaliyan, engge sahaliyan bime gohonggo, erei engge umesi onco, uju, sencehe majige sahahūkan, huru de onco funggaha bi, funggaha i da sahaliyan bime dube suwayan, bethe, ošoho sahaliyan, ilime muterakū, kemuni moo de nikefi yabumbi, erei boco geli moo i boco de adali ofi, tuttu calihūn seme gebulehebi, julergi bai niyalma galama hereku seme hūlambi, guwendere jilgan umesi ehe, ememungge waksan i kūbulikangge sembi.

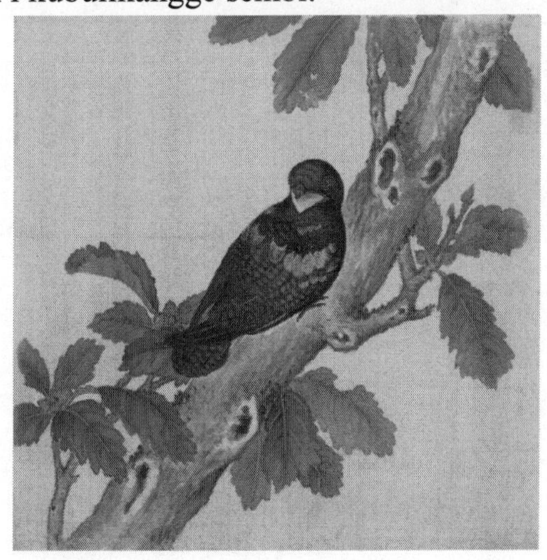

貼樹皮，一名覆樹陰

貼樹皮，通身黑質土黃斑，黑睛，黑勾喙，其口甚闊，頂、頷微蒼，背上有闊毛，黑根黃末，黑足、爪，不能立，常緣木而行，其色又與木色相類，故名貼樹皮，南方呼覆樹陰，鳴聲甚惡，或曰蝦蟇所化也。

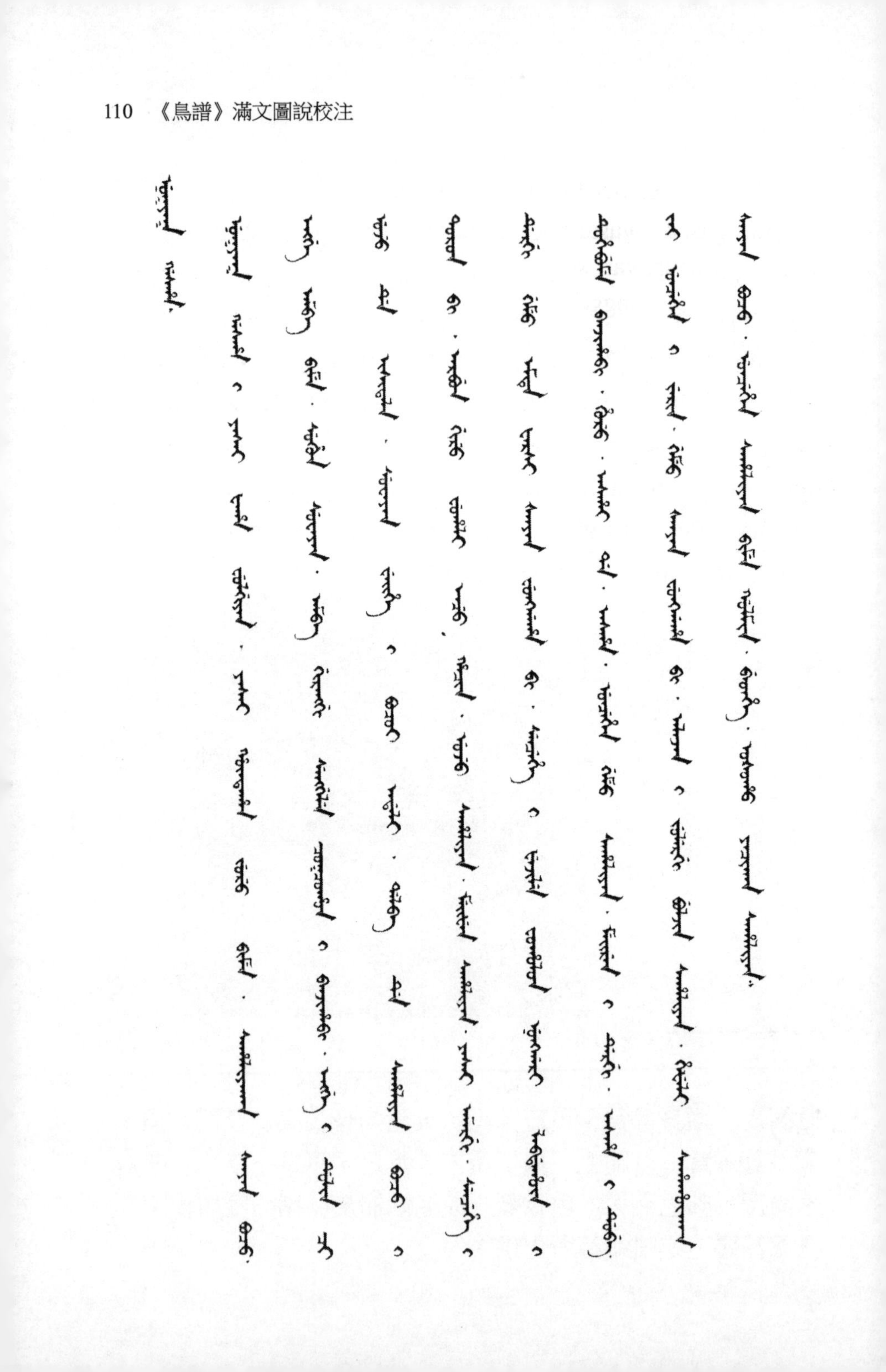

nukyak gasha.

nukyak gasha i yasai faha fulgiyan, yasai hūntahan juru bime, sahaliyakan šanyan boco, engge amba bime, suhun suwayan, amba giranggi senggele cokcohon banjihabi, engge i dulin ci uju de isitala, suwayan weihe i bocoi adali, dalba de sahaliyan boco i toron bi, arbun giru fuhali encu hacin, uju sahaliyan, meifen sahaliyan, yasai amargi, sencehe i dergi gemu emte farsi šanyan funggaha bi, sencehe i fejile foholon nunggari labdahūn i tuhebume banjihabi, huru, ashai da, asha, uncehen gemu sahaliyan, meiren i dergi, asha i dube jai uncehen i jerin, gemu šanyan funggaha bi, alajan i julergi buljin sahaliyan, hefeli sahahūkan šanyan boco, uncehen sahaliyan bime golmin, bethe, ošoho yacikan sahaliyan.

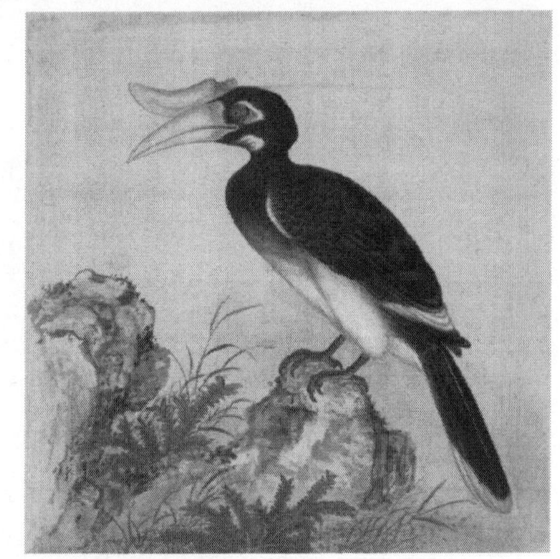

弩克鴉克

弩克鴉克，赤睛，黑白重眶，米黃巨觜，有巨骨冠高起，自觜半至頂，色如黃牙，旁帶黑暈，形狀絕異，黑頭，黑頸，眼後頷上各有白毛一片，頷下有短茸垂出，背、膊、翅、尾俱黑，肩上翅尖及尾邊皆有白毛，臆前純黑，腹蒼白色，長黑尾，青黑足爪。

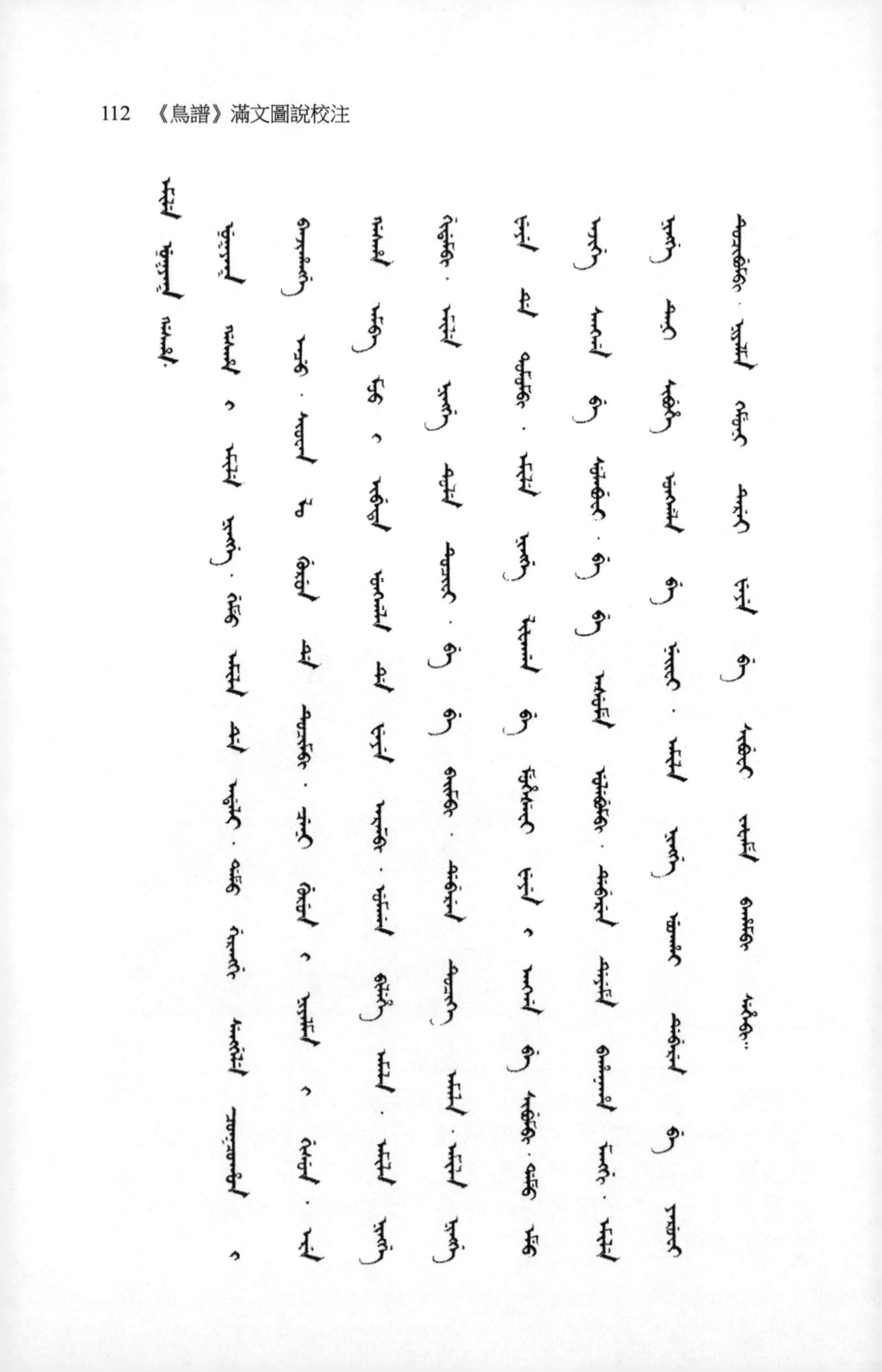

emile nukyak gasha.

nukyak gasha i emile ningge, gemu amila de adali, damu giranggi senggele cokcohon i banjihangge encu, siowan lo gurun de tucimbi, ceni gurun i niyalma i gisun, ere gasha amba moo i ibete unggala de feye arambi, umgan bilehe amala, amila ningge gidambi, emile ningge tule tucifi, be be baimbi, deberen tucike amala, amila ningge feye de tomombi, emile ningge lifagan be muhešefi feye i angga be sibumbi, damu emu ajige sangga be sulabufi, be be ašume ulebumbi, deberen deyeme bahanaha manggi, emile ningge teni sibuhe unggala be neifi, amila ningge uthai deberen be yarufi tucibumbi, niyalma kemuni terei feye be sibufi jafame bahambi sehebi.

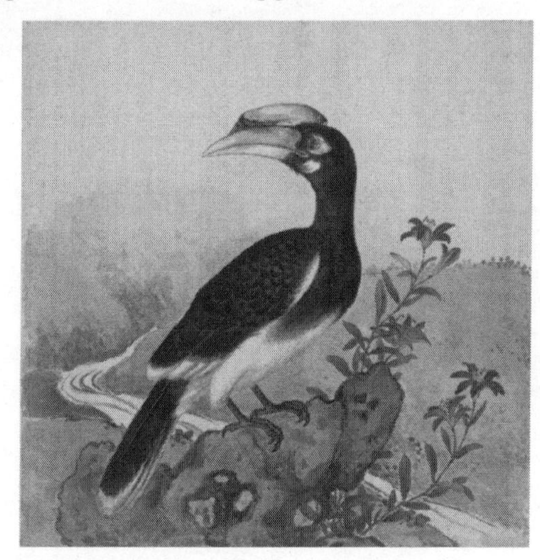

雌努克鴉克

努克鴉克雌者，悉與雄同，唯骨冠尖聳出為異，出暹羅國，其國人云：此鳥在大樹朽窟中作巢，產卵後雄為之伏，雌者出外覓食，雛生後，雄居巢內，雌者銜泥封巢口，僅留一小穴銜食以飼，候雛能飛，雌者始開封口，雄乃引雛而出，人每即其巢掩獲之。

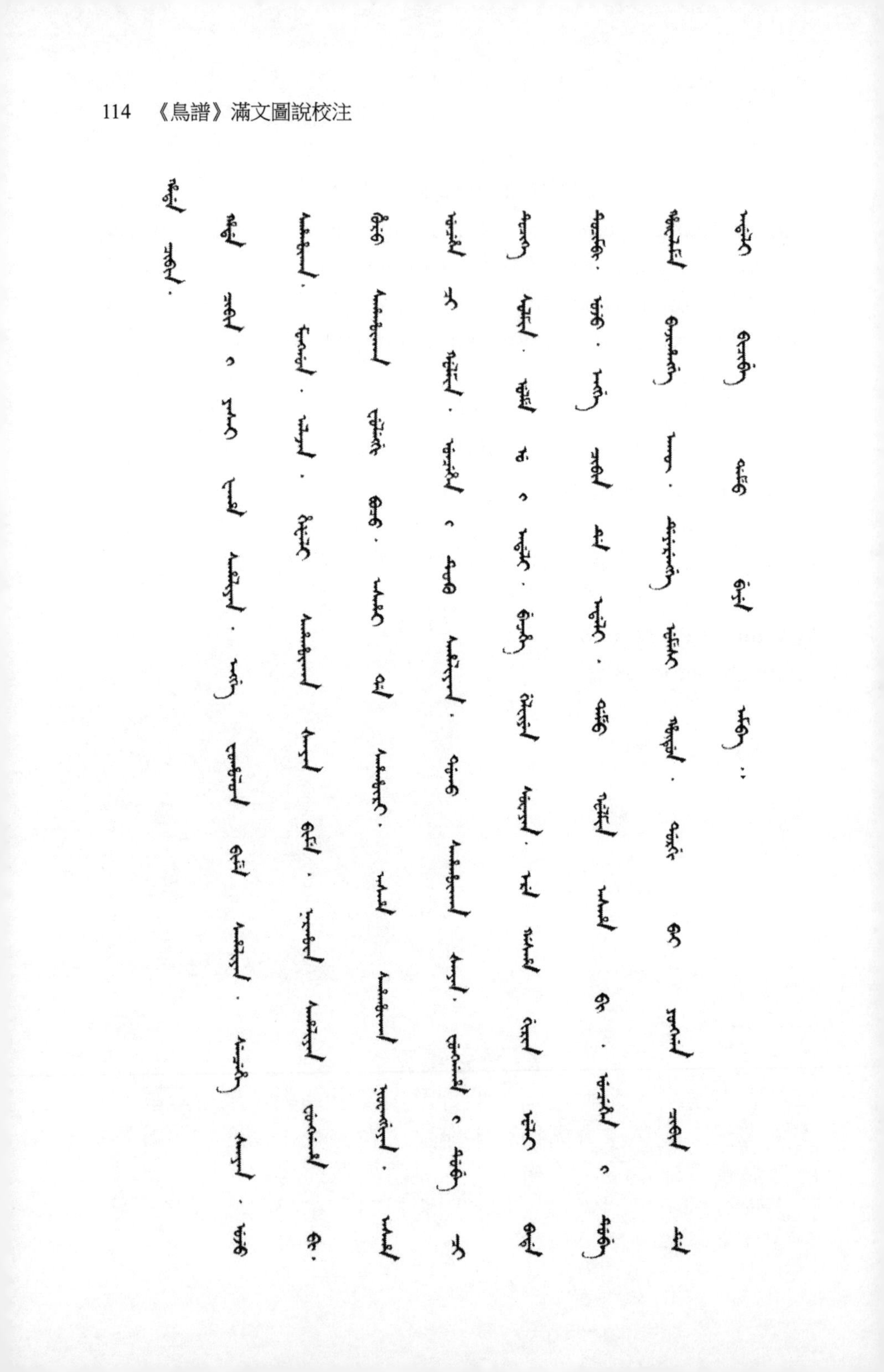

hada cibin.

hada cibin i yasai faha sahaliyan, engge foholon bime sahaliyan, sencehe šanyan, uju sahahūkan, monggon, alajan, hefeli sahahūkan šanyan bime, narhūn sahaliyan funggaha bi, huru sahahūkan fulenggi boco, ashai da sahahūri, asha sahahūkan niowanggiyan, asha uncehen ci golmin, uncehen i tuku sahaliyan, doko sahahūkan šanyan, funggaha i dube ci tucike solmin, ulme u i adali, bethe gelfiyen suwayan, ere gasha girin ulai bade tucimbi, uju, engge cibin de adali, damu golmin asha bi, uncehen i dube hūwalame banjihangge akū, deyerengge umesi hūdun, dorgi bai yonggan cibin de adali bicibe damu beye amba.

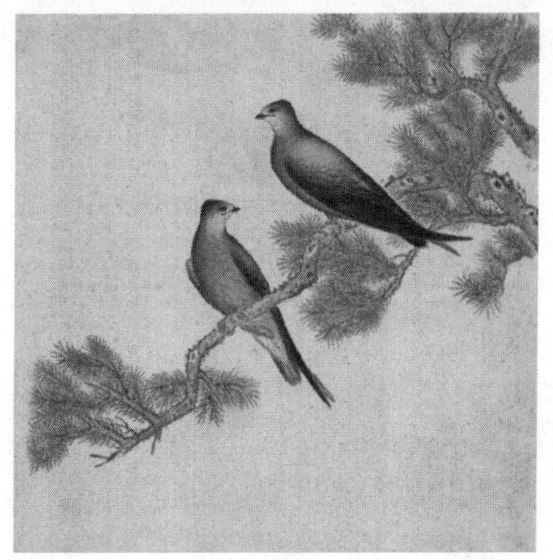

石燕

石燕，黑睛，短黑觜，白頷，蒼頂，項、臆、腹蒼白有細黑毛，蒼灰背，蒼黑膞，黑綠翅，翅長過尾，尾外黑裏蒼白，其末每毛透出一芒銛，利如針刺，淺黃足，此鳥出船廠地方[19]，頭觜似燕，但有長翅，尾無雙岐而飛掠甚疾，與內地沙燕相似，特身倍大耳。

19 船廠，滿文讀作"girin ulai ba"，意即「吉林烏拉地方」。

[illegible]

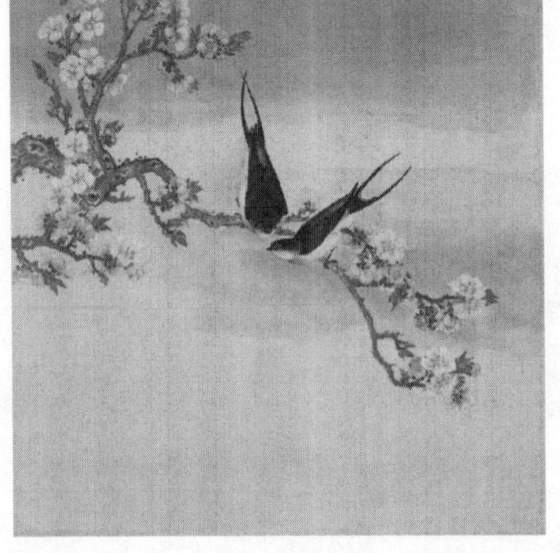

gūldargan.

gūldargan i beye weihuken, engge narhūn, asha onco, uncehen i dube hūwalame banjihabi, yasai faha yacin, uju sahaliyan, sencehe šanyan, alajan eihen boco, hefeli šanyan, huru sahaliyan, uncehen de hanci bisire bade fulgiyakan eihen boco, asha sahaliyan, uncehen sahaliyan, bethe yacikan sahaliyan. hacingga〔hancingga〕šunggiya de cibin cibin serengge, uthai jijirgan sehengge be suhe bade, cibin cibin sembime, geli jijirgan seme gebulehengge, julgei niyalma jursuleme gisurehengge sehebi. gasha i nomun de, turaki, terei duwali be hairambi sehe be suhe bade, turaki serengge, cibin be erde oci sonio, yamji oci juru, terei duwali be hairarangge

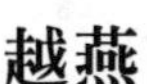

越燕

越燕，輕身，籥口[20]，布翅[21]，歧尾，青睛，黑頭，白頷，赭臆，白腹，黑背。近尾處赭赤色，黑翅，黑尾，青黑足。《爾雅》燕燕，鳦。疏云：燕燕，又名鳦，古人重言之。《禽經》元鳥，愛其類。注云：元鳥，鷰也，朝奇而暮偶，愛其類也。

20　籥口，滿文讀作"engge narhūn"，意即「細觜」。
21　布翅，滿文讀作"asha onco"，意即「寬翅」，或「闊翅」。

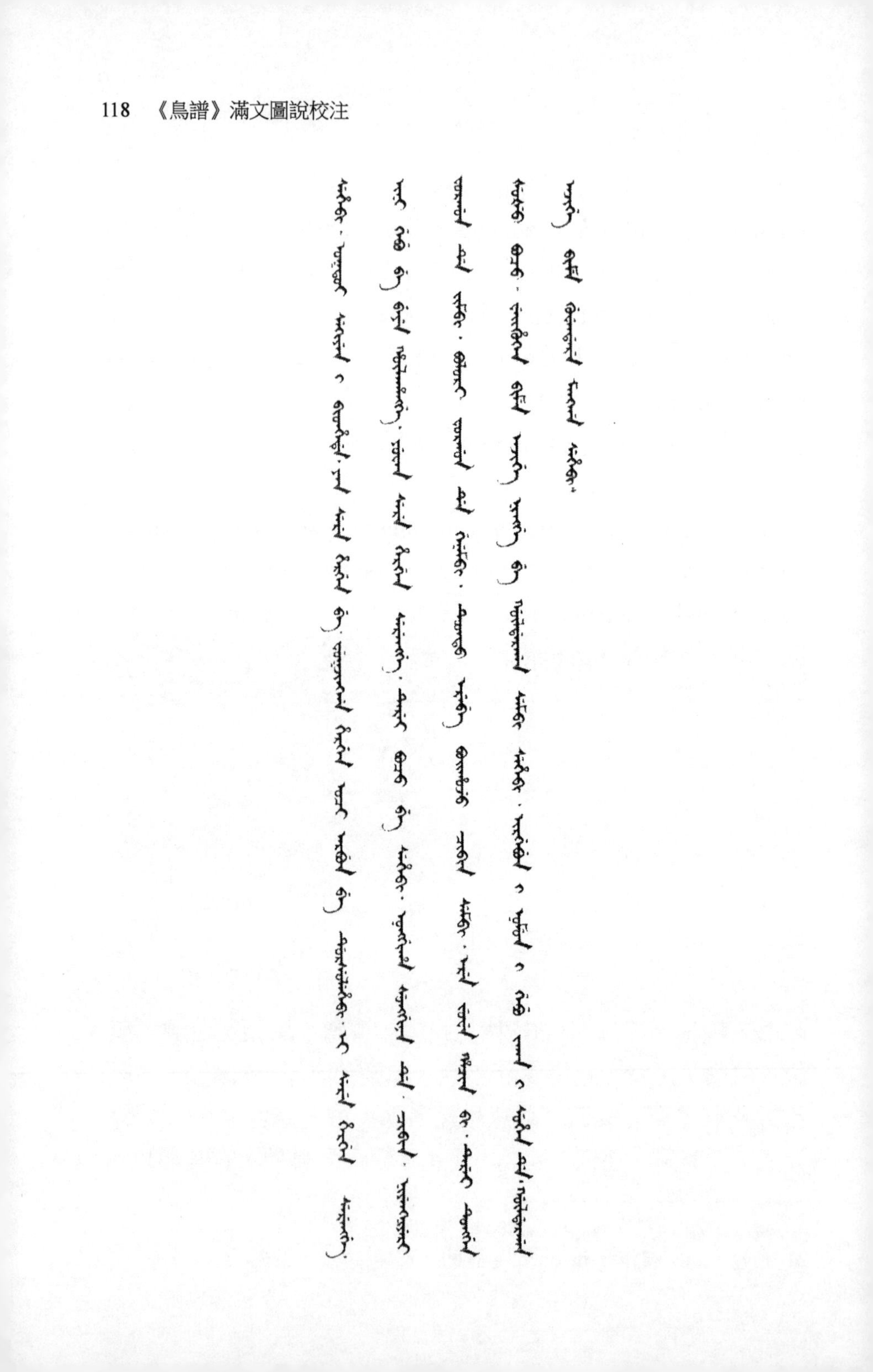

sehebi. oktoi sekiyen i bithede, yan sere hergen be, fukjingga hergen oci arbun be dursulehebi, i sere hergen serengge, ini gebu be beye hūlahangge, yuwan sere hergen serengge, terei boco be sehebi. nonggiha šunggiya de, cibin niyengniyeri forgon de jimbi, bolori forgon de genembi, tuttu erebe boihoju cibin sembi. ere juwe hacin bi, terei tunggen šušu boco weihuken bime ajige ningge be gūldargan sembi sehebi. irgebun i nomun i gebu jaka i suhen de, gūldargan ajige bime guwendere mangga sehebi.

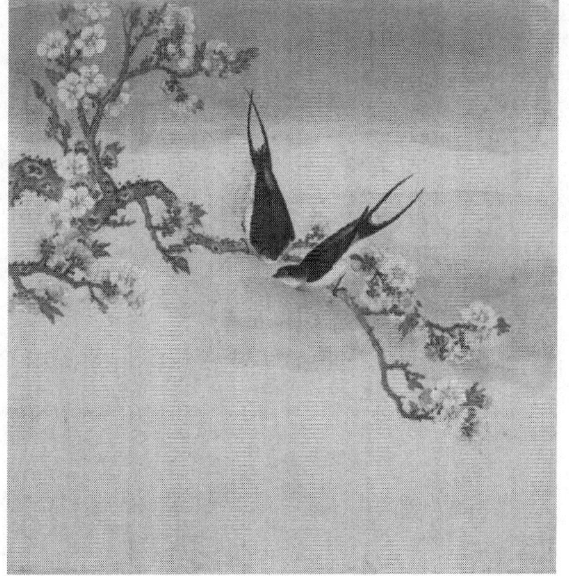

《本草綱目》：燕字篆文象形，乙者，其名自呼也。元，其色也。《埤雅》云：燕，春社來秋社去，故謂社燕。有二種：其紫胸輕小者為越燕。《詩名物疏》云：越燕小而多聲[22]。

22 多聲，滿文讀作"guwendere mangga"，意即「善鳴」。

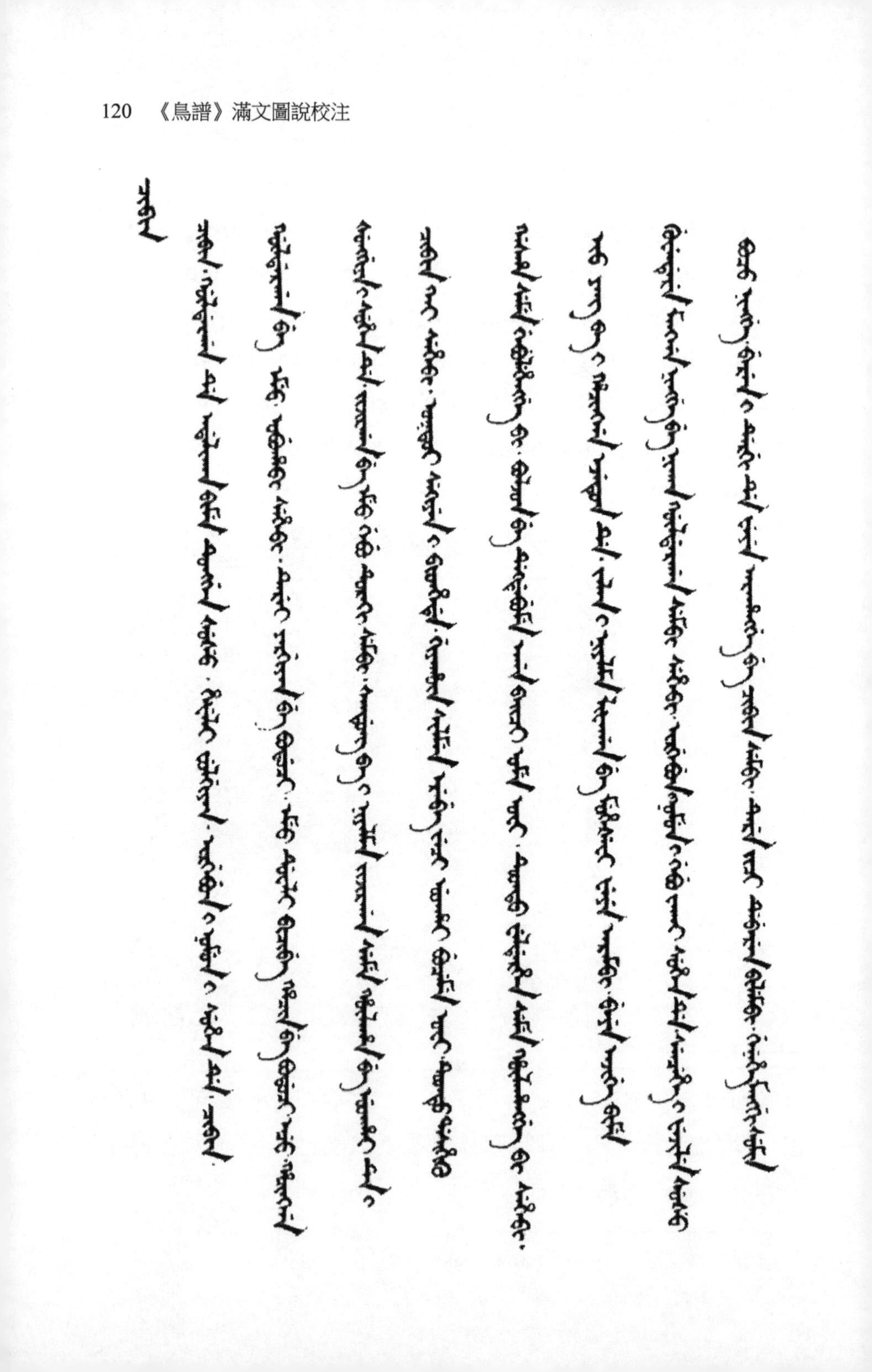

cibin.

cibin, gūldargan de adalikan bime tunggen šušu, hefeli fulgiyan, irgebun i nomun i suhen de, cibin gūldargan be emu obuhabi sehebi. terei yargiyan be bodoci, emu duwali bicibe hacin be bodoci encu. hacingga〔hancingga〕šunggiya i suhen de, jijirgan be emu gebu turaki sembi, šandung ba i niyalma jijirgan seme hūlaha be uthai te i cibin kai sehebi. oktoi sekiyen i bithede, giyahūn silmen erebe jeci uthai buceme ofi, tuttu dasihiku gasha seme gebulehengge bi, boljon be dekdebume aga baici ome ofi, tuttu welderhen seme hūlahangge bi sehebi. io yang ba i hacingga ejetun de, jalan i niyalma lifagan be muhešefi feye arambi, beye ajige bime guwendere mangga ningge be nikan gūldargan sembi sehebi. irgebun i nomun i gebu jakai suhen de, sencehe i fejile šušu boco ningge, beren i dergi de feye arahangge be cibin sembi, tere jici deberen bilembi, genehe manggi šumin

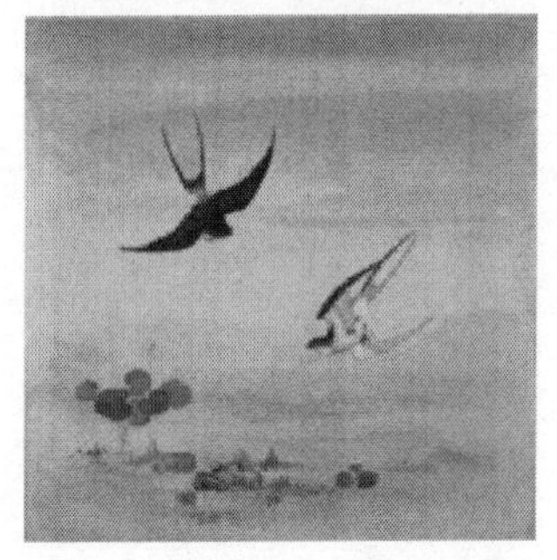

紫燕

紫燕，與越燕相似，而紫胸紅腹。《詩疏》合紫燕、越燕為一，其實同類而殊種也。《爾雅》疏：鳦，一名元鳥，齊人呼鳦，即今之燕也。《本草綱目》：鷹鷂食之則斃，故有鷙鳥之稱，能興波祈雨，故有游波之號。《酉陽雜俎》云：世說蓐泥為窠，聲〔身〕多稍小者為漢燕。《詩名物疏》：頷下紫，巢于門楣上者，謂之紫燕。其來主孚乳[23]，其去也

23 其來主孚乳，滿文讀作“tere jici deberen bilembi”，意即「其來生崽子」，亦即產卵生子。

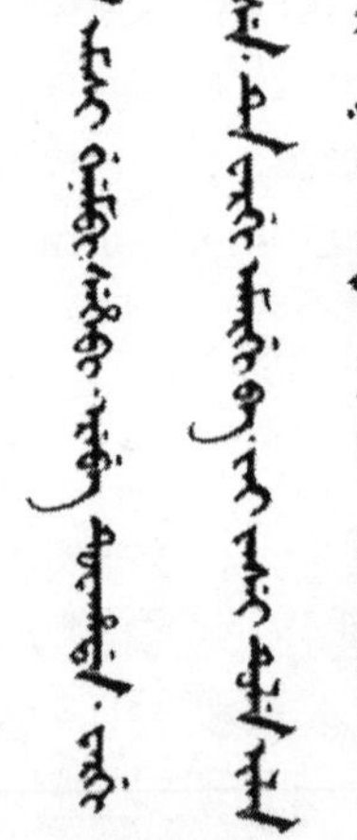

alin amba moo i unggala de somimbi, funggala funggaha hokoho manggi, uthai dalan dalin i jergi bade butume somimbi, geli bira de dosici, taimpa tahūra ombi sehebi. hūwai nan dz i henduhengge, cibin tahūra ome ubaliyambi sehengge inu. tuwaci, eiten jakai suhen de, cibin, a i sukdun de dayanambi, e i sukdun de sengguwembi, julergi ba de isinaci suilambi, amargi ba de isinjici ergembi, turaki wargi amargi de ini amasi generengge be jorime gisurehengge, jijirgan dergi julergi de ini banjihangge be jorime gisurehengge, cibin sere gasha gemu dergi julergi bade banjimbi, wargi amargi bade amasi genembi sehebi. erebe tuwahade, wargi amargi bade, niyengiyeri duleke manggi, cibin bici acarakū gese, te wargi amargi ba, jai jasei tule ilan biya de duin biyade cibin feniyen feniyen deyembi, eici alin haksan i bade tomobi, eici birgan i dalin gašan i elben i boo, beren i dergi tura taibu i jergi bade tomombi, lifagan be muhešefi feye arafi, terei dolo deberen bilembi, ede cibin ba bade gemu bisirengge, umai niyengniyeri julergi baru genere, bolori

---

多藏深山大空木中，無毛羽，或蟄藏柢岸中，亦云入水為蜃蛤，《淮南子》云：燕之為蛤是也。案《庶物解》云：燕就陽而畏陰，至南而勞，至北而息。元鳥西北，自所歸而言，鳦鳥東南，自所生而言，似燕之為鳥，皆生于東南而歸于西北也，則西北春社後不當有燕矣。今西北方暨塞外，三、四月間飛燕成群，或巢于山岩，或巢于溪岸村墟、廬室、門楣、梁棟之上，黏泥砌壘，孚乳其中。是知燕乃隨方而有，非春至南

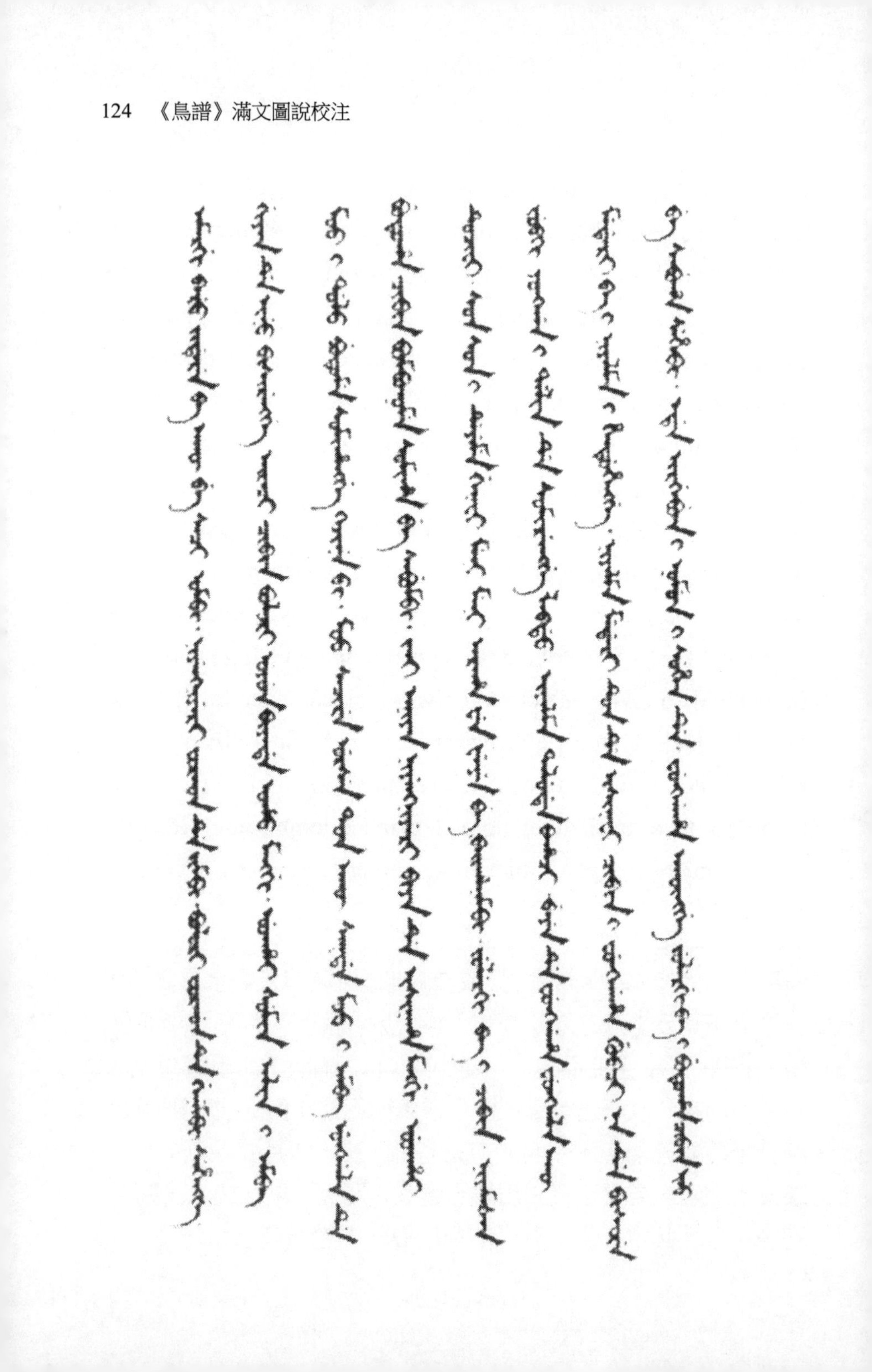

amargi baru jidere ba akū be saci ombi, niyengniyeri forgon de jimbi, bolori forgon de genembi sehengge, giyan de inu bisirengge, ainci cibin bolori uyun biyade oho manggi, uthai šumin alin i amba moo i dolo butume somihangge kejine bi, moo šacire urse ton akū sakda moo i amba unggala de butuha cibin bombonome somiha be sabumbi, jai aniya niyengniyeri biya de isinaha manggi, uthai tucifi, son son i deyeme genefi meni meni araha fe feye be baihanambi, julergi ba i cibin, niyamašan, jubki yonggan i dalin de somirengge labdu, niyalma talude bahaci beye de funggaha funggala akū, mederi ba i niyalma i henduhengge, niyalma mederi tun de isinafi cibin i funggaha gubci na de bisire be sabuha sehebi. ede irgebun i nomun i suhen de funggaha akūngge, julergi ba i butuha cibin inu,

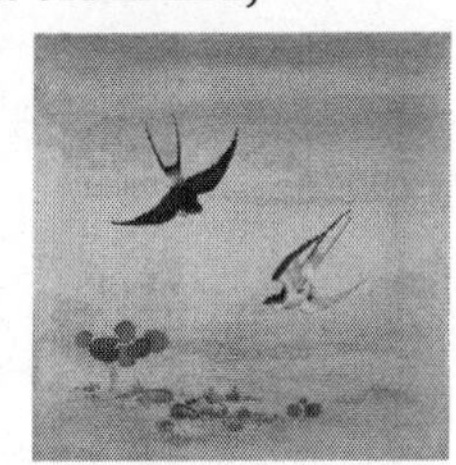

而秋至北也，所謂春社來秋社去，理則有之。蓋燕至秋九月時，即多藏蟄于深山大木之中，樵採者時于古木空穴見蟄燕無數，櫛比而伏，至明年春月，則相背分飛而去，各尋故壘[24]，南方之燕多蟄于洲渚沙岸之內，人或得之，體無羽毛，海上人云：有人至海島間見燕毛委地，知《詩疏》所云無毛羽者，乃南方蟄燕也。

24 各尋故壘，滿文讀作“meni meni araha fe feye be baihanambi”，意即「找尋各自所築舊巢」。

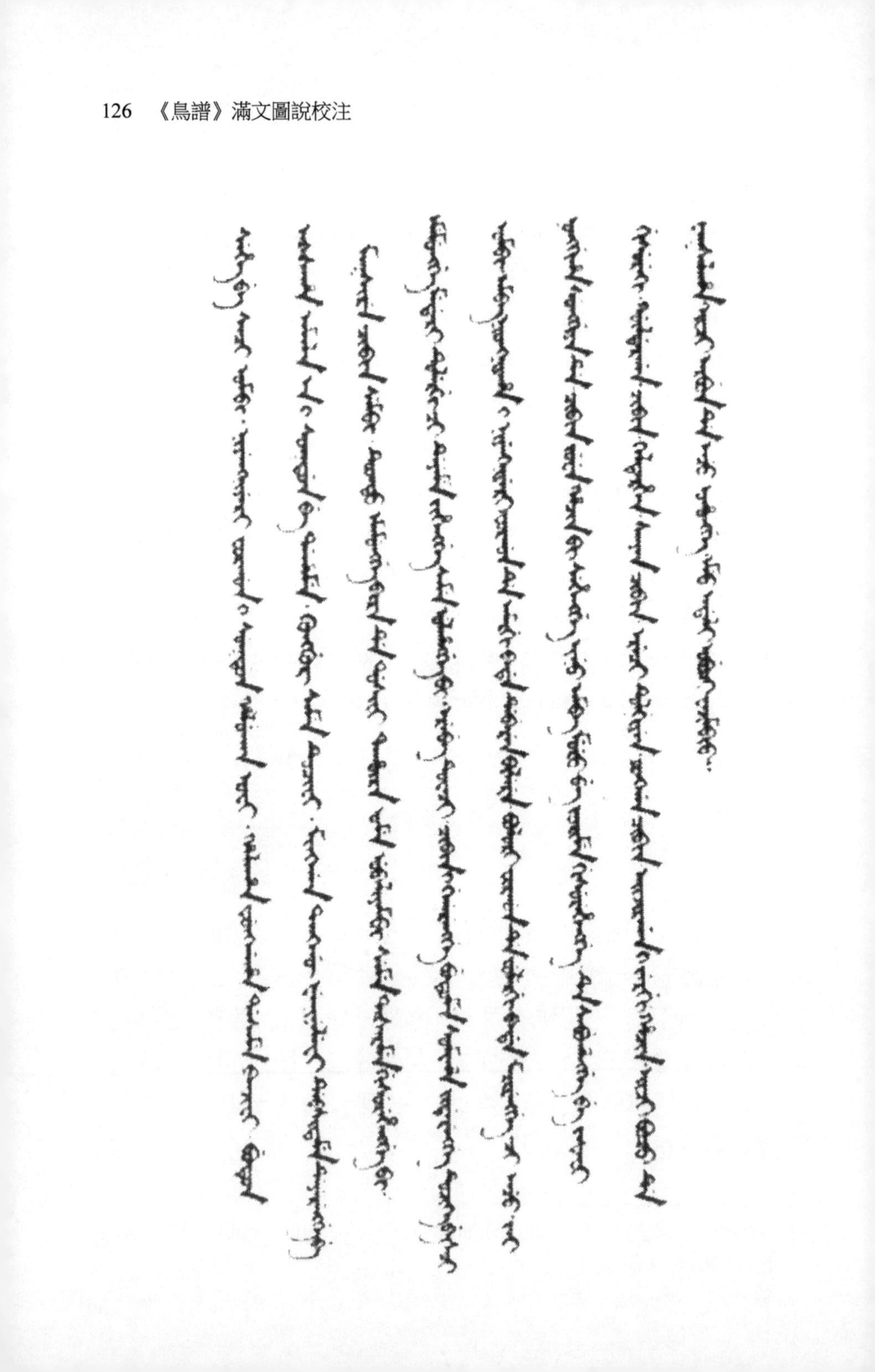

sehe be saci ombi. niyengniyeri forgon i sukdun halukan ofi, halaha funggaha dasame banjifi, butun aššaha amala a i sukdun be dahame, kunggur seme tucifi, minggan tanggū feniyelefi debsiteme deyerengge be maksire cibin sembi, tuttu ememungge bira de dosifi tahūra ome ubaliyambi seme tašarame gisurehengge bi, ememungge mederi tulergi ci deyeme jihengge seme ulahangge bi, erebe tuwaci, cibin i generengge butume somiha jiderengge tucike be saci ombi, amba niongniyaha i niyengniyeri forgon de amargi bade deberen bilere, bolori forgon de julergi bade marirengge ci encu. jai nonggiha šunggiya de, cibin juwe hacin bi sehengge inu amba muru be jorime gisurehengge, te sabuhangge be jafafi gisureki, gūldargan cibin, kelterhen, šanyan cibin, ereci tulgiyen, yonggan cibin aijirgan i jergi hacin, eici boco de faksalaha, eici arbun de encu ohongge, emu adali obuci wajimbio.

春氣暖，發脫毛復長，至驚蟄後乘陽氣蒸騰而出，千百為隊，飛翔剪掠，謂之舞燕，故或訛為入水為蛤，或傳為海外飛來也。是知燕之去乃蟄也，其來乃出也，與雁之春孳于北秋徂于南者異矣。至《埤雅》謂燕有二種，亦舉其大略而言，今即所見者有越燕、紫燕、蛇燕、白燕，其他如沙燕、金絲之類，或以色分，或以形異，尚不一而足也。

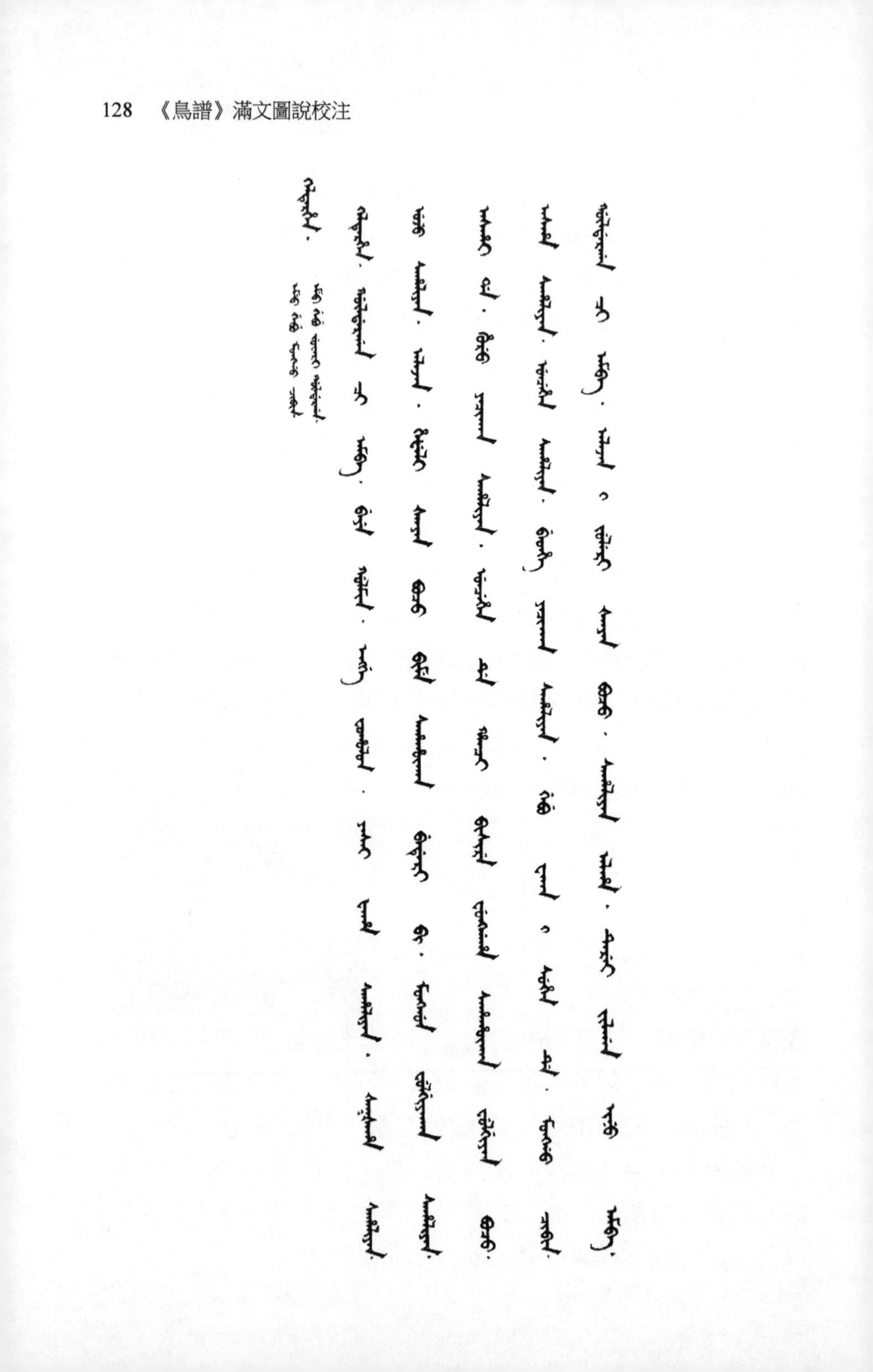

kelterhen, emu gebu monggo cibin,
emu gebu juwari gūldargan.

kelterhen, gūldargan ci amba, beye golmin, engge foholon, yasai faha sahaliyan, šakšaha sahaliyan, uju sahaliyan, alajan, hefeli šanyan boco bime sahahūkan bederi bi, monggon fulgiyakan sahaliyan, ashai da, huru yacikan sahaliyan, uncehen de hanci bisire funggaha sahahūkan fulgiyan boco, asha sahaliyan, uncehen sahaliyan, bethe yacikan sahaliyan, gebu waka i suhen de, monggo cibin gūldargan ci amba, alajan i juleri šanyan boco, sahaliyan alha, terei jilgan inu amba,

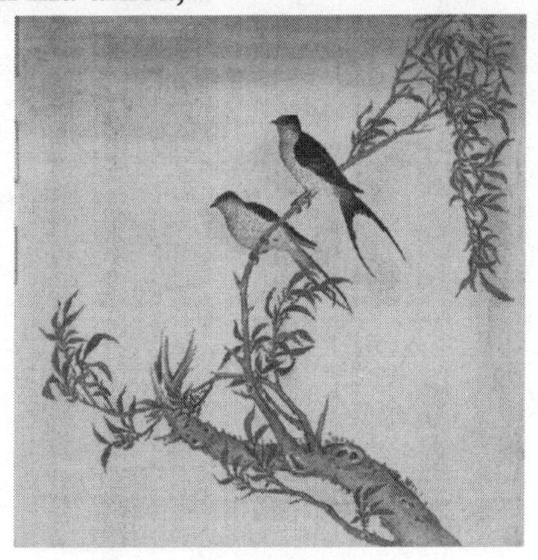

蛇燕，一名胡燕，一名夏侯

蛇燕，大於越燕，長身，短觜，黑睛，黑頰，黑頭，臆、腹白質蒼斑，赤黑項，青黑膊、背，近尾處蒼赤色，黑翅，黑尾，青黑足。《名物疏》云[25]：胡燕比越燕大，臆前白質黑章[26]，其聲亦大，

25 名物疏，滿文讀作“gebu waka i suhen”，句中“waka”誤，當作“jaka”。
26 黑章，滿文讀作“sahaliyan alha”，意即「黑花」。

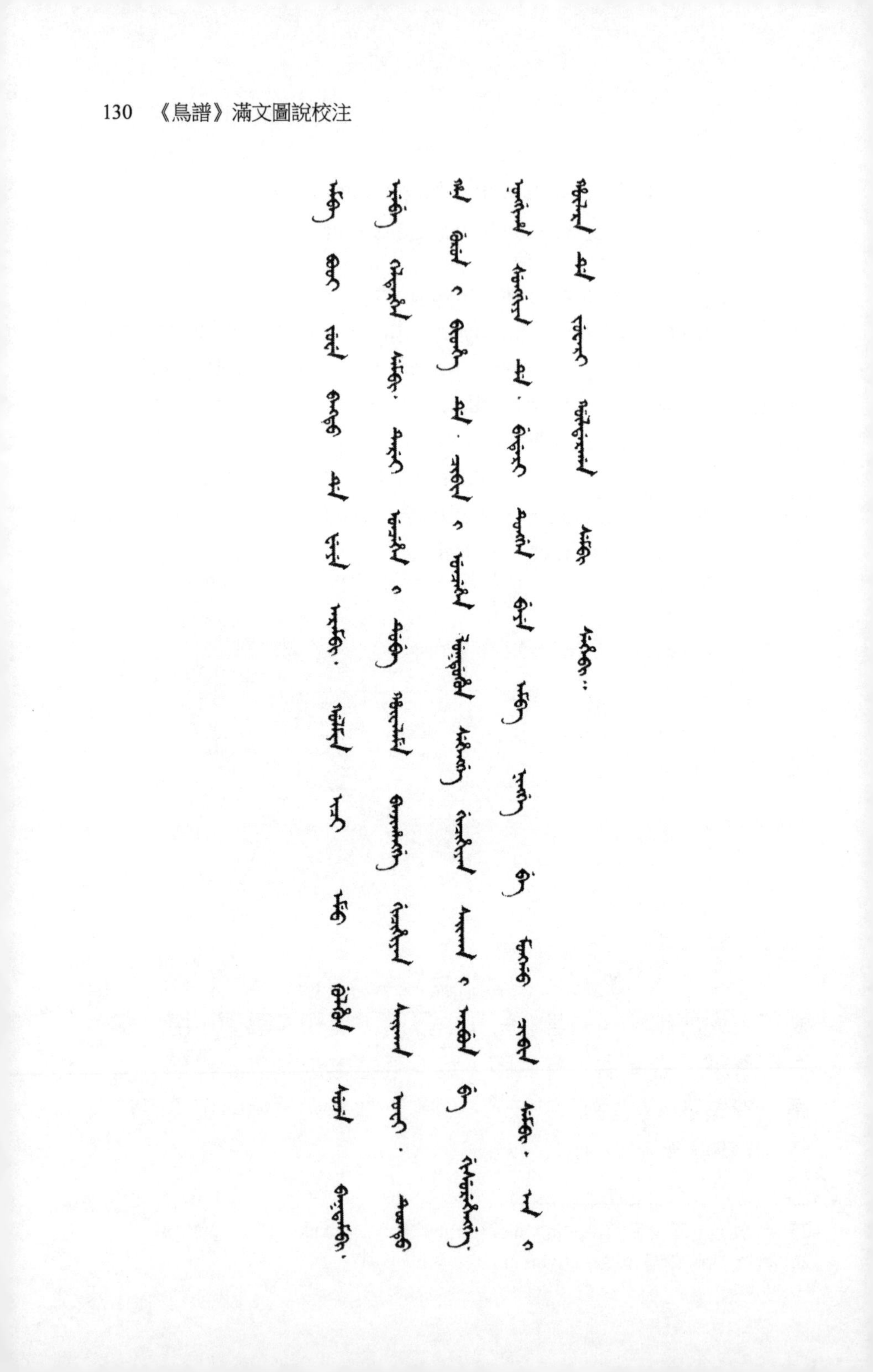

amba booi juwe bangtu de feye arambi, golmin ici emu gulhun suje baktambi, erebe kelterhen sembi, terei uncehen i dube hūwalame banjihangge gincihiyan saikan ofi, tuttu haṉ gurun i bithe de, cibin i uncehen lukduhun sehengge gincihiyan saikan i arbun be gisurehengge. nonggiha šunggiya de, bederi tunggen beye amba ningge be monggo cibin sembi, an i hūlara de juwari gūldargan sembi sehebi.

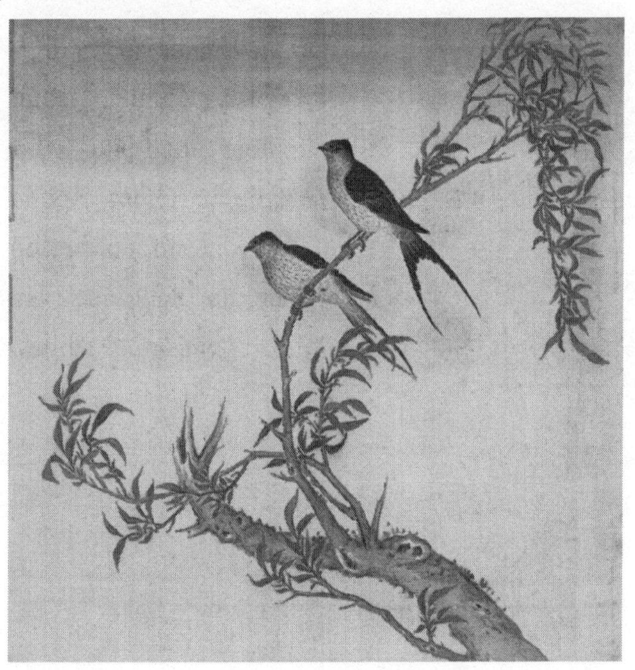

巢于大屋兩椽，其長有容匹素者[27]，謂之蛇燕，其尾岐分，光澤。故《漢書》燕燕尾涎涎，言美好之貌也。《埤雅》云：胸斑身大者，是胡燕，俗呼為夏侯。

---

27 匹素，滿文讀作“emu gulhun suje”，意即「一整匹緞」。

《鳥譜》第六冊畫冊

《鳥譜》第六冊畫冊

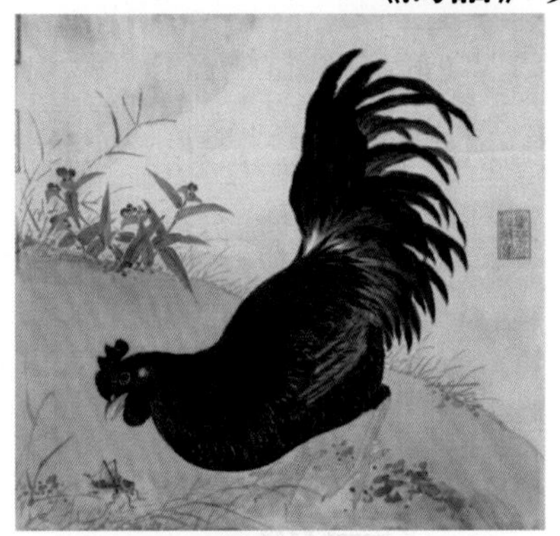
丹雄雞

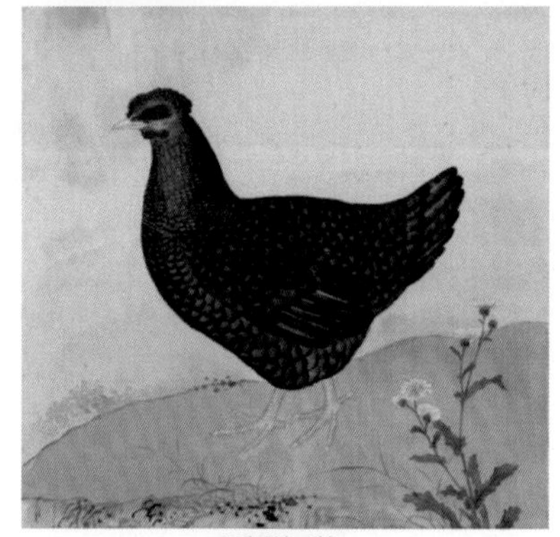
黑雌雞

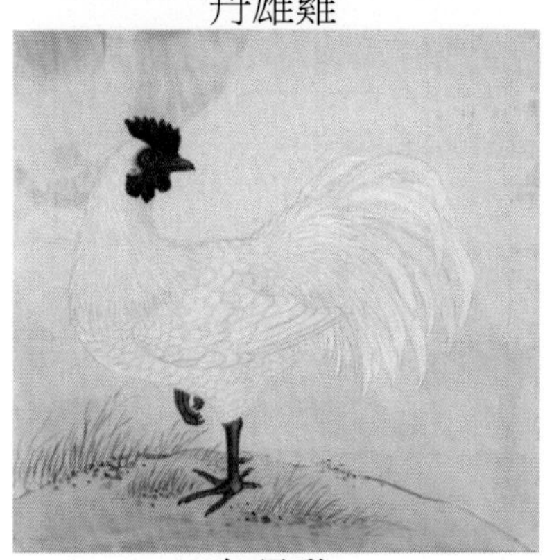
烏骨雞

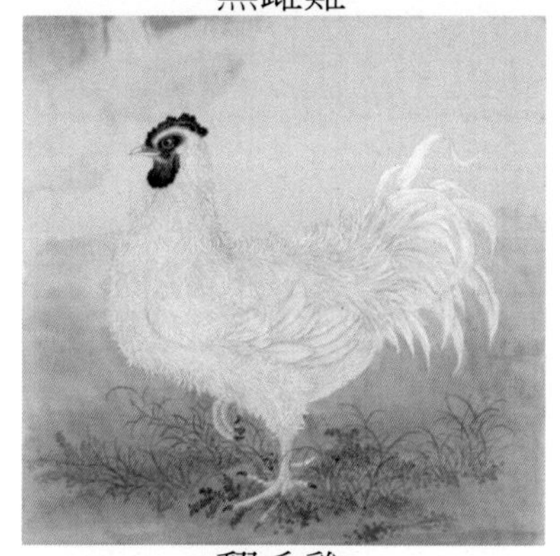
翻毛雞

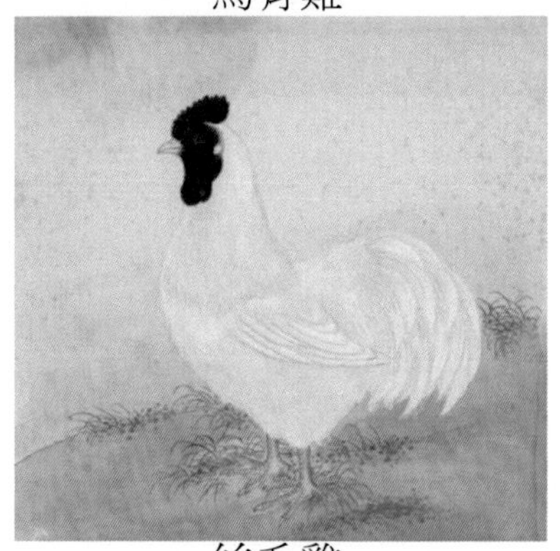
絲毛雞

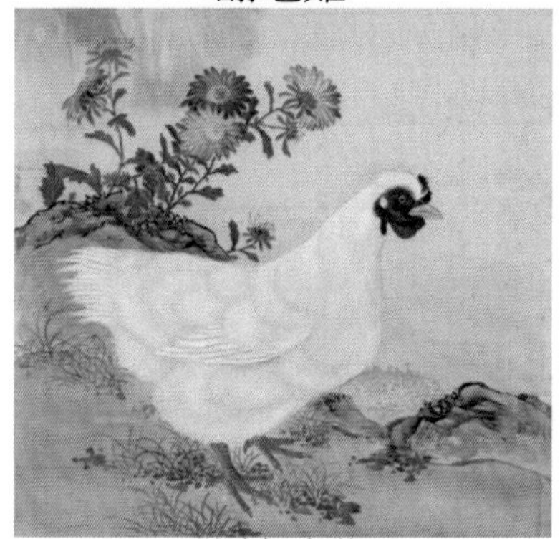
雌絲毛雞

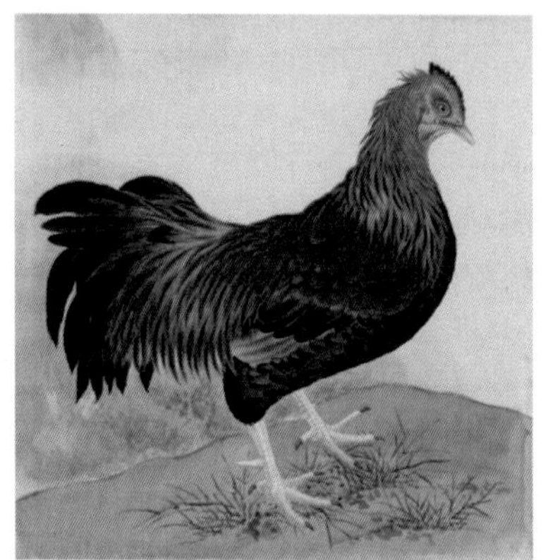
萊雞

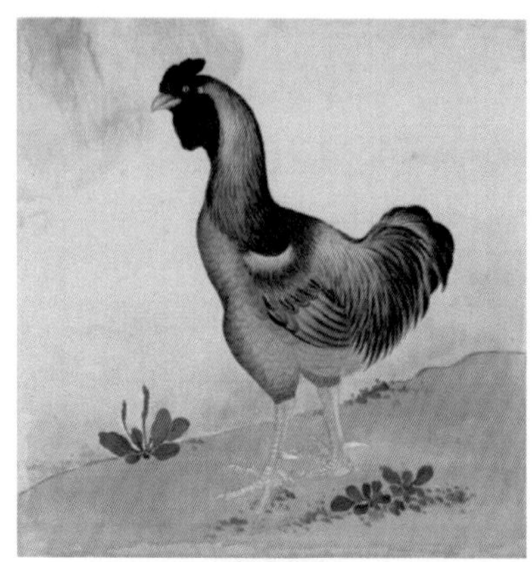
越雞

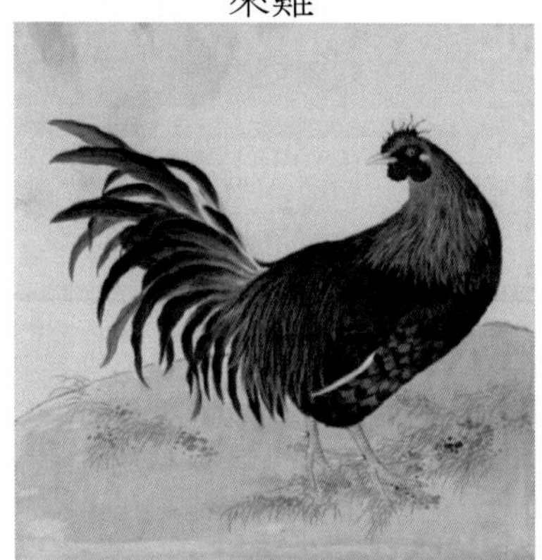
泰和雞

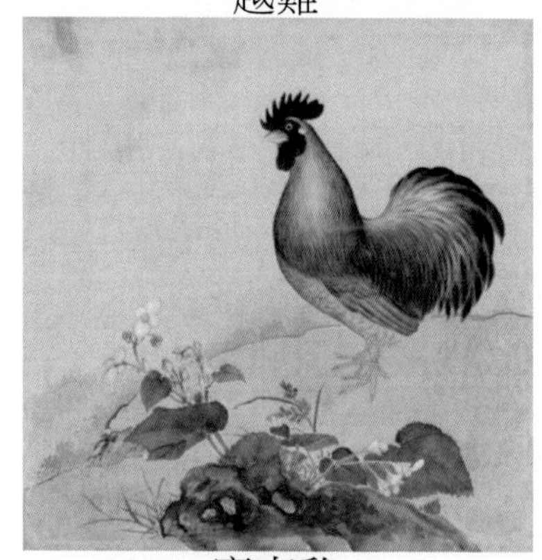
廣東雞

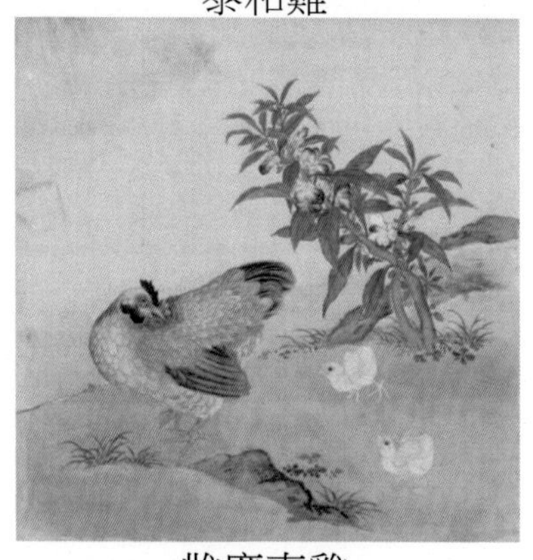
雌廣東雞

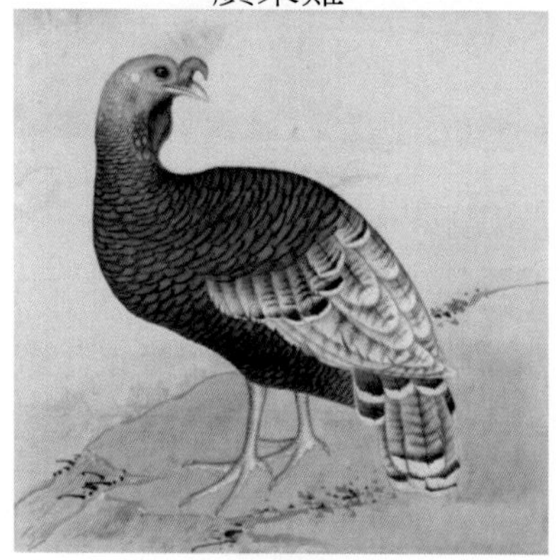
洋雞

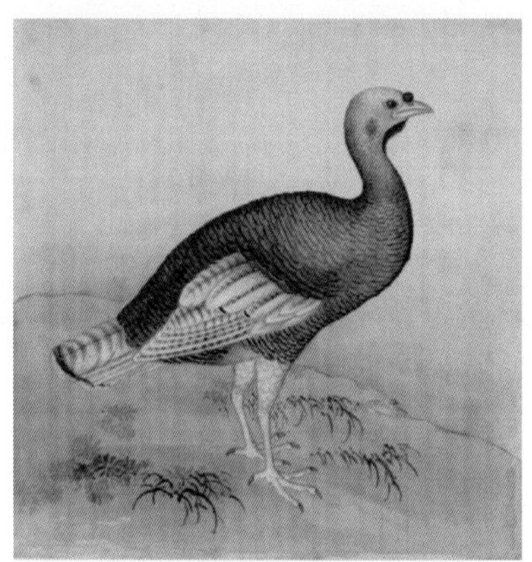
雌洋雞

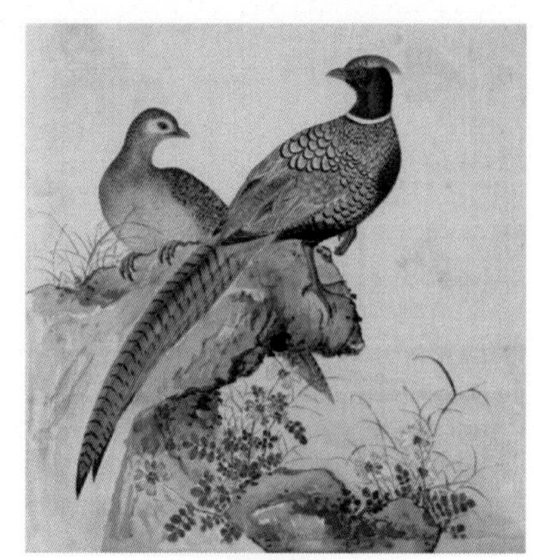
野雞

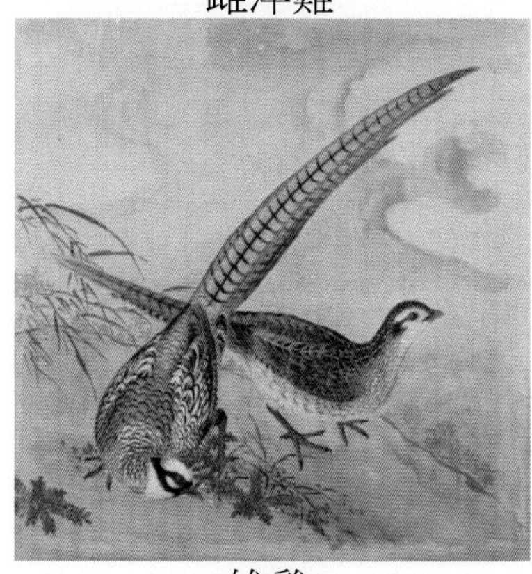
雉雞

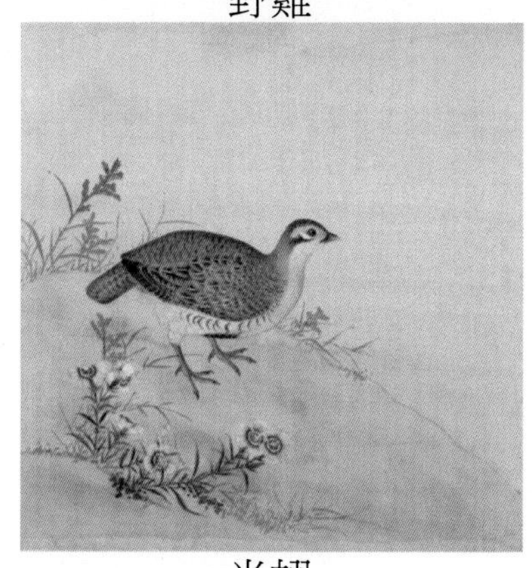
半翅

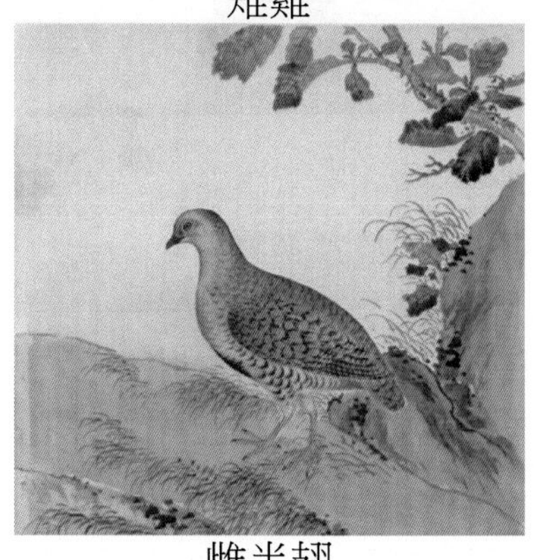
雌半翅

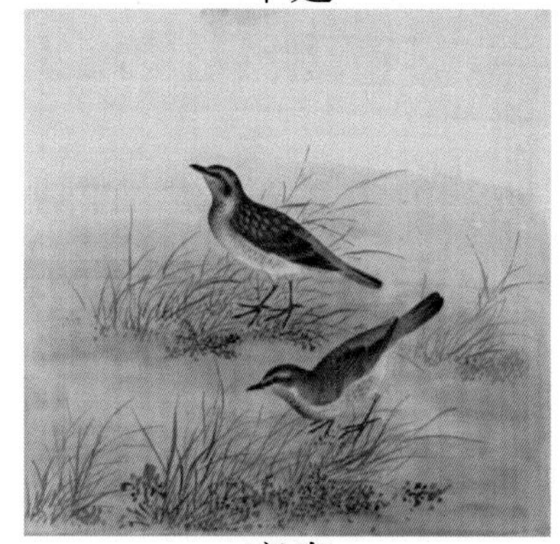
麻雀

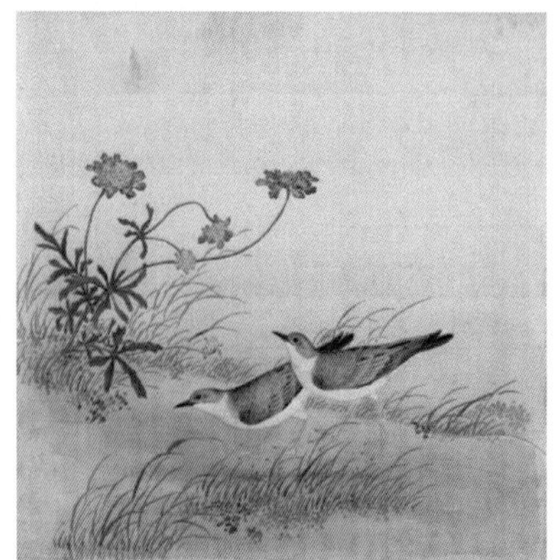
穿草雞

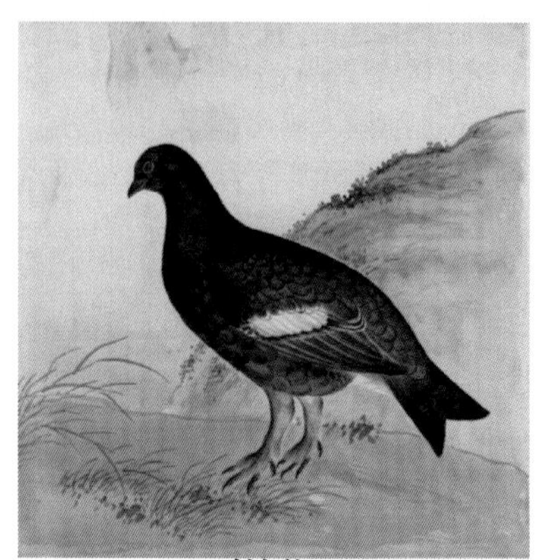
樹雞

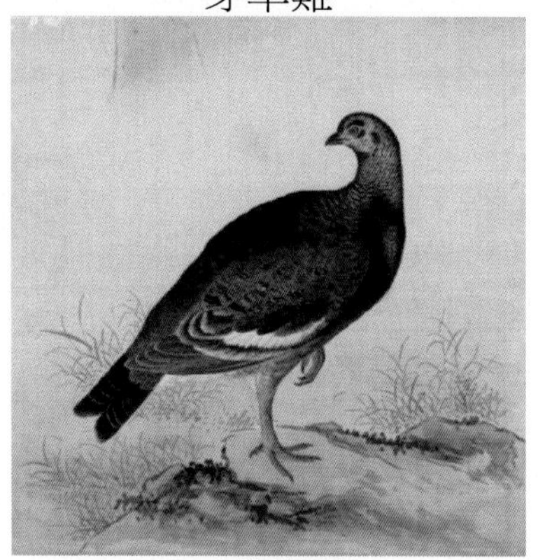
口北樹雞

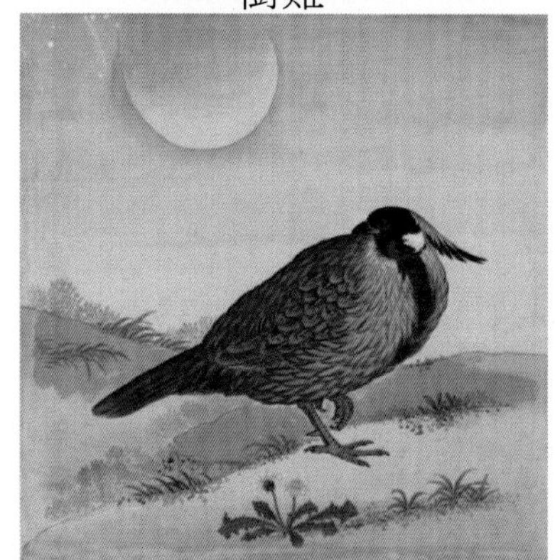
鶡雞

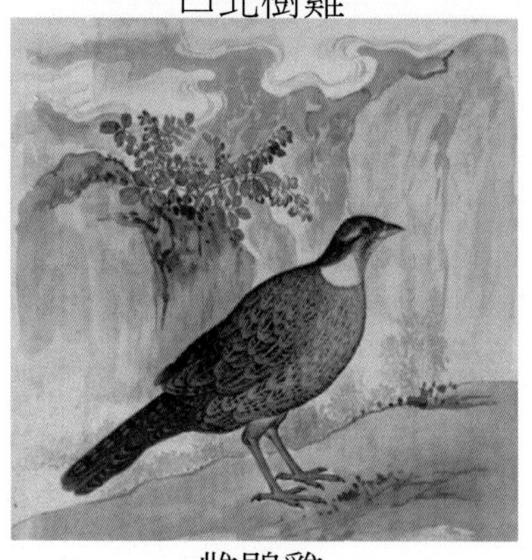
雌鶡雞

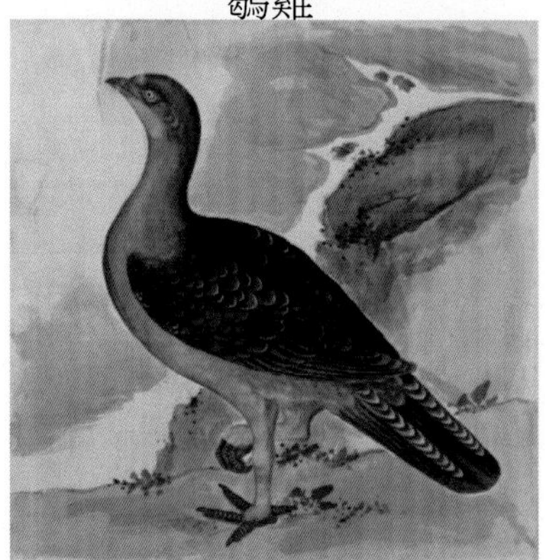
鸐雉

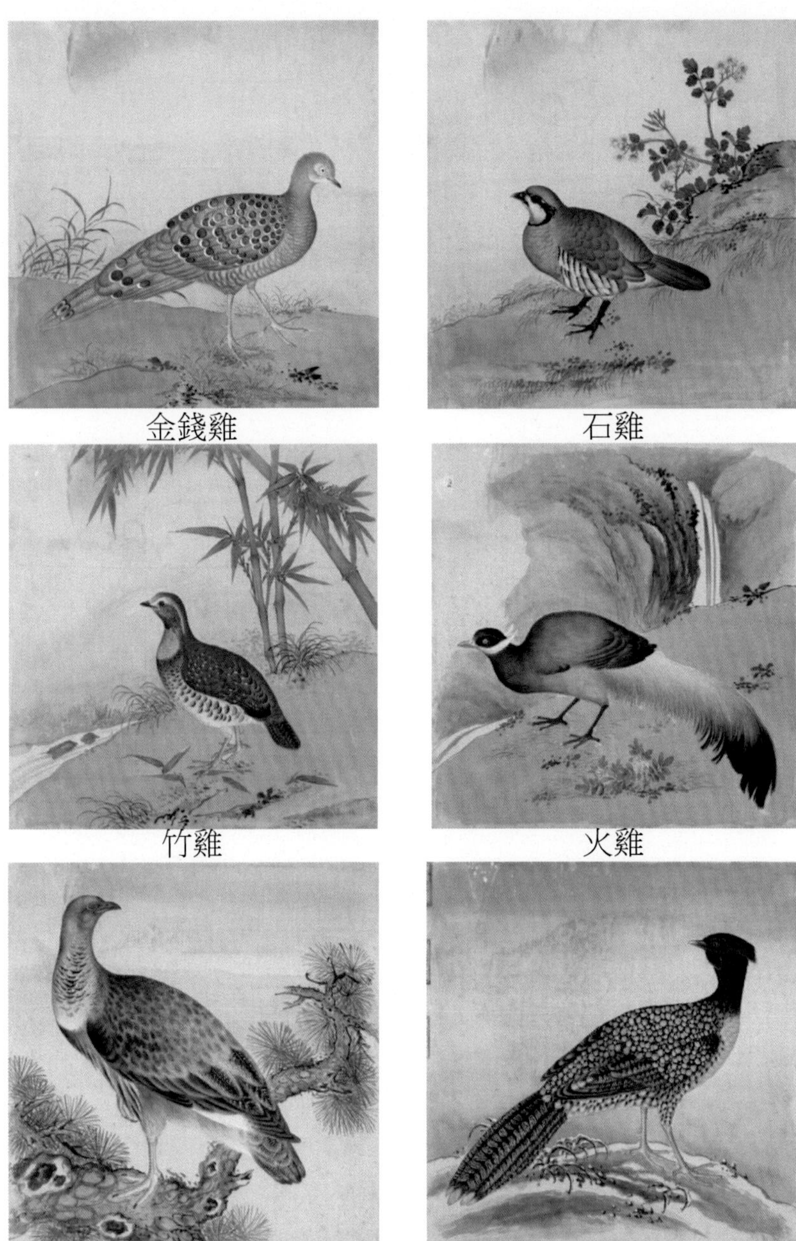

金錢雞　石雞

竹雞　火雞

松雞　山花雞

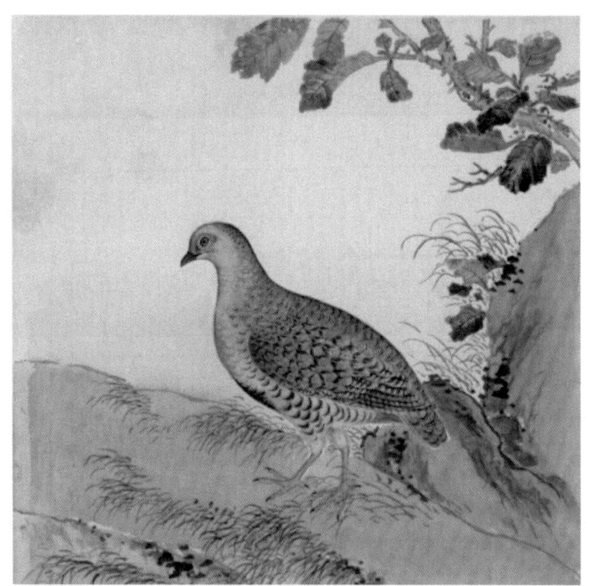

《鳥譜》第六冊　雌半翅

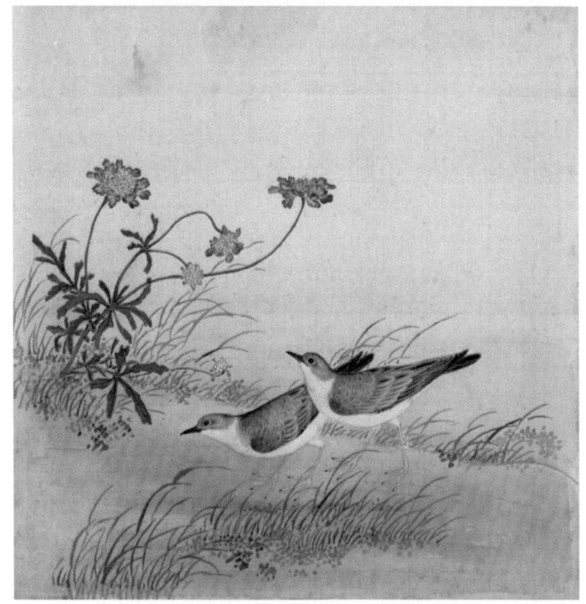

《鳥譜》第六冊　穿草雞

鳥類漢滿名稱對照表（六）

順次	漢文	滿文	羅馬字轉寫	備註
1	丹雄雞	ᡶᡠᠯᡤᡳᠶᠠᠨ ᠠᠮᡳᠯᠠ ᠴᠣᡴᠣ	fulgiyan amila coko	
2	糠雞	ᠠᠨ ᠴᠣᡴᠣ	an coko	
3	蜀	ᡳᡴᡳᡵᡳ ᠴᠣᡴᠣ	ikiri coko	
4	䳇	ᡧᡠᡵᡥᡡ	šurhū	
5	健	ᡧᡠᡵᡥᡡᠨ	šurhūn	
6	奮	ᠪᡝᠴᡠᠨ ᠴᠣᡴᠣ	becun coko	
7	長尾雞	ᡤᠣᠯᠴᡝᡥᡝᠨ ᠴᠣᡴᠣ	golcehen coko	
8	食雞	ᠵᡝᠮᡝᠩᡤᡝ ᠴᠣᡴᠣ	jemengge coko	

順次	漢文	滿文	羅馬字轉寫	備註
9	角雞	ᡤᡠᠩᡤᡠᠯᡠᠨ ᠴᠣᡴᠣ	gunggulun coko	
10	長鳴雞	ᡥᡡᠯᠠᠩᡤᠠ ᠴᠣᡴᠣ	hūlangga coko	
11	石雞	ᠸᡝᡥᡝᡨᡠ ᠴᠣᡴᠣ	wehetu coko	
12	矮雞	ᡶᠠᡴᠠᡵᡳ ᠴᠣᡴᠣ	fakari coko	
13	鶤雞	ᠠᠶᠠᠨ ᠴᠣᡴᠣ	ayan coko	
14	傖雞	ᠯᡝᠨ ᠴᠣᡴᠣ	len coko	

順次	漢文	滿文	羅馬字轉寫	備註
15	戴丹	ᡶᡠᠯᡤᡳᠶᠠᡵᡳ ᠴᠣᡴᠣ	fulgiyari coko	
16	朱雞	ᡶᡠᠯᡤᡳᠶᠠᠨ ᠴᠣᡴᠣ	fulgiyan coko	
17	金畜	ᠠᡳᠰᡳᠨ ᡳ ᡠᠵᡳᠮᠠ	aisin i ujima	
18	翰音	ᠰᡠᡩᠠᠩᡤᠠ	sudangga	šudangga
19	燭夜	ᡴᡳᠮᡠᡵᡳ ᠴᠣᡴᠣ	kimuri coko	
20	司晨	ᡤᡝᡵᠰᡳᠩᡤᡝ ᠴᠣᡴᠣ	gersingge coko	
21	知時鳥	ᡝᡵᡳᠩᡤᡝ ᡤᠠᠰᡥᠠ	eringge gasha	

順次	漢文	滿文	羅馬字轉寫	備註
22	德禽		erdemu gasha	
23	窸禽		fakiri gasha	
24	會稽公		hojiko	
25	長鳴都尉		hūlangga gasha	
26	鳩七咤		g'odarg'a	
27	朱朱		ju ju	
28	黑雌雞		sahaliyan emile coko	

順次	漢文	滿文	羅馬字轉寫	備註
29	烏骨雞	ᠰᠠᡥᠠᠯᡳᠶᠠᠨ ᡤᡳᡵᠠᠩᡤᡳ ᠴᠣᡴᠣ	sahaliyan giranggi coko	
30	翻毛雞	ᡥᡡᡧᡡᡵᡳ ᠴᠣᡴᠣ	hūshūri coko	
31	絲毛雞	ᠰᡳᡵᡤᡝᠩᡤᡝ ᠴᠣᡴᠣ	sirgengge coko	
32	雌絲毛雞	ᡝᠮᡳᠯᡝ ᠰᡳᡵᡤᡝᠩᡤᡝ ᠴᠣᡴᠣ	emile sirgengge coko	
33	萊雞	ᠯᠠᡳ ᡳ ᠴᠣᡴᠣ	lai i coko	
34	越雞	ᠶᡠᠸᡝᡳ ᡳ ᠴᠣᡴᠣ	yuwei i coko	

順次	漢文	滿文	羅馬字轉寫	備註
35	九斤黃	ᡠᡤᡳᠩᡤᡝ ᠴᠣᡴᠣ	ugingge coko	
36	泰和雞	ᡨᠠᡳ ᡥᠣ ᡳ ᠴᠣᡴᠣ	tai ho i coko	
37	廣東雞	ᡤᡠᠸᠠᠩᡩᡠᠩ ᠴᠣᡴᠣ	guwangdung coko	
38	雌廣東雞	ᡝᠮᡳᠯᡝ ᡤᡠᠸᠠᠩᡩᡠᠩ ᠴᠣᡴᠣ	emile guwangdung coko	
39	洋雞	ᠨᠠᠮᡠ ᠴᠣᡴᠣ	namu coko	

順次	漢文	滿文	羅馬字轉寫	備註
40	雌洋雞	ᡝᠮᡳᠯᡝ ᠨᠠᠮᡠ ᠴᠣᡴᠣ	emile namu coko	
41	野雞	ᡠᠯᡥᡡᠮᠠ	ulhūma	
42	鷂雉	ᡴᡠᡴᡠ ᡠᠯᡥᡡᠮᠠ	kuku ulhūma	
43	鳪雉	ᠪᡠᠯᡥᠠᠴᠠᠨ ᡠᠯᡥᡡᠮᠠ	bulhacan ulhūma	
44	鷩雉	ᠠᠯᡥᠠᠴᠠᠨ ᡠᠯᡥᡡᠮᠠ	alhacan ulhūma	
45	海雉	ᠮᡝᡩᡝᡵᡳ ᡠᠯᡥᡡᠮᠠ	mederi ulhūma	

順次	漢文	滿文	羅馬字轉寫	備註
46	山雉	ᠠᠯᡳᠨ ᡠᠯᡥᡡᠮᠠ	alin ulhūma	
47	韓雉	ᡧᡝᠶᡝᡥᡝᠨ ᡠᠯᡥᡡᠮᠠ	šeyehen ulhūma	
48	鶡雉	ᠴᠠᡤᠠᡨᡠ ᡠᠯᡥᡡᠮᠠ	cagatu ulhūma	
49	白雉	ᡧᠠᠨᠶᠠᠨ ᡠᠯᡥᡡᠮᠠ	šanyan ulhūma	
50	寇雉	ᡶᡝᠨᡳᡥᡝ ᡠᠯᡥᡡᠮᠠ	fenihe ulhūma	
51	奮	ᠪᡝᠴᡠᠨ ᡠᠯᡥᡡᠮᠠ	becun ulhūma	

順次	漢文	滿文	羅馬字轉寫	備註
52	翬	ᡶᡳᠶᠠᠩᡤᠠ ᡠᠯᡥᡡᠮᠠ	fiyangga ulhūma	
53	鷂	ᡶᡠᠯᡥᡡᠮᠠ	fulhūma	
54	鶅	ᠨᡳᠯᡥᡡᠮᠠ	nilhūma	
55	鴩鴩	ᠰᠠᠯᡥᡡᠮᠠ	salhūma	
56	鵫	ᡧᠠᠯᡥᡡᠮᠠ	šalhūma	
57	鸐	ᡧᠣᡵᠣᠨ ᡠᠯᡥᡡᠮᠠ	šoron ulhūma	
58	原禽	ᠠᠯᠠ ᡤᠠᠰᡥᠠ	ala gasha	
59	義鳥	ᠵᡠᡵᡤᠠᡨᡠ ᡤᠠᠰᡥᠠ	jurgatu gasha	

順次	漢文	滿文	羅馬字轉寫	備註
60	義媒	ᡤᡝᠣᡩᡝᡥᡝᠨ ᡤᠠᠰᡥᠠ	geodehen gasha	
61	迦頻闍羅	ᡤ᠋ᠠᠪᡳᡧᠠᡵᠠ	g'abišara	
62	雉雞	ᠨᡳᡴᠠᠨ ᡠᠯᡥᡡᠮᠠ	nikan ulhūma	
63	鸐	ᠪᡠᠵᠠᠨᡨᡠ ᡠᠯᡥᡡᠮᠠ	bujantu ulhūma	
64	山雉	ᠠᠯᡳᠨ ᡳ ᡠᠯᡥᡡᠮᠠ	alin i ulhūma	
65	山雞	ᠠᠯᡳᠨ ᡳ ᠴᠣᡴᠣ	alin i coko	

順次	漢文	滿文	羅馬字轉寫	備註
66	夏翟	ᠵᡠᠸᠠᡵᡳᠩᡤᠠ ᠵᡠᠩᡤᡳᡩᡝᡳ	juwaringga junggidei	
67	鷮雉	ᡥᡳᠶᠣᡨᠣᠩᡤᠣ ᡠᠯᡥᡡᠮᠠ	hiyotonggo ulhūma	
68	半翅	ᡳᡨᡠ	itu	
69	半癡	ᠮᡝᡨᡠ	metu	
70	文雉	ᡳᠯᡥᠠᠩᡤᠠ ᡠᠯᡥᡡᠮᠠ	ilhangga ulhūma	
71	雌半翅	ᡝᠮᡳᠯᡝ ᡳᡨᡠ	emile itu	

順次	漢文	滿文	羅馬字轉寫	備註
72	麻雀	ᠰᡳᡧᠠᡵᡤᠠᠨ	sišargan	
73	穿草雞	ᡶᡳᠶᠠᠪᡴᡡ	fiyabkū	
74	樹雞	ᡶᡳᠶᡝᠯᡝᠩᡤᡠ	fiyelenggu	
75	口北樹雞	ᠵᠠᠰᡝᡳ ᠠᠮᠠᡵᡤᡳ ᡳ ᡶᡳᠶᡝᠯᡝᠩᡤᡠ	jasei amargi i fiyelenggu	
76	鶡雞	ᡤᡡᠩᡤᠠᠯᠠ ᠴᠣᡴᠣ	gūnggala coko	
77	毅鳥	ᡶᠠᡶᡠᡵᡳ ᡤᠠᠰᡥᠠ	fafuri gasha	

順次	漢文	滿文	羅馬字轉寫	備註
78	雌鸜雞	ᡝᠮᡳᠯᡝ ᡤᡡᠩᡤᠠᠯᠠ ᠴᠣᡴᠣ	emile gūnggala coko	
79	鶬	ᡤᡝᠩᡤᡝᠯᡝ ᠴᠣᡴᠣ	genggele coko	
80	鷂雉	ᡥᠣᡵᡴᡳ	horki	
81	金錢雞	ᠵᡳᡥᠠᠨᠠ ᠴᠣᡴᠣ	jihana coko	
82	石雞	ᡝᠩᡤᡝ ᡶᡠᠯᡤᡳᠶᠠᠨ ᠴᠣᡴᠣ	engge fulgiyan coko	

順次	漢文	滿文	羅馬字轉寫	備註
83	鸐雞	ᠰᡝᠩᡤᡝᠯᡝᠩᡤᡝ ᡳᡨᡠ	senggelengge itu	
84	秧雞	ᡤᡠᠸᡝᠨᡩᡝᠩᡤᡝ ᡳᡨᡠ	guwendengge itu	
85	竹雞	ᠴᡠᠰᡝ ᠮᠣᠣ ᡳ ᠴᠣᡴᠣ	cuse moo i coko	
86	泥滑滑	ᠨᡳᡵᡥᡡᠸᠠᡨᡠ	nirhūwatu	
87	山菌子	ᠰᡝᠨᠴᡝᡨᡠ	sencetu	
88	鷓鴣	ᠵᡠᡴᡳᡩᡠᠨ	jukidun	
89	雞頭滑	ᡤᡳᡨᡠᡴᡠ	gituku	

順次	漢文	滿文	羅馬字轉寫	備註
90	火雞	ᠶᠠᡥᠠᠨᠠ ᠴᠣᡴᠣ	yahana coko	
91	松雞	ᠰᠠᡨᠠᠩᡤᠠ ᠴᠣᡴᠣ	satangga coko	
92	山花雞	ᠠᠯᡥᠠᡵᡳ ᠴᠣᡴᠣ	alhari coko	

資料來源：《清宮鳥譜》，北京，故宮出版社，2014 年 10 月，第六冊。

《鳥譜》第六冊，共計三十幅，所標鳥類名稱三十種，此外還有別名多種，表六所列鳥類名稱多達九十二種，對照滿文的繙譯，有助於了解漢文名稱的詞義。物類相感，陽出雞鳴，雞能知時，鳴必三度。野雞屬陰，先鳴而後鼓翼，家雞屬陽，先鼓翼而後鳴。雞的羽色不一，有丹，有白，有黑，有雜色者。丹雄雞（fulgiyan amila coko），是紅雄雞，紅眶、紅頰、朱冠、項毛紅赤、背毛深紅、米紅足，羽色多紅，故名丹雄雞，一名戴丹（fulgiyari coko），即朱雞（fulgiyan coko）。雞類甚多，因地而異，大小形色，往往不同。糠雞，滿文讀作“an coko”，意即「常雞」。雞身大者稱為「蜀」（ikiri coko），意即「雙生雞」。蜀的雛子稱為「雂」（šurhū），雒稍長，稱為「健」(šurhūn)，壯大有力稱為「奮」(becun coko)，意即「鬥雞」。長尾雞（golcehen coko）的滿文“golcehen”，是將“golmin uncehen”縮寫而成的詞彙。長尾雞是朝鮮的一種雞，尾長一、二尺。食雞，滿文讀作“jemengge coko”，意即「食用雞」。角雞，滿文讀作“gunggulun coko”，意即「鳳頭雞」。食雞、角雞都是味道肥美的遼陽雞。越雞是一種長鳴雞（hūlangga coko)，晝夜啼叫。海南有一種石雞（wehetu coko)，潮至即鳴。另外有一種矮小的矮雞(fakari coko)，其腳長二、三寸而已。四川的鶤雞，滿文讀作“ayan coko”，意即「大雞」，高二、三尺。湖廣的傖雞，滿文讀作“len coko”，意即「大的雞」，高亦二、三尺，其名稱俱因地而異。雄雞有冠乃鳴，巽位在巳，為金所生，故雞又稱金畜（aisin i ujima)，又稱翰音（šudangga)。雞是知時鳥（eringge gasha)，能按時刻而鳴，故名燭夜，滿文讀作“kemuri coko”，《鳥譜》作“kimuri coko”。滿文“gersi”，意即「黎明」、「破曉」。雞破曉即鳴，又名司晨（gersingge coko)。雞守信不失時，見餌不獨食，習稱德禽(erdemu gasha)。雞因夜棲窗臺，故名窗禽(fakiri gasha)。會稽公，滿文讀作“hojiko”，是雞的別名，又名長鳴都尉（hūlangga gasha)，意即「長鳴禽」。佛經稱雞為「鳩七咤」(g'odarg'a)。「朱朱」是呼喚雞的聲音，俗傳雞是由朱氏公化生而來，朱朱（ju ju）遂成為雞的別名。其頂、頸、項、背、腹俱黑的母雞，稱為黑雌雞（sahaliyan emile coko)，舌黑骨黑者，稱為烏骨雞（sahaliyan giranggi coko)。翮翎翻生，彎曲外向者稱為翻毛雞（hūshūri coko)。毛細如絲者，稱為絲毛雞（sirgengge coko)，其雌者稱為雌絲毛雞（emile sirgengge coko)。

山東萊州府土產大雞，高二尺許，稱為萊雞（lai i coko)。越雞(yuwei i coko)，出自江南太倉、上海古百越地方，其最大者，重至九斤，俗名九斤黃（ugingge coko）。江西泰和等縣所產者，稱為泰和雞（tai ho i coko），俗傳能助濕熱發漿。廣東雞（guwangdung coko）、雌廣東雞（emile guwangdung coko），出自廣東。洋雞（namu coko）是西洋雞。

雉，習稱野雞（ulhūma），名稱繁多，其青色五彩者，稱為鷂雉（kuku ulhūma），意即「青雉」。長尾且走且唱者，稱為鷮雉（hiyotonggo ulhūma），意即「翹雉」。黃色自呼者，稱為鳪雉（bulhacan ulhūma），意即黃色花紋的文雉。似山雞而小冠者，稱為鷩雉（alhacan ulhūma），意即背黃腹赤項綠斑駁的羅紋雉。如雉而黑者，稱為海雉（mederi ulhūma），長尾者，稱為山雉（alin ulhūma），亦稱鸛（bujantu ulhūma）。白者，稱為翰雉（seyehen ulhūma），意即「白色的雉」，亦稱鶾雉（cagatu ulhūma），“cagan”，出自蒙古語，意即「白色」，“cagatu ulhūma”，意即「白雉」“šanyan ulhūma”。身小如鴿群飛者，稱為寇雉（fenihe ulhūma），意即「成群的雉」。最健鬥者，稱為奮（becun ulhūma），意即「鬥雉」。身有五色花紋者，稱為翬（fiyangga ulhūma），意即「五色花雉」。雉因地域不同，其名稱而有差別，南方的雉，稱為鷂（fulhūma），東方的雉，稱為鶅（nilhūma），北方的雉，稱為鵗鵗（salhūma），西方的雉，稱為鷷（šalhūma），雉之子，稱為鷚（šoron ulhūma）。雉不處下隰，故稱為原禽（ala gasha），又稱原鳥，就是棲止高原的禽鳥，亦名義鳥。滿文“jurgan”，意即仁義的「義」，義鳥，滿文讀作“jurgatu gasha”，意即「有義氣的鳥」。因其為人致敵，故又稱為義媒（geodehen gasha）。藏梵佛經稱雉為迦頻闍羅（g'abišara）。雉雞，滿文讀作“nikan ulhūma”，意即「漢雉」。山雉至夏則毛羽光鮮，故名夏翟（juwaringga junggidei）。

半翅（itu），亦名半癡（metu），因形半於雉而得名，其雌者為雌半翅（emile itu）。滿文“sišari”，意即「苧麻」，“sišari cecike”，意即「痲葉雀」。痲雀，滿文讀作“sišargan”。穿草雞（fiyabkū），因此鳥常隱沒草際而得名。其起飛時，兩翅轟轟作聲，尾亦搖動，滿文作“sišargan”，意即「痲雀」。樹雞（fiyelenggu），因其常棲止樹上而得名，主要產於盛京地方，其產於直隸北部者，則稱為口北樹雞（jasei amargi i fiyelenggu）。鶡雞（gūnggala coko）似雉而大，東方將明，每先啼鳴，俗稱「趕亮噪」（gerguwengge coko）。鶡雞又名毅鳥（fafuri gasha），意即「勇健的鳥」。雉雞毛羽黃而褐色有角者，稱為鶡；青黑色無角者，稱為鳱（genggele coko），或謂雌鶡雞，稱為鳱。生於口外索約兒濟（šoyolji）地方，喜食水楊嫩芽的雉，稱為鸖雉（horki）。金錢雞（jihana coko），通身作金錢如孔雀尾，其中出自海中、廣東者，毛片如鱗，通作金錢。其出自福建者，翅有圓文。

石雞，紅眶、紅觜，滿文讀作“engge fulgiyan coko”，意即「紅觜雞」，與漢文圖說描述相合。鶕雞，是一種山雞，滿文讀作“senggelengge itu”，意即「有肉冠的半翅」。秧雞，滿文讀作“guwendengge itu”，意即「鳴叫的半翅」。石雞、鶕雞、秧雞，其鳴聲甚大。竹雞（cuse moo i coko），狀如小雞，多居竹林中，其性好啼，其形比鷓鴣（jukidun）稍小，江南、四川、廣東、廣西等地，到處可見。四川人呼竹雞為雞頭滑（gituku），南方人呼竹雞為泥滑滑（nirhūwatu）。因竹雞味美如菌，故竹雞又名山菌子（sencetu）。滿文“yaha”，意即「火炭」，或「黑炭」，“yahanambi”，意即「變成炭灰」。火雞，滿文讀作“yahana coko”。火雞，赤黃睛，牙紅觜，般丹頰，或因此雞火紅色而得名。滿文“sata”，意即「針葉」或「松針」。“satangga”，意即「針葉形的」或「松針形的」。松雞，滿文讀作“satangga coko”，意即「松針形的雞」，出自蒙古地方，屬於樹雞類。樹雞，滿文讀作“fiyelenggu”。山花雞，滿文讀作“alhari coko”。句中“alhari”，意即「有花紋的」，“alhari coko"，就是有花紋的山花雞。《鳥譜》中鳥類漢文名稱，對照滿文的繙譯，有助於了解漢文名稱的詞義及其命名的由來。

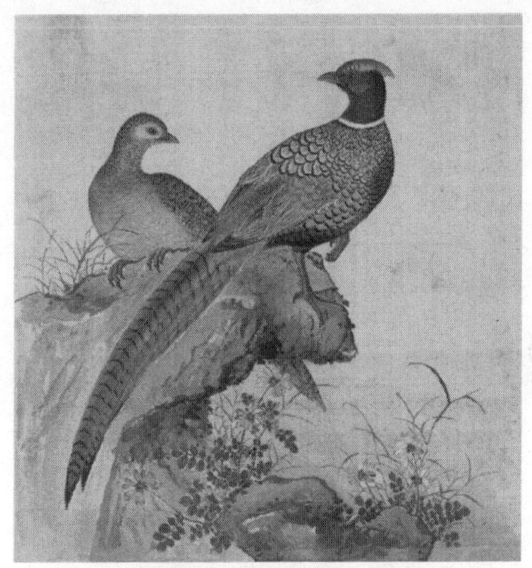

《鳥譜》第六冊　野雞

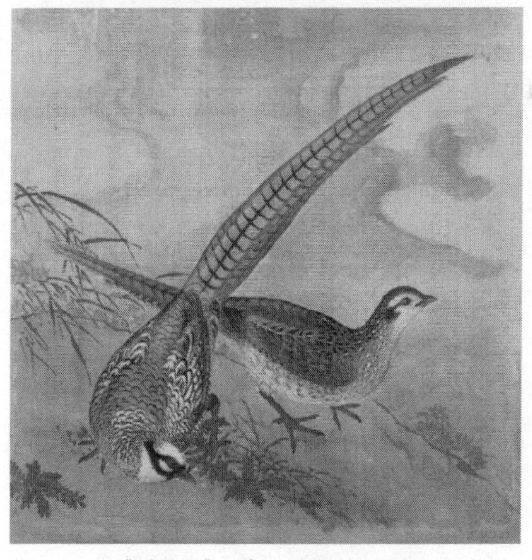

《鳥譜》第六冊　雉雞

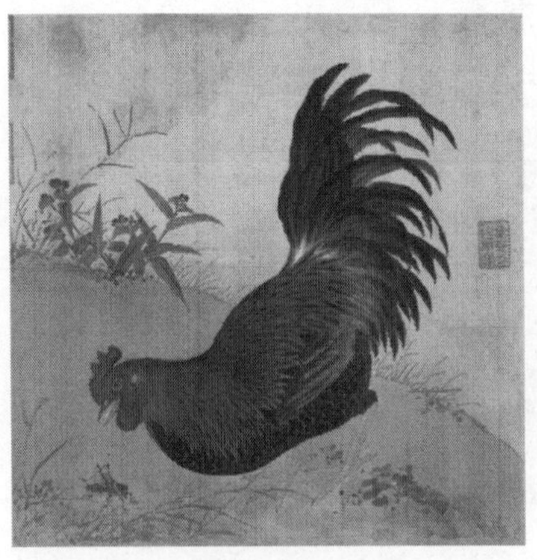

fulgiyan amila coko.

fulgiyan amila coko i yasai faha sahaliyan, yasai hūntahan fulgiyan, šakšaha fulgiyan, šan suwayan, gunggulu fulgiyan, senggele fulgiyan, engge sahaliyakan suwayan, gunggulu senggele de gemu tumin fulgiyan mersen bi, monggon de banjiha funggaha fulahūri bime sahaliyan kitala suwaliyaganjahabi, huru i funggaha fulahūri boco doko sahaliyan, asha sahaliyakan niowanggiyan, niongnio sahaliyakan eihen boco bime, sahaliyan toron bi, alajan, hefeli funggaha i dube gemu sahaliyan bime, bohokon fulgiyan boco bi, sahaliyakan niowanggiyan golmin uncehen lukdureme banjihabi, bethe suhuken fulgiyan, ošoho suhuken šanyan, fakjin bi, an coko amila ningge, funggaha i boco adali akū, fulgiyan ningge bi, šanyan ningge bi, sahaliyan ningge suwaliyata boco ningge inu bi. oktoi sekiyen de, coko sunja hacin i boco ningge bi, beye sahaliyan, uju šanyan ningge bi, ninggun ošoho banjihangge bi, duin fakjin banjihangge bi, gemu jeci ojorakū, okto de dosimbuci ojorongge, damu fulgiyan, šanyan juwe hacin ombi, ainci jaka i arbun encu oci, ehe horon bisirengge labdu, te i niyalma, boode ujirengge, amba muru

丹雄雞

丹雄雞，黑睛，紅眶，紅頰，黃耳，朱冠，朱緌，黑黃觜，冠、緌俱有殷紅點，項毛紅赤，間以黑莖，背毛深紅，赤色黑裏，黑綠翅，赭黃翮黑暈，臆、腹俱黑尖帶暗赤，黑綠長尾，蓬鬆喬起，米紅足，米白爪，有懸距。糠雞雄者[28]，羽色不一，有丹，有白，有黑，有雜色者。《本草》云：雞有五色者，黑身白首者，六指者，四距者，並不可食。入藥者，唯丹、白二種，蓋物狀之異者，每能為毒，今人家畜養，大概

28 糠雞，滿文讀作"an coko"，又作"an i coko"，意即「常雞」，又稱「本色雞」。

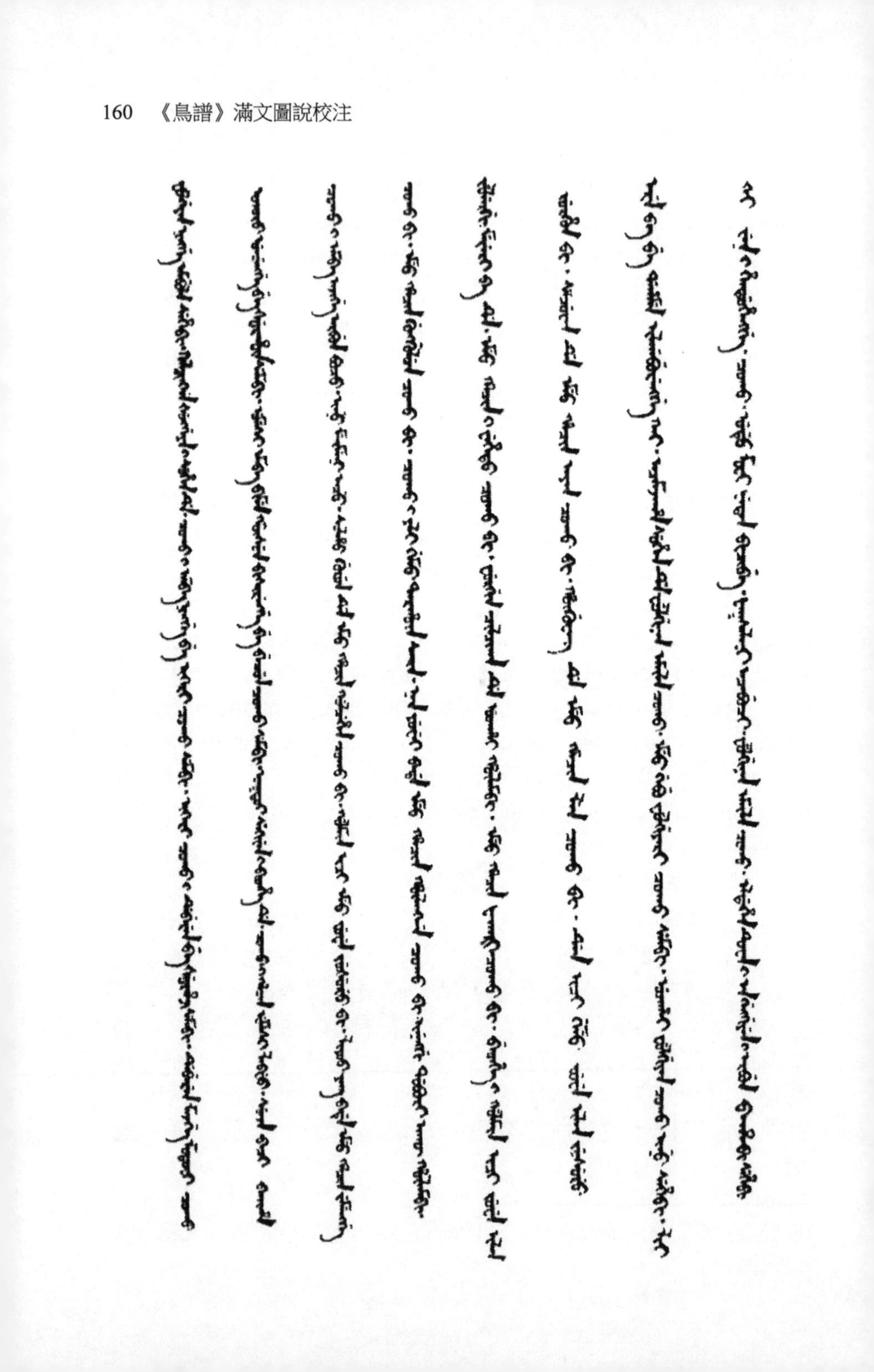

fulgiyan ningge ambula sehebi. hancingga šunggiya i suhen de, coko i amba ningge be ikiri coko sembi, ikiri coko i deberen be šurhū sembi, deberen majige mutufi coko ojoro undengge be šurhūn sembi, umesi amba bime hūsun bisirengge be becun coko sembi. oktoi sekiyen i bithe de, coko i hacin umesi labdu, sunja baci banjiha coko i amba ajige arbun boco, inu meimeni encu. solho gurun de emu hacin golcehen coko bi, golmin ici emu juwe jušuru bi, liyoo yang bade emu hacin jemengge coko bi, emu hacin gunggulun coko bi, coko i yali gemu tarhūn sain, nan yuwei bade emu hacin hūlangga coko bi, inenggi dobori akū hūlambi, julergi mederi ba de, emu hacin i wehetu coko bi, furgin cilcika de uthai hūlambi, emu hacin fakari coko bi, bethe i golmin ici juwe ilan jurhun bi, sycuwan de emu hacin ayan coko bi, hūguwang de emu hacin len coko bi, den ici gemu juwe ilan jušuru, ere ba be dahame ilgaburengge kai. acamjaha suhen de, fulgiyan amila coko, emu gebu fulgiyari coko sembi, uthai fulgiyan coko inu sehebi. lii ši je<u>n</u> i henduhengge, coko, udu mooi feten bicibe, faksalafi acabuci, fulgiyan amila coko, eldehen tuwa i a genggiyen i arbun bahabi sehebi.

多丹色者也。《爾雅》疏云：雞之大者名蜀，蜀之雛子名雓。雛之稍長未成雞者名健，壯大絕有力者名奮。《本草綱目》云：雞類甚多，五方所產大小形色往往亦異。朝鮮一種長尾雞，尾長一、二尺。遼陽一種食雞，一種角雞，味俱肥美。南越一種長鳴雞，晝夜啼叫。南海一種石雞，潮至即鳴。一種矮雞，腳纔二、三寸。蜀中一種鶤雞，楚中一種傖雞[29]，並高二、三尺，此其以地而異者也。《集解》云：丹雄雞，一名戴丹，即朱雞也。李時珍曰：雞雖屬木，分而配之，則丹雄雞得離火陽明之象。

---

29 楚中，滿文讀作"hūguwang"，意即「湖廣」，包括今之湖南、湖北地區。

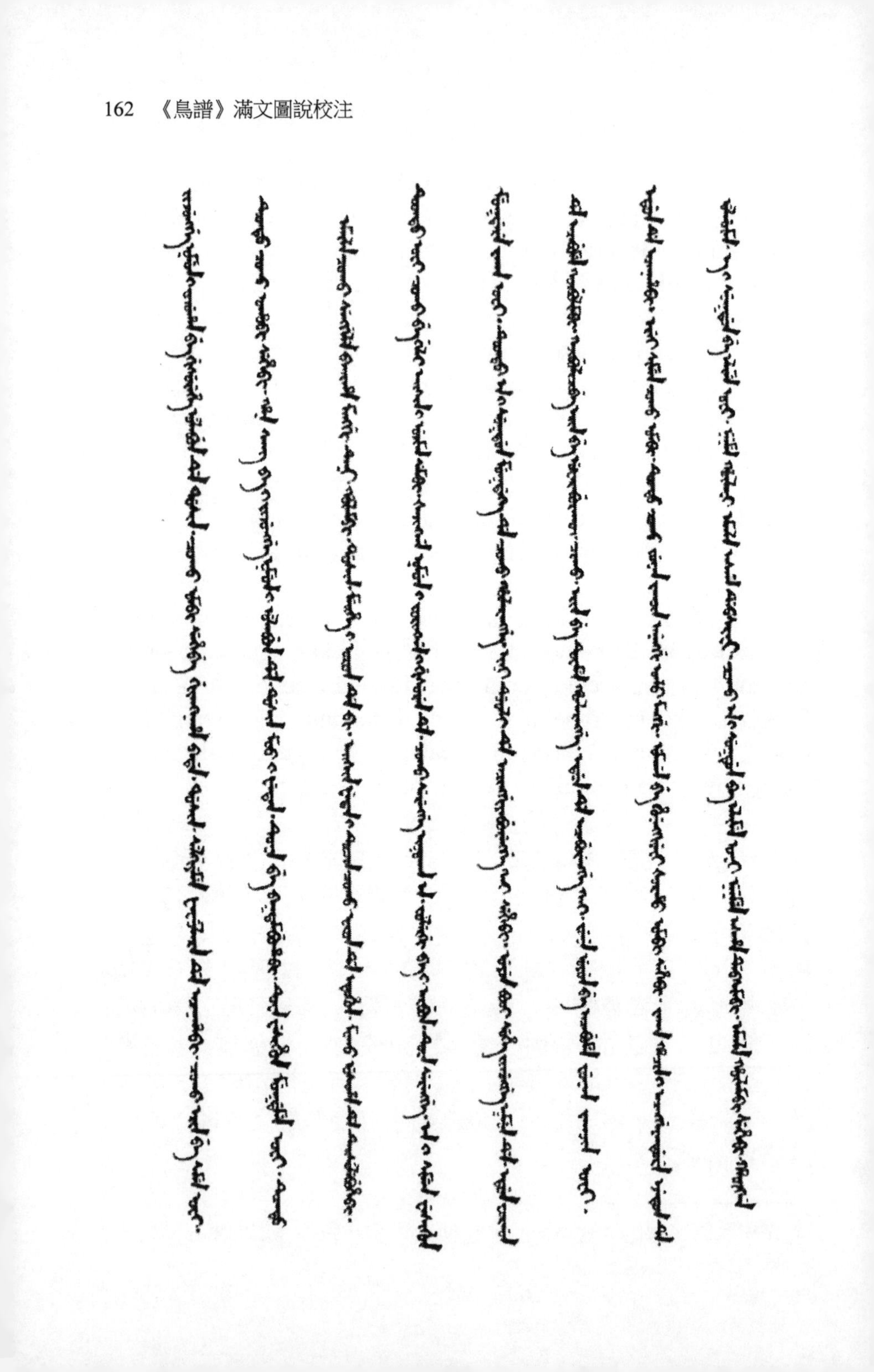

jijungge nomun i jijuhan be gisurehe ulabun de, dosin coko ombi sehebe giyangnaha bade, dosin selgiyeme fafulara de acanahabi, coko erin be same ofi, tuttu coko ohobi sehebi. han šang ba i jijungge nomun i ulabun de, dosin moo i feten, tuwa be baktambuhabi, tuwa wesihun mukdeme ofi, tuttu amila coko senggele banjiha manggi, teni hūlambi, dosin, meihe i oron de bi, aisin feten i tucin coko fon de etuhun, moko usiha de teisulebuhebi, tuttu ofi, coko be geli aisin i ujima sembi. šanjingga nomun i joringga i gisuren de, coko serengge iktaka a, julergi ba i arbun, tuwa serengge, a i simen wesihun mukdere jaka ofi, tuttu a i sukdun mukdeke de coko hūlarangge, ini duwali de acinggiyaburengge kai sehebi. uyun booi suhe jijungge nomun de, edun forgon de acabume kūbulimbi, kūbulicibe erin be ufaraburakū, coko erin be tuwame hūlarangge, edun de acaburengge kai, juwe uyun be acabume juwan jakūn ofi, edun de acanahabi, erei simen coko ombi, tuttu coko juwan jakūn inenggi oho manggi, umgan be hunengkiyefi šorho ombi sehebi. jaka hacin i acinggiyandure ejetun de, ulhūma, e i sukdun be alime ofi, neneme hūlafi amala asha debsifi, coko a i sukdun be alime ofi neneme asha debsimbi, amala hūlambi sehebi. hancingga

---

《易•說卦》：巽為雞。疏云：巽主號令，雞能知時，故為雞也。《漢上易傳》云：巽木含火，火炎上，故雄雞有冠乃鳴。巽位在巳，金所生也，王於酉上直於昴，故雞又為金畜。《春秋說題辭》云：雞為積陽，南方之象，火陽精物炎上，故陽出雞鳴，以類感也。《九家易》云[30]：風應節而變，變不失時。雞時至而鳴，與風相應。二九十八主風精為雞，故雞十八日剖而成雛[31]。《物類相感志》云：野雞屬陰，先鳴而後鼓翼，家雞屬陽，先鼓翼而後鳴。

---

30 九家易，滿文讀作"uyun booi suhe jijungge nomun"，意即「九家注易經」。

31 剖而成雛，滿文讀作"umgan be hunengkiyefi šorho ombi"，意即「啄破蛋殼而孵出雛」。

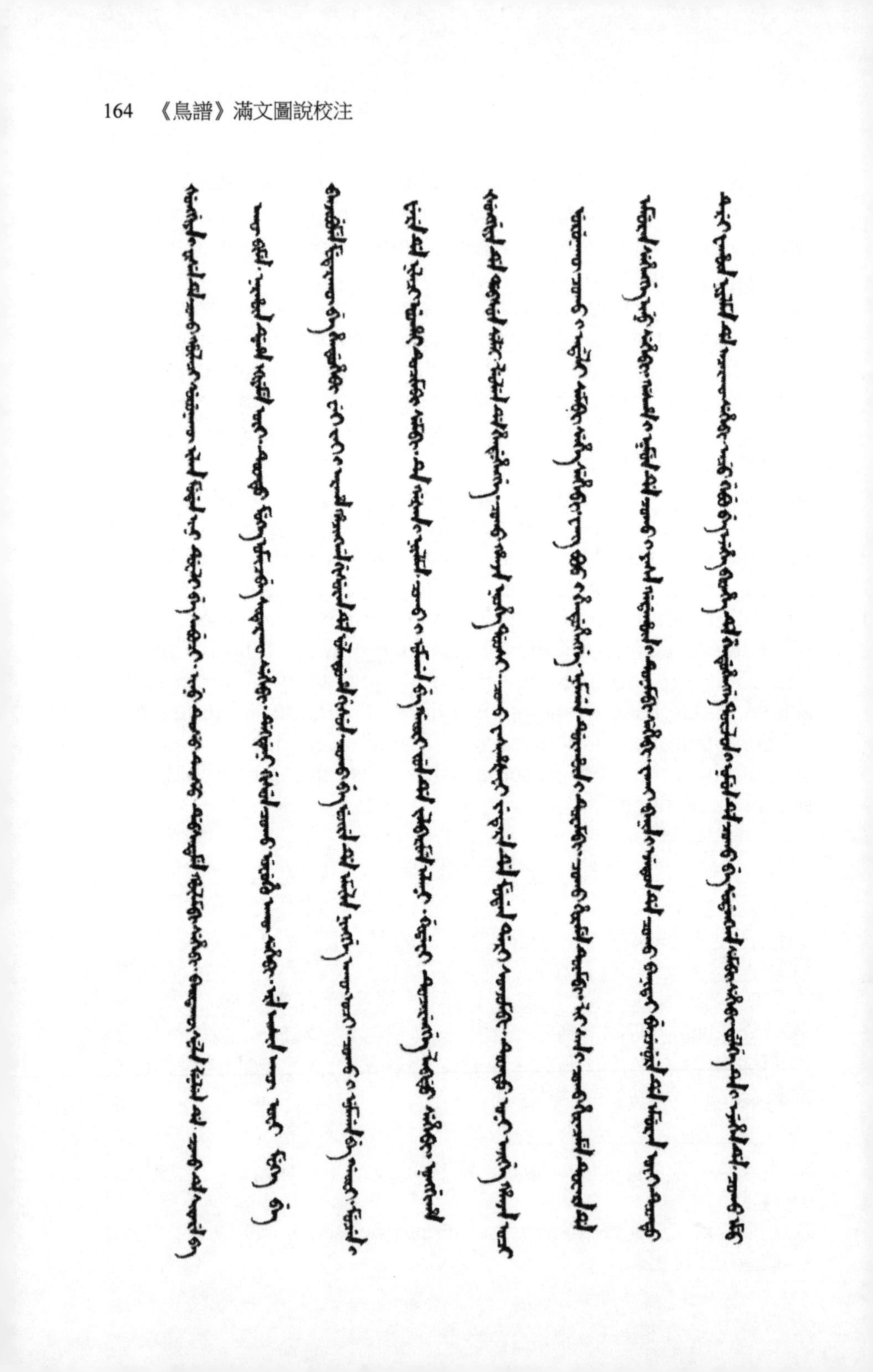

šunggiya i fisen de, coko hūlaci urunakū ilan mudan ini duwali be sabuci, inu teisu teisu debsiteme hūlambi sehebi. baitakū sula leolen de, coko de sitere ba akū bime, narhūn duha ekiyeme ofi, tuttu muke omicibe siterakū sehebi, dekdeni gisun coko ufuhu akū sehebi. ere aisin akū ofi muke be banjibume muterakū be henduhebi. wei jai i araha hacingga gisuren de, ulanduha gisun, coko be ujire de amila ningge akū oci, coko i umgan be gaifi, mucen i fere de nilaci uthai tucimbi sembi. te gašan i niyalma coko i umgan be gaifi jun de jalbarime alafi, gidafi tucirengge labdu sehebi. nonggiha šunggiya de, dabsun selei leolen de henduhengge, coko hanja niohe doosi, coko wasihašafi jetere de mudan dari sonjombi, tuttu ofi ajige hanja oci urunakū coko i adali sembi sehe sehebi. wang boo i henduhengge, nimaha durhūn i tuwambi, coko hirame tuwambi, lii šan i coko hiracame tuwara de amuran sehengge inu sehebi. gasha i nomun de, coko i yasa gadahūn i tuwambi sehebi. jakai banin i ejetun de, coko banitai becunure de amuran ofi tuttu terei fahūn niyalma de acarakū sehebi. encu gebu be ejehe bithe de henduhengge, dorolon i nomun de, coko be sudangga〔šudangga〕 sembi sehebi. julge te i ejehen de, coko emu

---

《爾雅翼》云：雞鳴必三度，其見同類，亦各拊翅而鳴。《無用閒談》云：雞無外腎而虧小腸，故飲而不溺。諺云：雞無肺；謂無金不能生水也。《未齋雜言》云：相傳養雞無雄，取其卵就釜底摩之則育。今俚人每以雞卵告竈而伏出之。《埤雅》云：《鹽鐵論》曰：雞廉狼貪，雞跑食物[32]，每有所擇，故曰小廉如雞。王褒云：魚瞰雞睨。李善以為雞好邪視是也。《禽經》云：雞以嗔視。《物性志》云：雞性好鬥，故其肝不和人。《異名錄》云：《禮記》雞曰翰音[33]。《古今注》：

---

32 雞跑食物，滿文讀作“coko wasihašafi jetere de”，意即「雞用爪刨地覓食時」。

33 翰音，滿文當讀作“šudangga”，此作“sudangga”，誤。

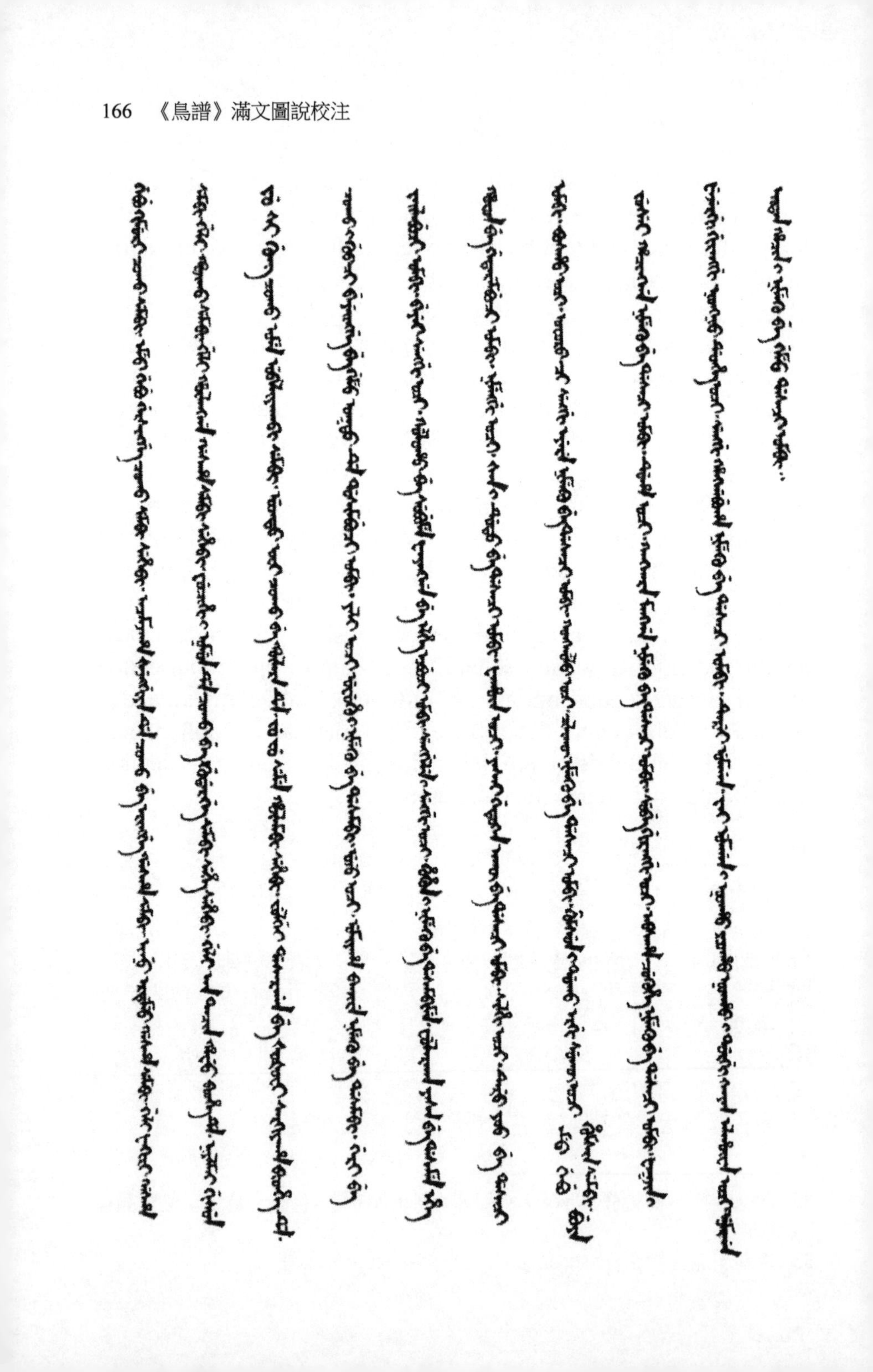

gebu kimuri coko sembi, emu gebu gersingge coko sembi sehebi. acamjaha šunggiya de, coko be eringge gasha sembi, inu erdemu gasha sembi, geli fakiri gasha sembi, geli hojiko sembi, geli hūlangga gasha sembi sehebi. fucihi i nomun de, coko be g'odarg'a sembi sehe sehebi. geli an tacin hafu bithe de, niyalmai gisun ju ši gung coko ome ubaliyakabi sembi, uttu ofi coko be hūlara de, ju ju seme hūlambi sehebi. julgei dasargan be šošofi sarkiyaha bithe de, coko i gubci beyerangge be gemu okto de dosimbuci ombi. yali oci, ufuhu i nimeku be dasambi, uju oci, umiyaha banjire nimeku be dasambi, geri be jailabuci ombi. beyei senggi oci, goloho be subume fayangga be elhe obuci ombi. senggele i senggi oci, huhun i nimeku be dasambime, fularaka yasa be dasame ehe horon be geterembuci ombi. nimenggi oci, šan i dutu be dasaci ombi. fahūn oci, yasai getuken akū be dasaci ombi. silhi oci, teru yoo be dasaci ombi. bosho oci, oforo ci senggi eyere nimeku be dasaci ombi. konggolo oci, cilikū nimeku be dasaci ombi. humsun i doko ergi sukū oci, (emu gebu humsin sembi) buya jusei hacingga nimeku be dasaci ombi. duha oci, kangkara mangga nimeku be dasaci ombi. sube giranggi oci, absaha cukuhe nimeku be dasaci ombi. fakjin i fejergi giranggi niongnio dethe oci, senggi hanggabuha nimeku be dasaci ombi. terei umgan, jai umgan i notho cotho notho i dorgi šanyan alhūwa oci, umgan eiten hacin i nimeku be gemu dasaci ombi.

雞，一名燭夜，一名司晨。《彙雅》云：雞曰知時鳥，亦曰德禽，亦曰窓禽，亦曰會稽公，亦曰長鳴都尉。梵書名鳩七咤[34]。又《風俗通》云：俗說朱氏公化而為雞，故呼雞者皆言朱朱。《古方集覽》云：雞之通身，皆可入藥。肉治肺，頭治蠱辟瘟，身血解驚安神，冠血主乳難治目赤去毒，肪治耳聾，肝療目暗，膽治痔，腎治鼻齆，嗉治氣噎，膍胵裏皮（一名雞內金）治小兒諸疾，腸治消渴，肋骨治羸瘦，距下骨哽翮翎治血閉，其卵及卵殼（名混沌池）與殼內白皮（名鳳凰退）俱治各種疾症。[35]

---

34 鳩七咤，滿文讀作“g'odarg'a”，按雞，梵文讀作“kukkuṭa”，漢文音譯作「鳩鳩咤」，此作「鳩七咤」，異。

35 名混沌池、名鳳凰退，滿文缺譯。

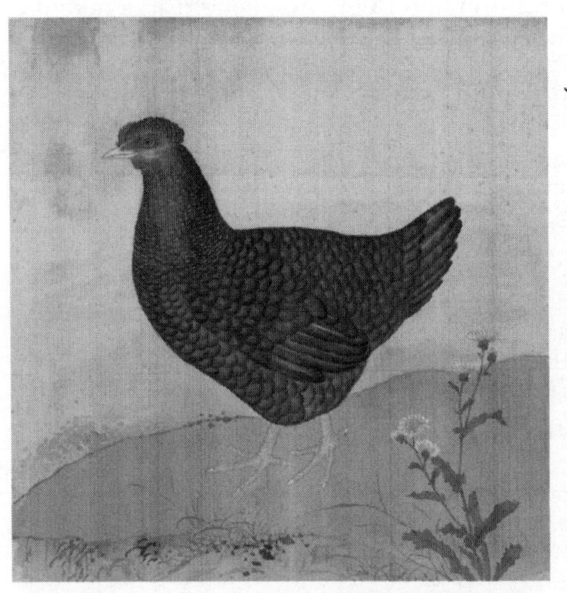

sahaliyan emile coko.

sahaliyan emile coko i yasai faha sahaliyan, šurdeme fulgiyan boco kūwarahabi, šakšaha fulgiyan, engge šanyan, fangkala fulgiyan gunggulu, ajige fulgiyan senggele, šanyan alha šan, uju ninggu, meifen, monggon i boco sahaliyan bime, šanyakan eihen bocoi hetu bederi jergi jergi banjihabi, huru, hefeli gemu sahaliyan bime bohokon šanyan alha bederi bi, asha sahaliyan, kitala šanyan, uncehen sahaliyan bime foholon, bethe ošoho šanyan, ton akū gu gu seme guwendembi, den jilgan i hūlame muterakū, umgan gidara de jilgan fangkala bime sirenembi, gashai nomun de, umgan ci tucire hamime deberen hūlaci, emile coko acabumbi sehengge inu, ere emile coko i dorgi emu hacin, geli suwayan ningge bi,

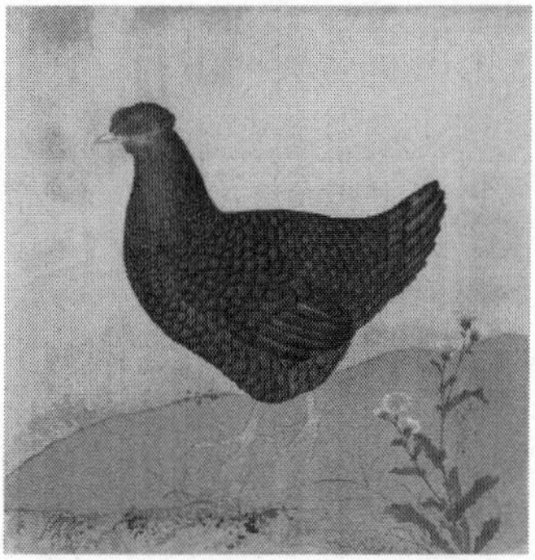

黑雌雞

黑雌雞，黑睛，紅暈，紅頰，白觜，低絳幘[36]，小紅緌[37]，白花耳，頭頂、頸、項黑質，赭白橫紋相次，背、腹俱黑，帶暗白花紋，黑翅，白莖，短黑尾，白足、爪，時作彀彀聲，不能長鳴，伏卵時，聲低而悠揚。《禽經》所謂鷇將生子，呼母應也，此雌雞之一種。亦有黃者、

36 低絳幘，滿文讀作"fangkala fulgiyan gunggulu"，意即「低紅鳳頭」。
37 小紅緌，滿文讀作"ajige fulgiyan senggele"，意即「小紅垂冠」。

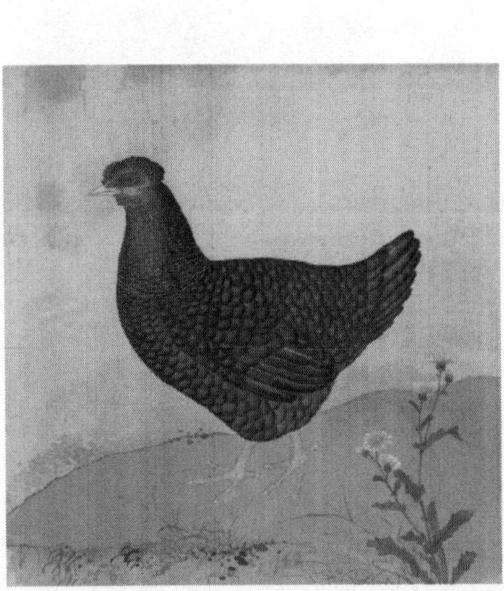

[illegible]

šanyan ningge bi, suwaliyata boco ningge bi, beyei amba ajige adalikan bicibe, funggaha i boco meimeni encu, niyalmai boode suwayan boco ningge be ujirengge labdu sehebi. oktoi sekiyen i bithede, sahaliyan emile coko yali i amtan jancuhūn jušuhun halukan necin, horon akū, suwayan emile coko, yali i amtan jancuhūn jušuhun hatuhūn necin horon akū sehebi. lii ši jen̲ i henduhengge, sahaliyan boco serengge, muke i feten, emile serengge, e i sukdun ofi, tuttu sahaliyan coko be gemu senggi kokiraha jergi nimeku be dasarade baitalambi, suwayan serengge, boihon i boco, emile serengge, dahasun i arbun, amtan jancuhūn ofi, delihun de dosimbi, sukdun halukan ofi, guwejihe de tusangga ombi. tuttu delihun guwejihe i jergi nimeku be dasara de baitalambi, ere gemu duwali be tuwame baitalarangge.

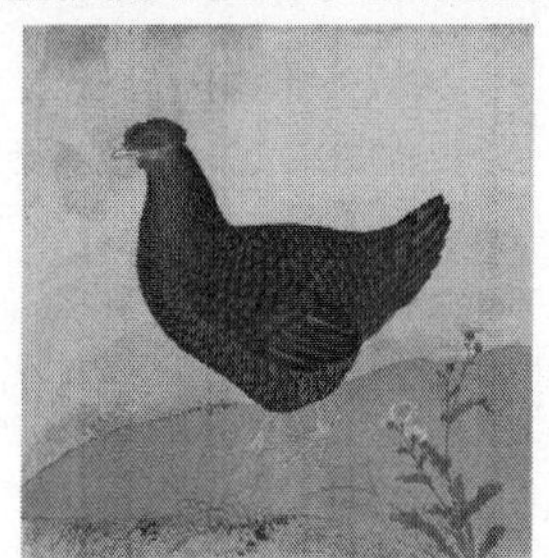

白者、雜色者，形體大小相同，毛色各別，人家畜養黃色者居多。《本草綱目》云：黑雌雞肉，氣味甘酸溫平，無毒；黃雌雞肉，氣味甘酸鹹平，無毒。李時珍曰：烏色屬水，雌者屬陰，故烏雞所治皆血分之症[38]；黃者土色，雌者坤象，味甘歸脾，氣溫益胃，故所治皆脾胃之症。各以類從也。

38 烏雞所治皆血分之症，句中「血分」，滿文讀作“senggi kokiraha”，意即「損血」。

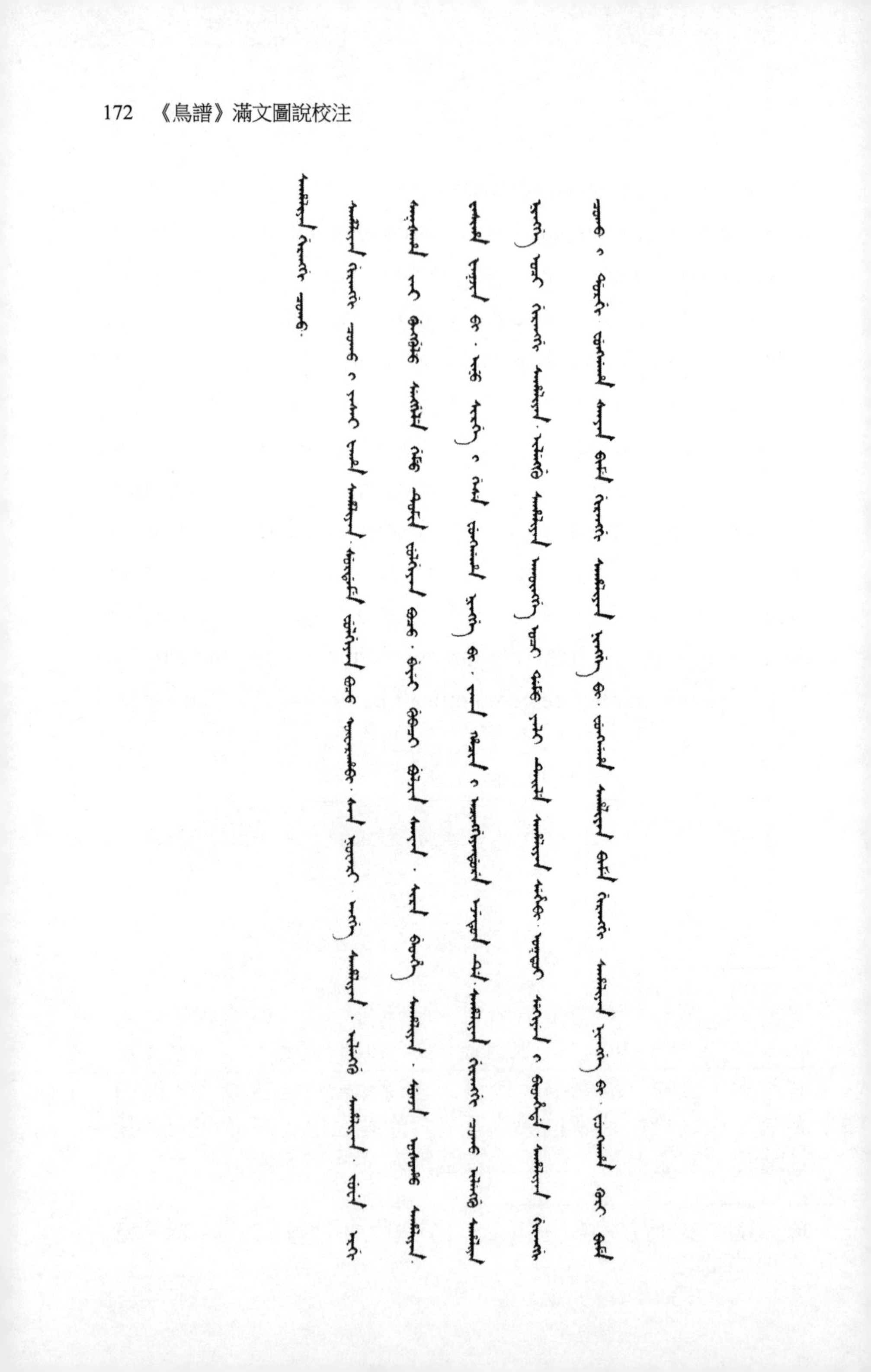

[illegible]

[illegible]

[illegible]

[illegible]

[illegible]

[illegible]

[illegible]

sahaliyan giranggi coko.

sahaliyan giranggi coko i yasai faha sahaliyan, šurdeme fulgiyan boco kūwarahabi, šan niowari, engge sahaliyan, ilenggu sahaliyan, juwe ergi šakšaha jai gunggulu senggele gemu tumin fulgiyan boco, beyei gubci buljin šanyan, sira, bethe sahaliyan, sunja ošoho sahaliyan, wasiha fakjin bi, inu sirge i gese funggaha ningge bi. jaka hacin i acinggiyandure ejetun de, sahaliyan giranggi coko ilenggu sahaliyan ningge oci giranggi sahaliyan, ilenggu sahaliyan akūngge oci damu yali teile sahaliyan sehebi. oktoi sekiyen i bithede, sahaliyan giranggi coko i dorgi funggaha šanyan bime giranggi sahaliyan ningge bi, funggaha sahaliyan bime giranggi sahaliyan ningge bi, funggaha kuri bime

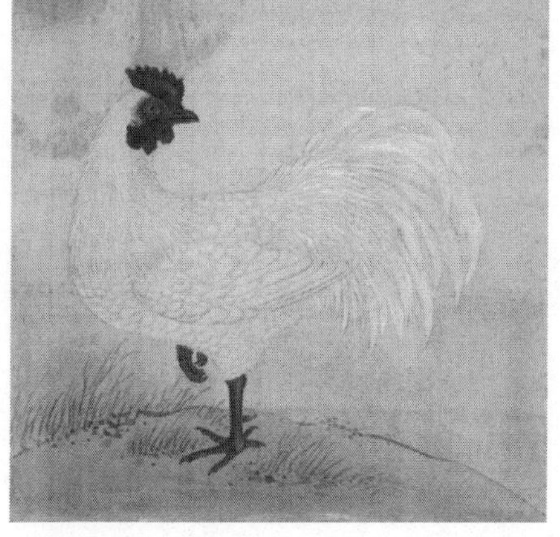

烏骨雞

烏骨雞，黑睛，紅暈，翠耳，黑觜，黑舌，兩頰及冠緌俱殷紅色。通身純白，黑脛、足，五趾，黑爪，有懸距，亦有絲毛者。《物類相感志》云：烏骨雞，舌黑者則骨黑，舌不黑者，但肉黑。《本草綱目》云：烏骨雞，有白毛烏骨者、黑毛烏骨者、斑毛

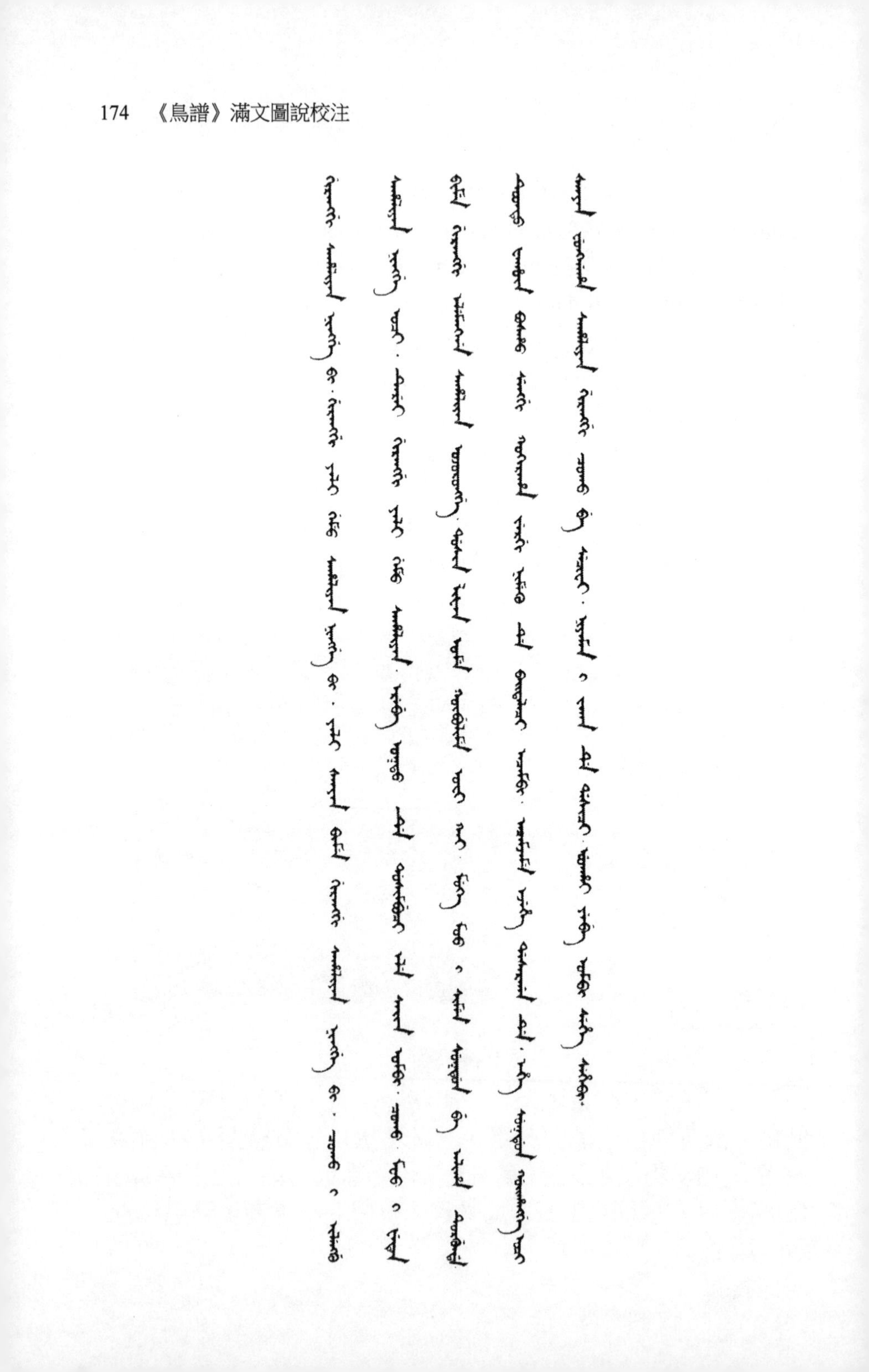

giranggi sahaliyan ningge bi, giranggi yali gemu sahaliyan ningge bi, yali šanyan bime giranggi sahaliyan ningge bi, coko i ilenggu sahaliyan ningge oci, terei giranggi yali gemu sahaliyan, erebe okto de dosimbuci ele sain ombi. coko moo i feten bime giranggi elemangga sahaliyan ojorongge, dosin lifan ome kūbulime ofi kai, muke moo i simen sukdun be aliha turgunde, tuttu fahūn bosho senggi kokiraha jergi nimeku de baitalaci acambi. acamjame ejehe dasargan de, ehe sukdun goihangge oci šanyan funggaha sahaliyan giranggi coko be secifi, niyaman i jaka de dasici uthai yebe ombi sehe sehebi.

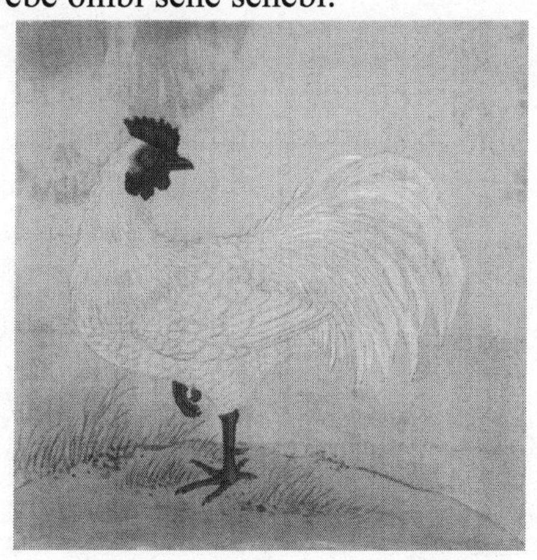

烏骨者，有骨肉俱黑者、肉白骨烏者。但觀雞舌，黑者則骨肉俱烏，入藥更良。雞屬木，而骨反黑者，巽變坎也，受水木之精氣，故肝腎血分之症宜用之。《集驗方》云：中惡者，以白烏骨雞薄心即瘥[39]。

---

39 以白烏骨雞薄心即瘥，滿文讀作"šanyan funggaha sahaliyan giranggi coko be secifi, niyaman i jaka de dasici uthai yebe ombi"，意即「劃開白毛烏骨雞覆心即可痊癒」。

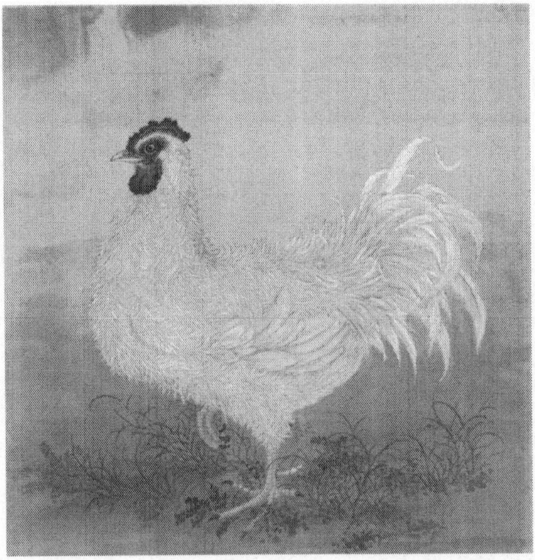

hūshūri coko.

hūshūri coko i yasai faha sahaliyan, šurdeme fulgiyakan suwayan boco kūwarahabi, yasai hūntahan suwayakan šanyan, šakšaha gelfiyen fulgiyan, engge suwayakan šanyan, gelfiyen fulgiyan gunggulu, senggele de sahahūkan fulgiyan narhūn mersen bi, beyei gubci buljin šanyan, erei funggaha kitala gemu fudarame tulesi forome mudanggai banjihabi, asha uncehen inu erei adali, bethe suwayakan šanyan, ošoho sahaliyan, fakjin de šanyan mersen bi, ere emu hacin i coko, šanyan boco ningge labdu, juwari forgon de isinafi gūn halafi damu kitala i teile funcembi, bolori dubei biyade nunggari banjimbi, tuweri forgon de isinaha manggi, dethe uncehen teni yongkiyambi. badarambuha ejetun de, coko i dorgide ashai funggaha fudarame banjiha

---

翻毛雞

翻毛雞，黑睛，赤黃暈，黃白眶，淺紅頰，黃白觜，淺紅冠，綏帶蒼赤細點，通身純白，其毛管皆逆出，彎曲外向，翅尾亦然，黃白足，黑爪，白懸距[40]，此種白色者居多，每至夏月，毛氄如禿，唯存莖管。秋末始毨[41]，至冬而翮尾乃成。《廣志》云：雞有反翅之種，

---

40 白懸距，滿文讀作“fakjin de šanyan mersen bi”，意即「懸距上有白點」，滿漢文義不合。

41 秋末始毨，滿文讀作“bolori dubei biyade nunggari banjimbi”，意即「秋末始生茸毛」。

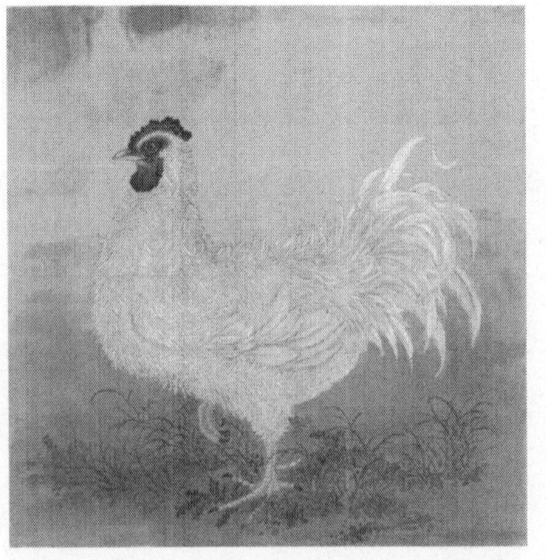

emu hacin bi sehebi. gui hai ba i alin birai ejetun de, hūshūri coko, niongnio dethe gemu tulesi forome mudanggai banjihabi, ujime urehe manggi gūwa bade generakū, guwangdung guwangsi de gemu bi sehebi. oktoi sekiyen i acamjaha suhen de, kulun dahasun i banjibure gūnin i bithede, hūshūri coko fudame oksire nimeku be dasambi sehe sehebi. hūshūri coko serengge, uthai ashai funggaha fudarame banjiha coko inu, fudame oksire nimeku be dasarangge, ainci duwali be tuwame gisurehengge. jaka hacin i acinggiyandure ejetun de, dethe banjire unde coko be eriku i erici dethe funggaha fudarame banjimbi seme henducibe, damu asha dethe i teile dabala, encu hacin i funggaha fudarame banjiha coko, beyei gubci funggaha gemu fudarame banjihangge bi kai.

《桂海虞衡志》云：翻毛雞，翮翎皆翻生，彎彎外向。尤馴狎，不散逸，二廣皆有。《本草集解》云：《乾坤生意》云：反毛雞，治反胃[42]。反毛雞即反翅雞也。治反胃者，述類之意耳。《物類相感志》云：雞未𤝔者[43]，以苕箒赶之，則𤝔毛倒生，然不過翅翮耳[44]，自有一種反生毛雞，通身毛皆倒向也。

---

42 治反胃，滿文讀作“fudame oksire nimeku be dasambi”，意即「治嘔吐症」。

43 雞未𤝔者，滿文讀作“dethe banjire unde coko”，意即「雞未生羽翎者」。

44 然不過翅翮耳，句中「翅翮」，滿文讀作“asha dethe”，意即「翅翎」。

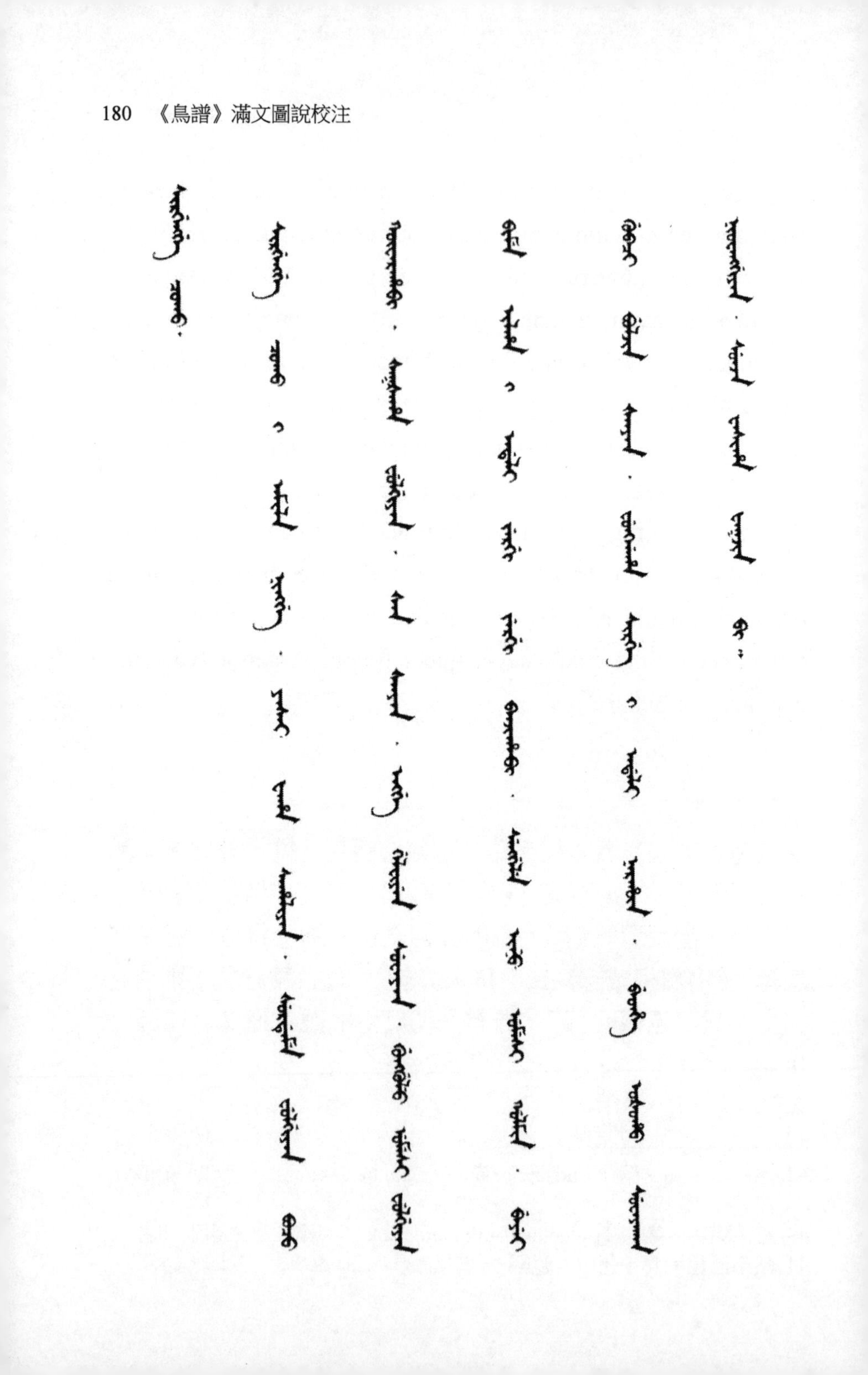

sirgengge coko.

sirgengge coko i amila ningge, yasai faha sahaliyan, šurdeme fulgiyan boco kūwarahabi, šakšaha fulgiyan, šan šanyan, engge gelfiyen suwayan, gunggulu umesi fulgiyan bime ilha i adali jergi jergi banjihabi, senggele inu umesi golmin, beyei gubci buljin šanyan, funggaha sirge i adali narhūn, bethe, ošoho suwayakan niowanggiyan, sunja wasiha, fakjin bi.

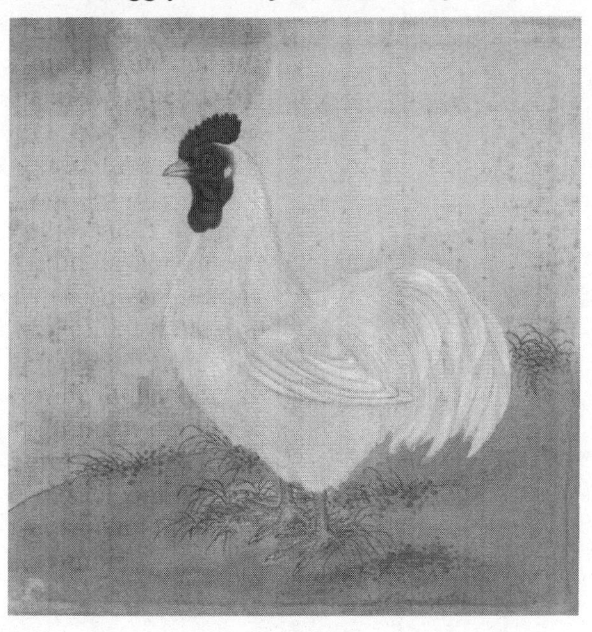

絲毛雞

絲毛雞雄者，黑睛，紅暈，紅頰，白耳，淺黃觜，鮮紅冠重疊如花，緌亦極長[45]，通身純白，毛細如絲，黃綠足、爪，五趾，有懸距。

45 緌亦極長，句中「緌」，滿文讀作“senggele”，意即「垂冠」。

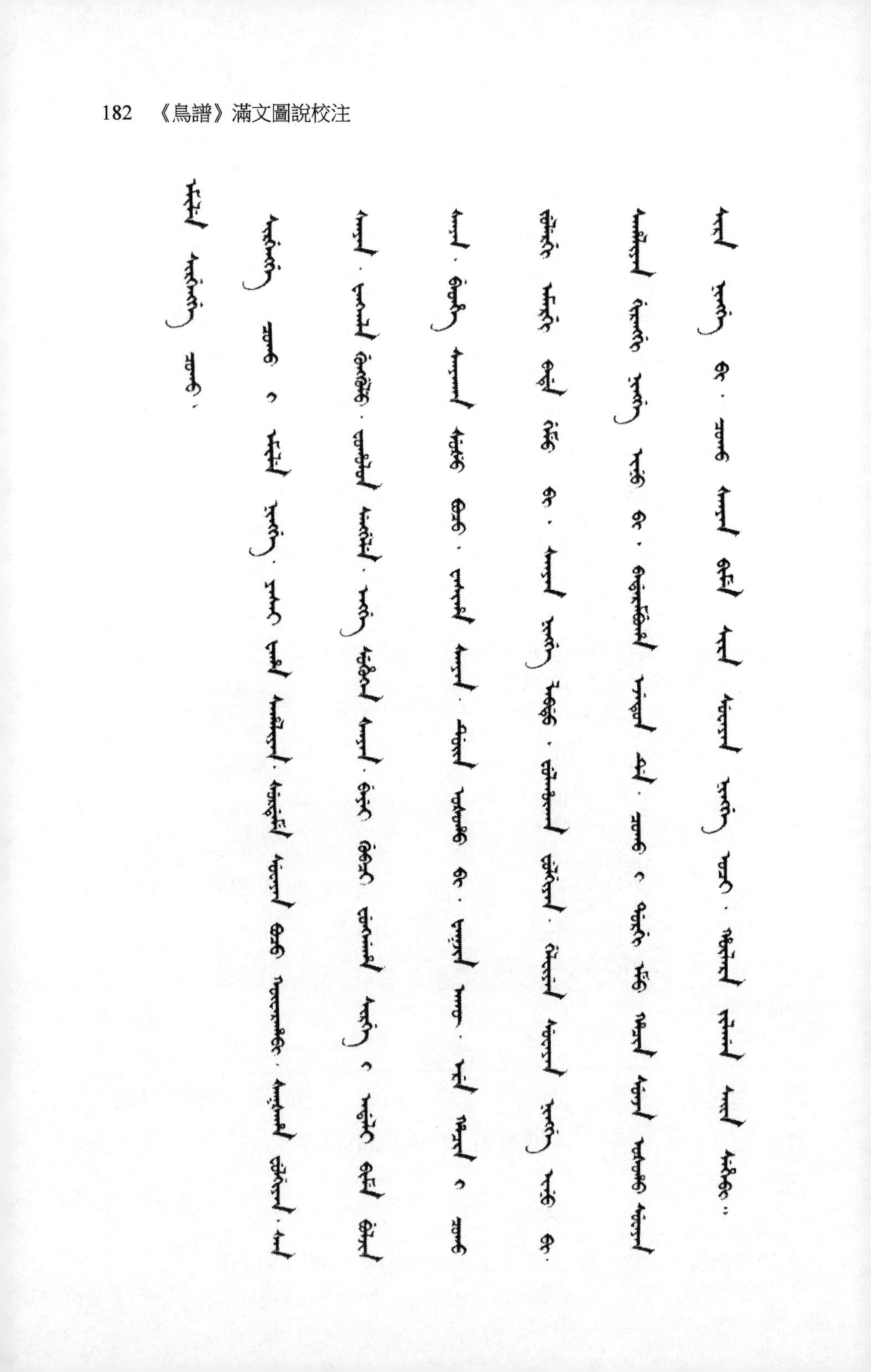

[illegible]

[illegible]

[illegible]

[illegible]

[illegible]

[illegible]

[illegible]

emile sirgengge coko.

sirgengge coko i emile ningge, yasai faha sahaliyan, šurdeme suwayan boco kūwarahabi, šakšaha fulgiyan, šan šanyan, fangkala gunggulu, foholon senggele, engge suhuken šanyan, beyei gubci funggaha sirge i adali bime buljin šanyan, bethe šanyakan šušu boco, wasiha šanyan, duin ošoho bi, fakjin akū, ere hacin i coko julergi amargi bade gemu bi, šanyan ningge labdu, fulhūkan〔fulahūkan〕fulgiyan, gelfiyen suwayan ningge inu bi, sahaliyan giranggi ningge inu bi. badarambuha ejetun de, coko i dorgi emu hacin sunja ošoho suwayan, sira ningge bi, coko šanyan bime sira suwayan ningge oci, hūlara jilgan sain sehebi.

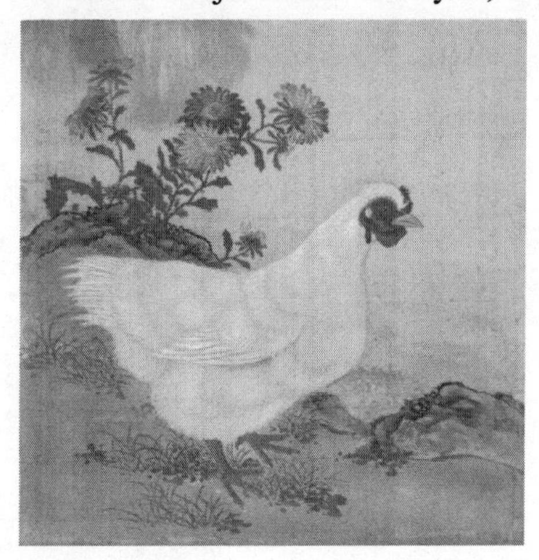

雌絲毛雞

絲毛雞雌者，黑睛，黃暈，紅頰，白耳，低幘短綏[46]，米白觜，通身純白絲毛，紫粉足，白爪，四趾，無懸距，此種今南北方皆有之，白者居多，亦有丹赤淡黃者，亦有烏骨者。《廣志》云：雞有五指金骹之種[47]，白雞金骹者，鳴美。

---

46 低幘短綏，滿文讀作“fangkala gunggulu, foholon senggele”，意即「低鳳頭短垂冠」。

47 五指金骹，滿文讀作“sunja ošoho suwayan sira”，意即「五趾黃脛」。

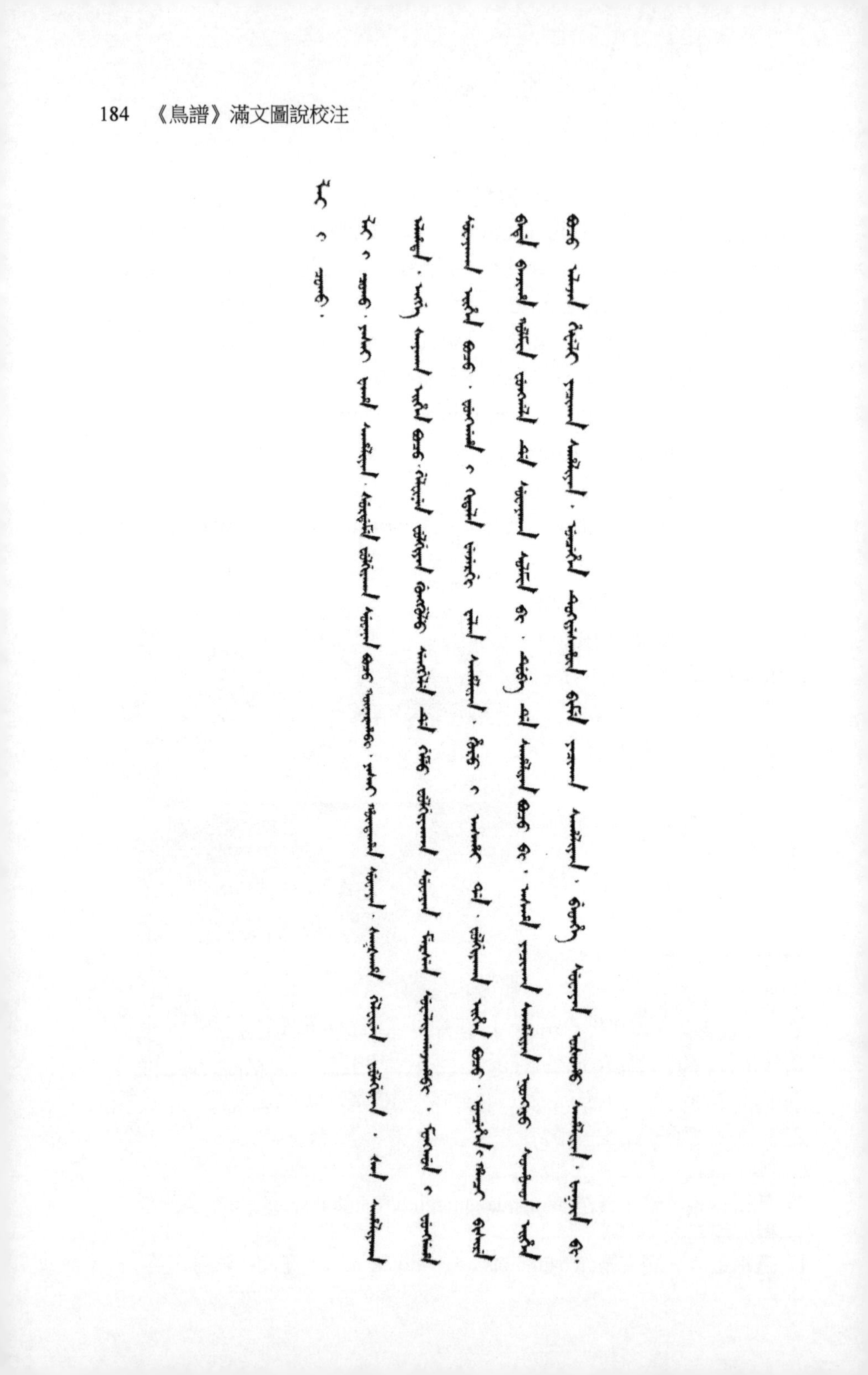

[illegible]

lai i coko.

lai i coko, yasai faha sahaliyan, šurdeme fulgiyakan suwayan boco kūwarahabi, yasai hūntahan suwayan, šakšaha gelfiyen fulgiyan, šan sahaliyakan alhata, engge šanyakan eihen boco, gelfiyen fulgiyan gunggulu, senggele de gemu fulgiyakan suwayan mersen suwaliyaganjahabi, monggon i funggaha suwayakan eihen boco, funggaha i kitala fejergi jalan sahaliyan, huru i ashai da, fulgiyakan eihen boco, uncehen i hanci bisire bade banjiha golmin funggala de suwayakan solmin bi, dube de sahaliyan boco bi, asha yacikan sahaliyan, niongnio sohokon eihen boco, alajan, hefeli yacikan sahaliyan, uncehen tukiyeshūn bime yacikan sahaliyan, bethe suwayan, ošoho sahaliyan, fakjin bi.

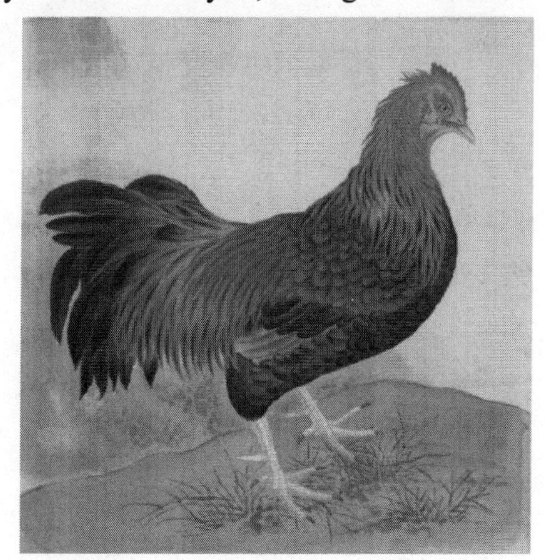

萊雞

萊雞，黑睛，赤黃暈，黃眶，淡紅頰，黑花耳，赭白觜，淺紅冠、綏，俱雜赤黃點，項毛赭黃色，下節有黑莖。背、膊赤赭色，近尾長羽略黃，尖末帶黑，青黑翅，赭土翮，青黑臆、腹，青黑喬尾，黃足，黑爪，長懸距[48]，

48 長懸距，滿文讀作“fakjin bi”，意即「有距」。

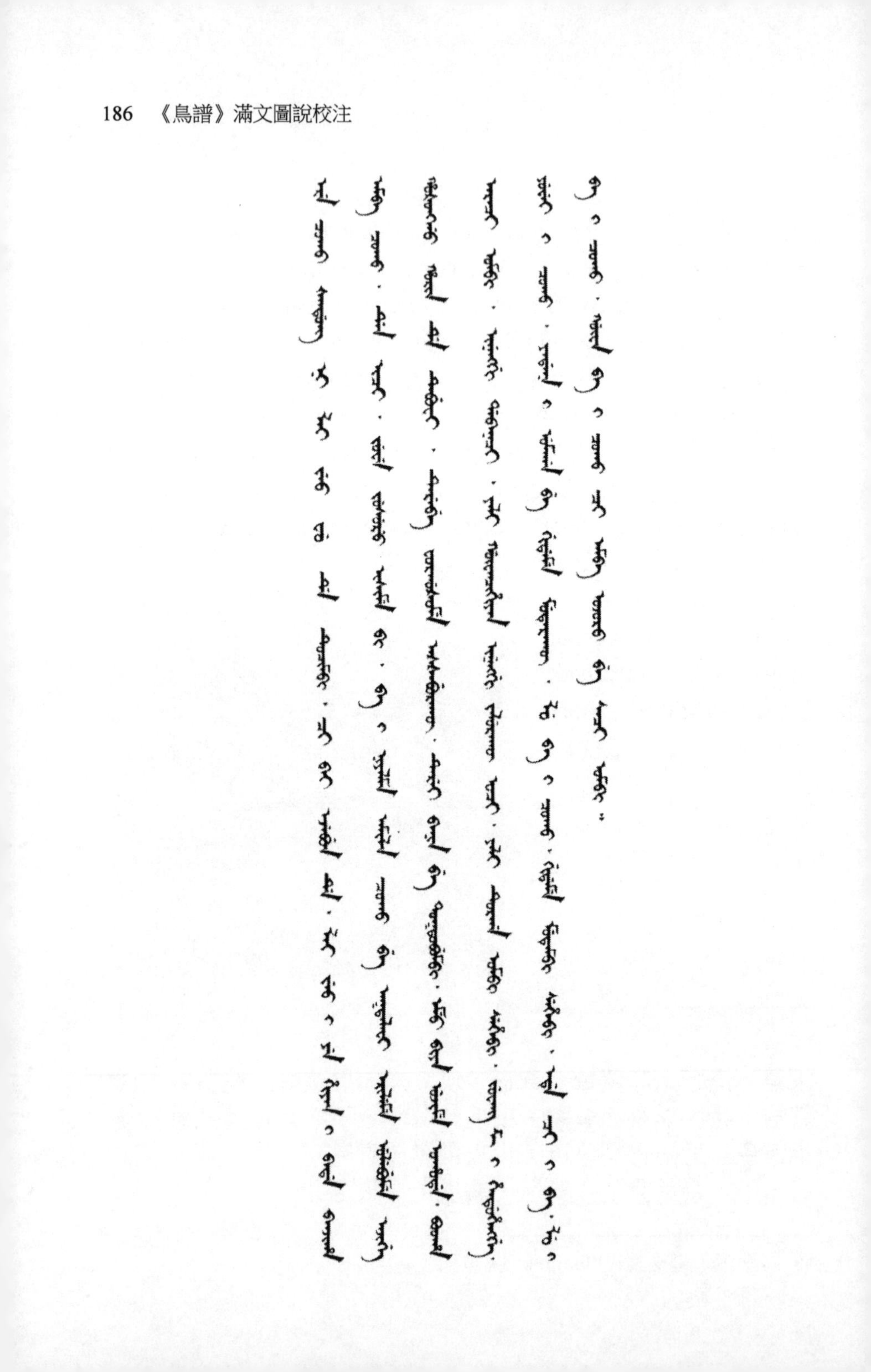

[illegible]

[illegible]

[illegible]

[illegible]

[illegible]

[illegible]

ere coko šandung ni lai jeo fu de tucimbi. ci bai ejebun de, lai jeo i ye hiyan i bade banjiha amba coko, den ici juwe jusuru〔jušuru〕isime bi, ba i niyalma amila coko be aktalafi erileme ulebume ajige hošonggo horin de tebufi, terebe forgošome aššaburakū, terei banin be toktobumbi, emu biya ujime ohode, booha araci ombi, inenggi dabanaci, yali gūwancihiyan, inenggi jalurakū oci, yali turga ombi sehebi. juwang dz i henduhengge, yuwei i coko, yadana i umgan be gidame muterakū, lu ba i coko, gidame mutembi sehebi. ede ci i ba, lu i ba i coko, gūwa ba i coko ci amba ojoro be saci ombi.

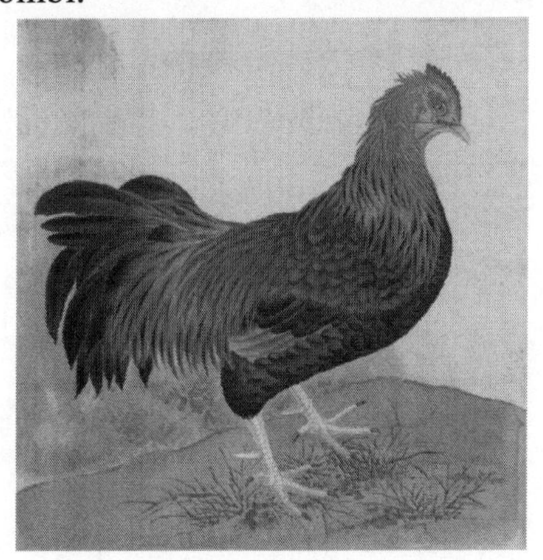

出山東萊州府。《齊乘》云：萊州掖縣土產大雞，高二尺許，土人取雄者去其腎[49]，以時喂飼，處以小方籠，令不得轉動，以定其性，養之一月，可充庖廚矣，云過期則老，不及則瘦也。《莊子》曰：越雞不能伏鵠卵，魯雞固能矣。知齊魯之雞本大于他處也。

49 土人取雄者去其腎，滿文讀作“ba i niyalma amila coko be aktalafi”，意即「土人將雄雞去勢」。

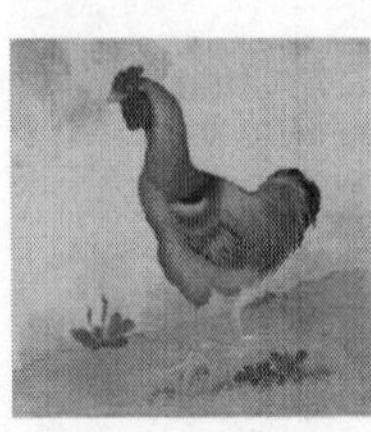

yuwei i coko.

yuwei i coko i yasai faha sahaliyan, šurdeme fulgiyakan suwayan boco kūwarahabi, šakšaha fulgiyan, šan šanyan, engge suwayakan šanyan, gunggulu umesi fulgiyan, senggele dadarame banjiha bime, umesi amba, sencehe ci meifen de isitala funggaha i boco, emu dulin senggi i gese fulgiyan, monggon fulgiykan suwayan, huru, ashai da sahaliyakan eihen boco, asha i funggaha de fulgiyakan boihon boco bime sahaliyan bocoi toron bi, uncehen de hanci bisire huru i funggala fulgiyakan eihen boco, uncehen sahaliyan, hefeli sohokon eihen boco, bethe suwayan, ošoho šanyan, fakjin bi, sira i giranggi umesi muwa, ere hacin i coko giyangnan i tai ts'ang, šang hai i jergi bade tucimbi, yuwei i coko i dorgi umesi amba ningge, uyun ginggen ujen ningge bi, niyalma erebe ugingge coko seme gebulembi.

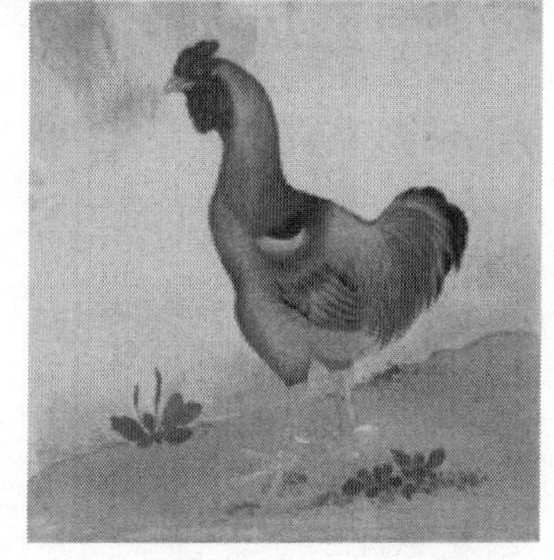

越雞

越雞，黑睛，紅黃暈，紅頰，白耳，黃白觜，鮮紅冠，垂綫甚大，自頷至頸半色皆如血[50]。赤黃項，赭黑背、膊。翅毛帶土赤色黑暈，近尾背毛赭紅色，黑尾，赭土腹，黃足，白爪，懸距，脛骨甚粗，此種出江南太倉、上海諸處，越雞之最大者，其重有至九斤，俗亦名九斤黃。

50 自頷至頸半色皆如血，滿文讀作“sencehe ci meifen de isitala funggaha i boco, emu dulin senggi i gese fulgiyan”，意即「自頷至頸毛色一半紅如血」。

[illegible]

[illegible]

[illegible]

[illegible]

[illegible]

[illegible]

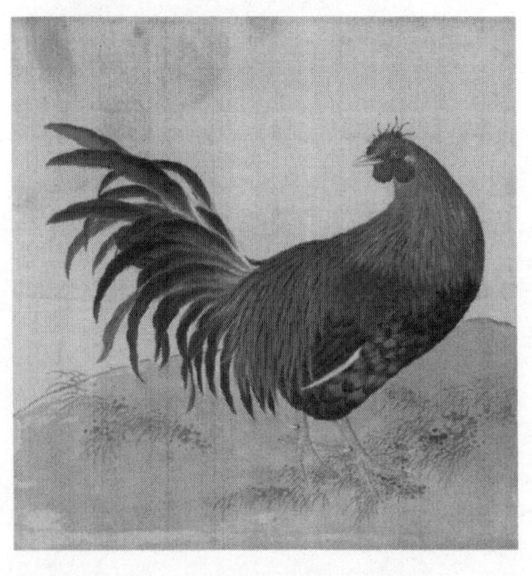

tai ho i coko.

tai ho i coko i yasai faha sahaliyan, šurdeme fulgiyan boco kūwarahabi, šakšaha fulgiyan, engge suhuken boco, uju ajige, šan suwayan, gunggulu asuru den akū, erei ninggu de narhūn fulgiyan funggaha suksuhun i banjihabi, senggele inu asuru amba akū, boco umesi gincihiyan, monggon fulgiyan, huru i funggaha gemu fulgiyan boco, dulimba i kitala fulgiyan, meiren de emu jalan tumin fulgiyan funggaha bi, asha, niongnio sahaliyakan fulgiyan, niongnio i jerin ci emu juwe da šanyan funggaha bi, alajan sahaliyan, hefeli sahaliyan, fejergi suwayakan eihen bocoi mersen bi, uncehen golmin bime sahaliyan, uncehen i da šanyan boco suwaliyaganjahabi, bethe

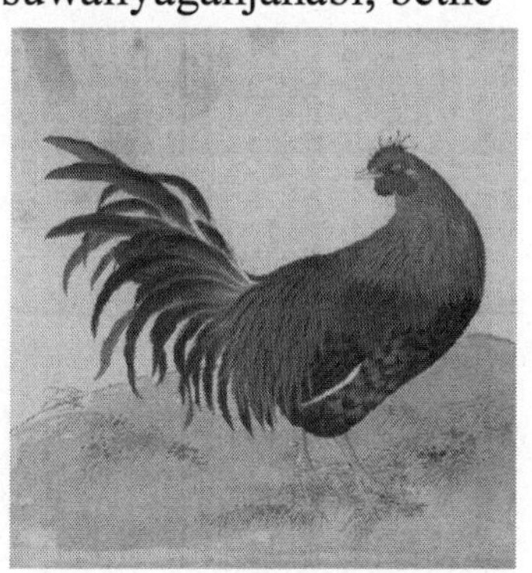

泰和雞

泰和雞，黑睛，紅暈，紅頰，牙色觜，小頭，黃耳，冠不甚高，上有細紅絲聳起，綏亦不極大，色甚鮮，赤項，背毛皆赤色，中間赤莖，肩上殷紅毛一節，黑紅翅、翮，翮邊露白羽一、二莖，黑臆，黑腹，腹下有赭黃斑[51]。長黑尾，尾根間白，

51 腹下有赭黃斑，句中「斑」，滿文讀作“mersen”，意即「點」。

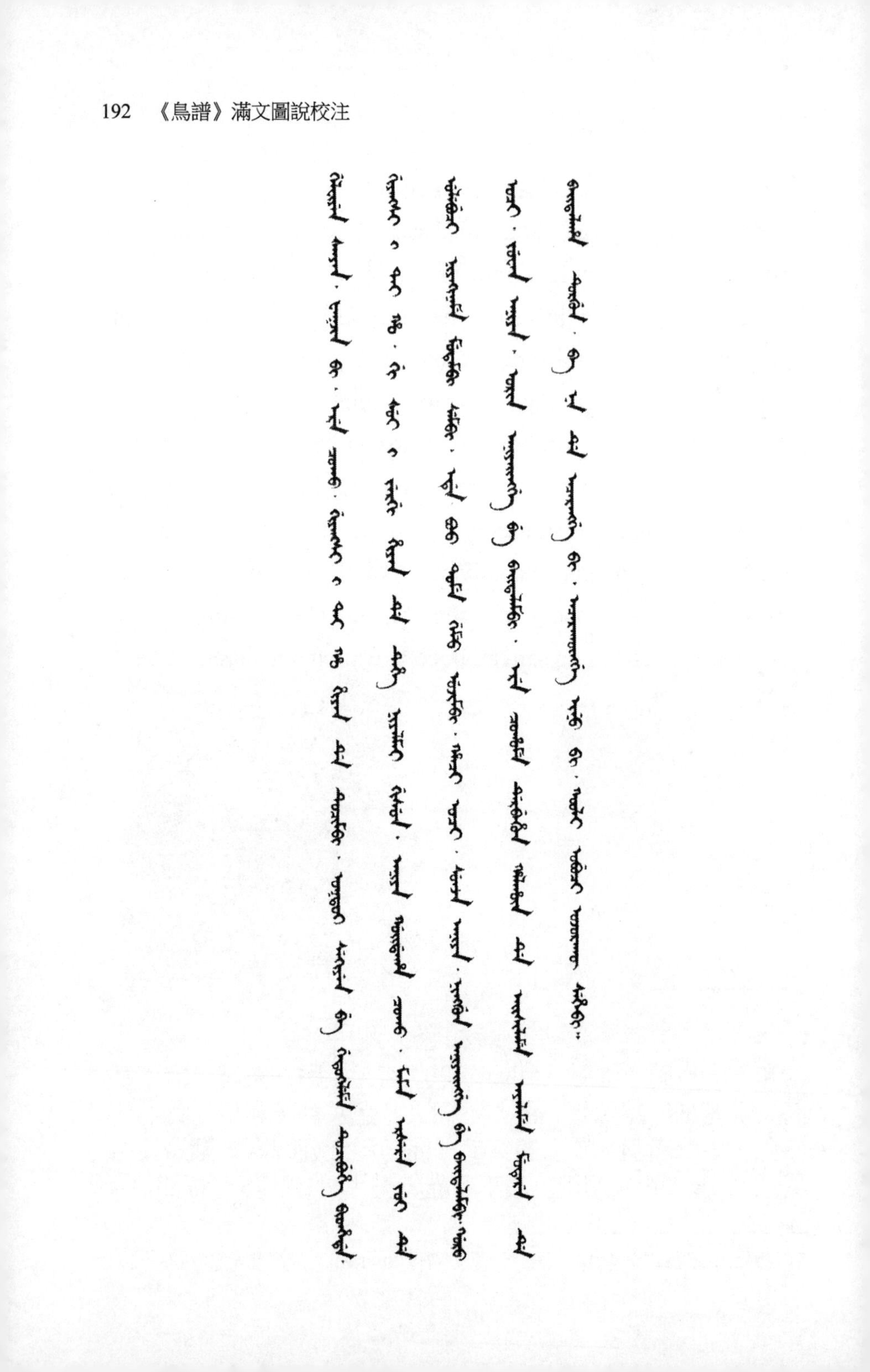

gelfiyen šanyan, fakjin bi, ere coko, giyangsi i tai ho hiyan de tucimbi. oktoi sekiyen be getukeleme tucibuhe bithede, giyangsi i tai ho, gi šui i jergi hiyan de tehe niyalmai gisun, aniya goidaha coko, mama eršere jui de ulebuci niyakiname mutembi sembi, ede boo tome gemu ujimbi, hanci oci, sunja aniya, ninggun aniyaingge be baitalambi, goro oci, juwan aniya, orin aniyaingge be baitalambi, ere cohome derbehun halhūn de aisilame ayalame mutere de baitalaha turgun, ba na de acarangge bi, acarakūngge inu bi, kooli obuci ojorakū sehebi.

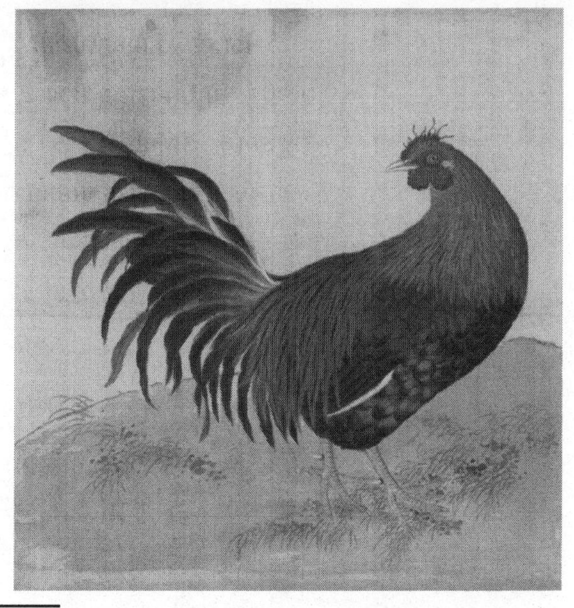

縹白足，有懸距，出江西泰和縣。《本草發明》云：江西泰和、吉水諸縣，俗傳老雞能發痘，家家畜之。近則五、六年，遠則一、二十年，云取其能助濕熱發漿也。風土有宜不宜，不可以為法。

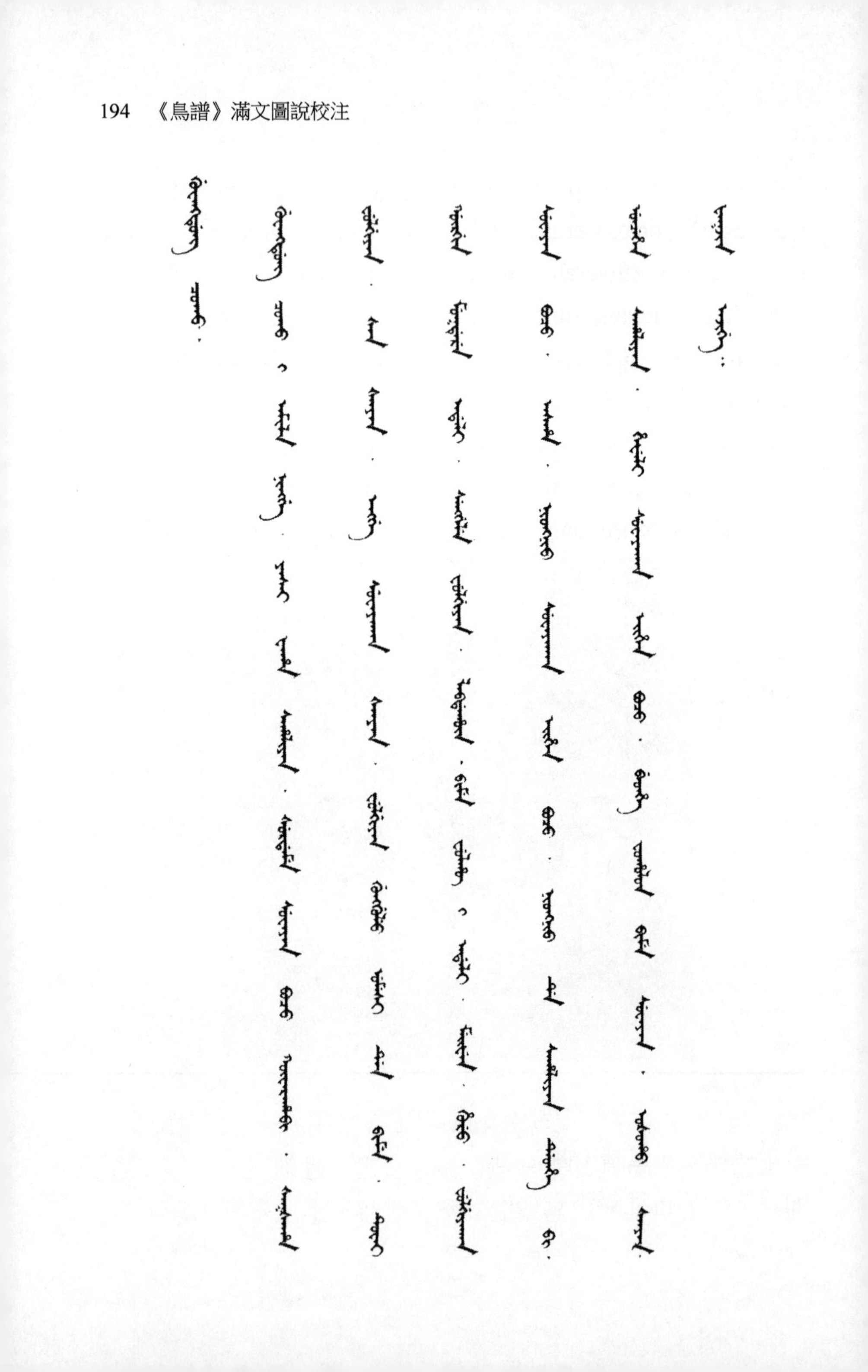

guwangdung coko.

guwangdung coko i amila ningge, yasai faha sahaliyan, šurdeme suwayan boco kūwarahabi, šakšaha fulgiyan, šan šanyan, engge suwayakan šanyan, fulgiyan gunggulu umesi den bime, tuwai gūrgin mukdere adali, senggele fulgiyan labdahūn bime fulhū i adali, meifen, huru fulgiyakan suwayan boco, asha, niongnio suwayakan eihen boco, niongnio de sahaliyan dethe bi, uncehen sahaliyan, hefeli suwayakan eihen boco, bethe foholon bime suwayan, ošoho šanyan, fakjin ajige.

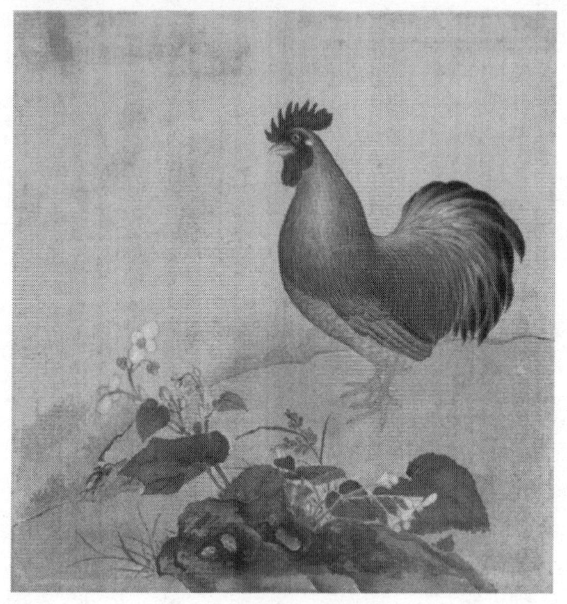

廣東雞

廣東雞雄者，黑睛，黃暈，赤頰，白耳，黃白觜，朱冠甚高，如火焰勃起，紅綏下垂如囊，頸、背赤黃色，赭黃翅、翮，翮有黑翎，黑尾，赭黃腹，短黃足，白爪，小懸距。

ᠨᡳᠩᡤᡳ ᠪᠣᠴᠣ ᠨᡳᠣᠸᠠᠩᡤᡳᠶᠠᠨ ᡝᠮᡠ ᠪᡝ ᠰᡝᠮᠪᡳ ::

ᠪᠣᡵᠣ᠈ ᠪᠣᡥᠣᡴᠣᠨ ᠨᡳᠶᠠᠮ ᠰᡝᠮᡝ᠈ ᡩᠠᠮᡠ ᡳ ᠪᡳᠶᠠ ᠨᡳᠶᠠᠰ᠈ ᠰᡠᠸᠠᠶᠠᠨ ᠨᡳᠶᡝᠨ ᠨᡳᠰ᠈ ᠴᡳᠩ ᠪᡝ ᡳ ᡩᠠᠮᡠ ᠮᡝᠩᡤᡠ᠈ ᠰᠠᡳᠨ ᠰᠠᡳᠶᠠᠨ ᡳ

ᡶᡠᠯᡝᠩᡤᡳ ᠪᠣᡥᠣᡴᠣᠨ ᠪᠣᠴᠣ᠈ ᠰᡝᡴᡳᠶᡝᠨ ᡥᡡᠸᠠᡴᡳᠶᠠᠨ ᠰᠠᡥᠠᠯᡳᠶᠠᠨ᠈ ᠪᠣᡵᠣᠨ ᡨᡠᠮᡝᡵᡤᡝᠨ ᡩᡠᡵᡤᡝ ᠰᡠᠸᠠᡴᡳᠶᠠᠨ᠈ ᡥᠣᡵᡤᡠ ᠰᠠᡥᠠᠯᡳᠶᠠᠨ᠈ ᠰᡝ ᠮᡝᡵᡳᠨ ᡳ ᡩᠠᠮᡠ ᠪᠣᡥᠣᡴᠣᠨ ᡩᡠᡵᡤᡝᠨ

ᡶᡠᠯᡝᠩᡤᡳ ᠪᠣᡥᠣᡴᠣᠨ ᠪᠣᠴᠣ᠈ ᠪᠣᡥᠣ᠈ ᠰᠠᠮᠠᠨ ᡳ ᡨᡠᠮᡝᠨ ᠰᡠᠸᠠᠶᠠᠨ ᠰᡝᠴᡝᠨ ᠪᠣᠴᠣ ᡩᡠᡵᡤᡝ ᠰᠠᡥᠠᠯᡳᠶᠠᠨ ᠪᠣᠴᠣ ᡩᡝ᠈ ᡥᡳᠣᡥᠣᡵᡳ ᠰᠠᡥᠠᠯᡳᠶᠠᠨ᠈ ᠰᡝᡵᡝ

ᡨᡠᠮᡝᡵᡤᡝᠨ ᡳᠰᡳᠨᠠᠮ ᡩᡝ᠈ ᡳᠰᡝ ᠰᠠᡥᠠᠯᡳᠶᠠᠨ᠈ ᠪᠣᡥᠣᡴᠣᠨ ᡥᡡᠸᠠᠰᠠᠨ ᡩᡠᡵᡤᡝ ᡨᡠᠮᡝᡵᡤᡝᠨ᠈ ᠰᠠᡥᡳᠶᠠᠨ᠈ ᠰᡝᡵᡝᠨ᠈ ᡨᡠᠮᡝᡵᡤᡝᠨ᠈ ᡶᡠᠯᡝᠩᡤᡳ ᠰᡝᡵᡤᡝᠨ ᠪᠣᠴᠣ᠈ ᠰᡝᡵᡤᡝᠨ

ᠪᠣᡥᠣᡴᠣᠨ ᡩᠠᠮᡠ ᡳ ᠰᡝᡵᡝᠨ ᠨᡳᠶᠠᠰ᠈ ᡨᡠᠮᡝᠨ ᡨᡝᠮᡝ ᠰᡝᡵᡤᡝᠨ᠈ ᠰᡠᡥᡠᠨ ᡶᡠᠯᡝᠩᡤᡳ ᠰᡝᠮᡝ ᠪᠣᠴᠣ ᡶᡠᠯᡝᠩᡤᡳᠶᠠᠨ᠈ ᠰᡠᡥᡠᠨ ᡨᡠᠮᡝᡵᡤᡝᠨ ᠪᠣᠴᠣ᠈

ᠰᡝᡵᡝ ᠪᠣᡥᠣᡴᠣᠨ ᡩᠠᠮᡠ᠈

emile guwangdung coko.

guwangdung coko i emile ningge, yasai faha sahaliyan, šurdeme suwayakan šanyan boco kūwarahabi, šakšaha fulgiyakan boco, fulgiyan mersen bi, šan šanyan, gunggulu fangkala bime fulgiyan, senggele ajige, monggon suwayakan eihen boco, tunggen suwayakan boihon boco, huru, asha i funggaha sahahūkan eihen boco bime sahaliyan boco bi, uncehen sahaliyan, jerin suwayakan boihon boco, hefeli suhuken šanyan, bethe foholon bime niowanggiyan, ošoho šanyan, ere hacin i coko guwangdung de tucimbi. badarambuha ejetun de, coko i dorgi ajige ningge, ging ba i coko inu, šanyan sahaliyan i jergi boco ningge inu bi sehebi.

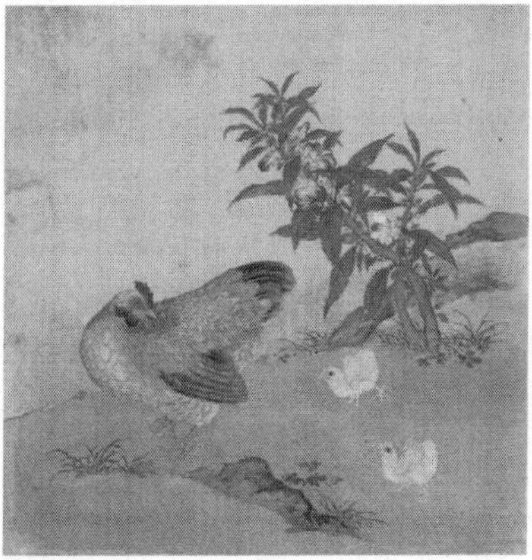

雌廣東雞

廣東雞雌者，黑睛，黃白暈，粉紅頰赤點，白耳，低紅幘，小綏，赭黃項，土黃胸，背、翅毛蒼赭色帶黑，黑尾，土黃邊，米白腹，綠短足，白爪，此種出廣東。《廣志》：所謂雞小者，荊是也[52]，亦有白黑諸色。

52 荊是也，滿文讀作“ging ba i coko inu”，意即「荊地之雞也」。

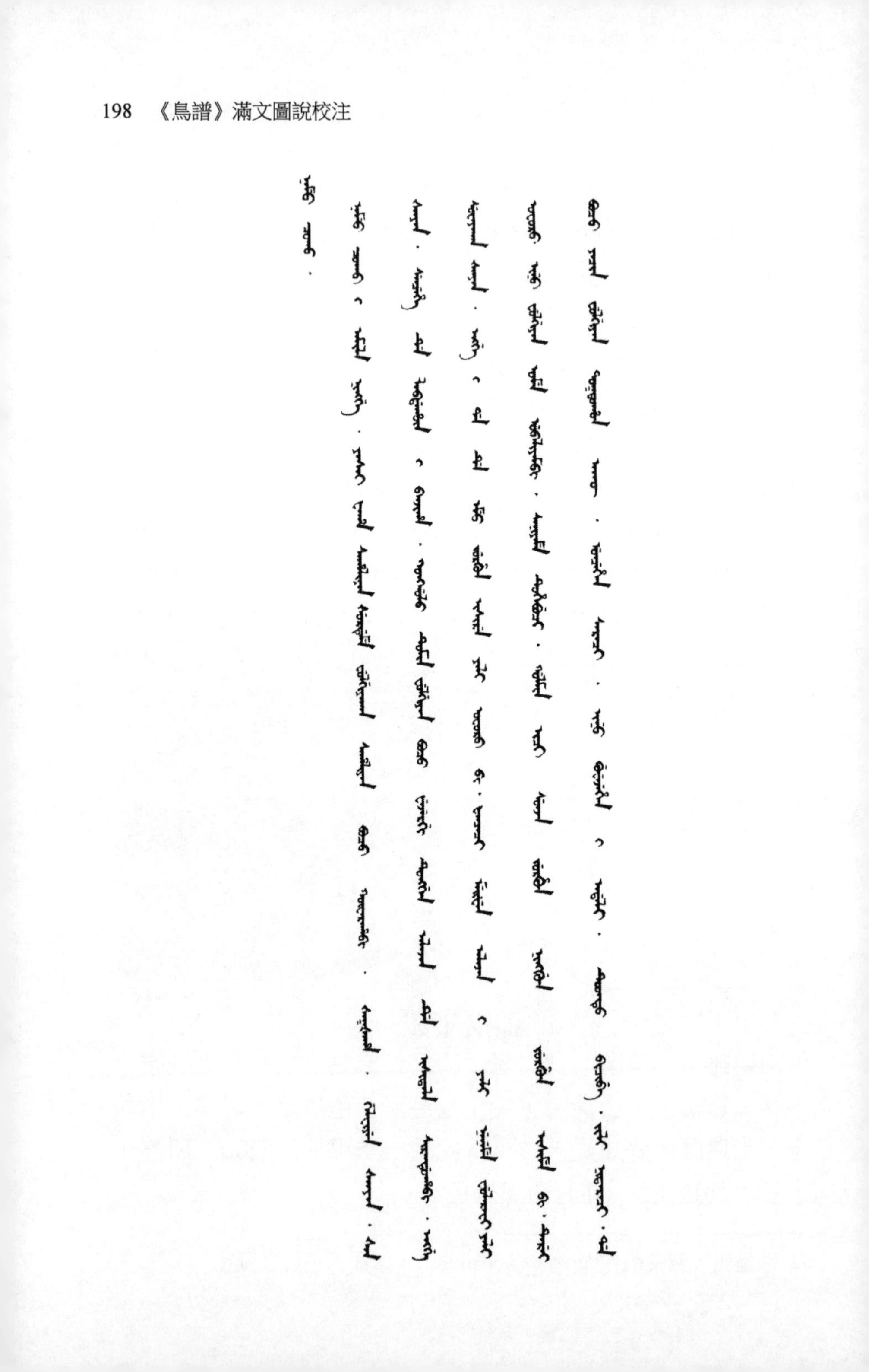

[illegible]

[illegible]

[illegible]

[illegible]

[illegible]

[illegible]

namu coko.

namu coko i amila ningge, yasai faha sahaliyan, šurdeme fulgiyakan sahaliyan boco kūwarahabi, šakšaha gelfiyen šanyan, šan šanyan, sencehe de labdahūn i banjiha konggolo tumin fulgiyan boco, fejergi tunggen alajan de isitala siranduhabi, engge suwayakan šanyan, engge i da de emu jurhun isire yali oforo bi, fancaci meifen, alajan i yali neneme fularafi yali oforo inu fulgiyan ome ubaliyambi, saniyame tuhebuci, golmin ici sunja jurhun ninggun jurhun isime bi, terei boco yacin fulgiyan toktohon akū, uncehen saraci, inu guwejehen i adali, tuttu bicibe, jili nitaraci, da

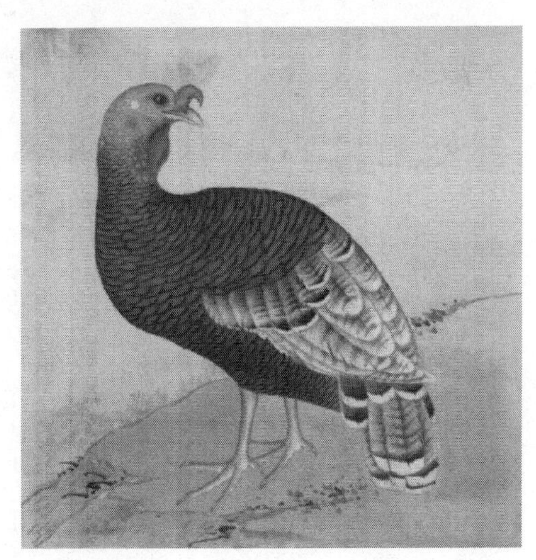

洋雞

洋雞雄者，黑睛，赤黑暈，縹白頰，白耳，頷有垂囊殷紅色，下連胸臆，黃白觜，觜根有肉鼻長寸許，怒則頸、臆肉色先紅，肉鼻亦變赤，伸而下垂，長可五、六寸，其色青紅閃爍無定，開張其尾，亦如屏[53]，然性過[54]，

53　亦如屏，句中「屏」，滿文讀作“huwejehen”，此作“guwejehen”，異。
54　然性過，句中「性過」，滿文讀作“jili nitaraci”，意即「息怒時」。

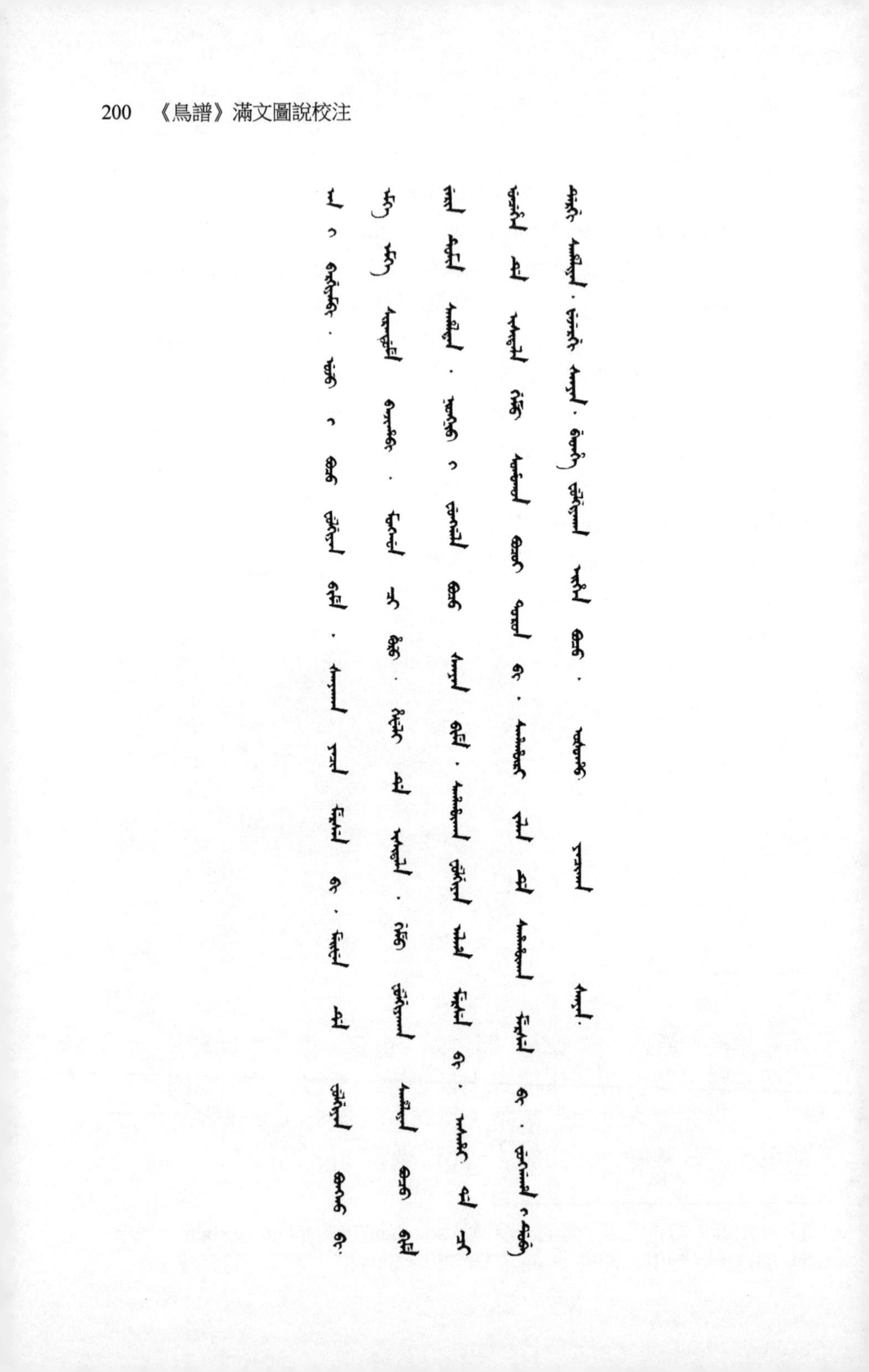

[illegible]

an i bargiyambi, uju i boco fulgiyan bime, šanyakan yacin mersen bi, meifen de fulgiyan bongko bi, emke emke sirandume banjihabi, monggon ci huru, hefeli de isitala, gemu fulgiyakan sahaliyan boco bime jerin tumin sahaliyan, niongnio i funggala boco šanyan bime, sahahūkan fulgiyan alha mersen bi, ashai da ci uncehen de isitala gemu sohokon bocoi toron bi, sahahūri jalan de sahahūkan mersen bi, funggaha i dube dergi sahaliyan, fejergi šanyan, bethe fulgiyakan eihen boco, ošoho yacikan šanyan.

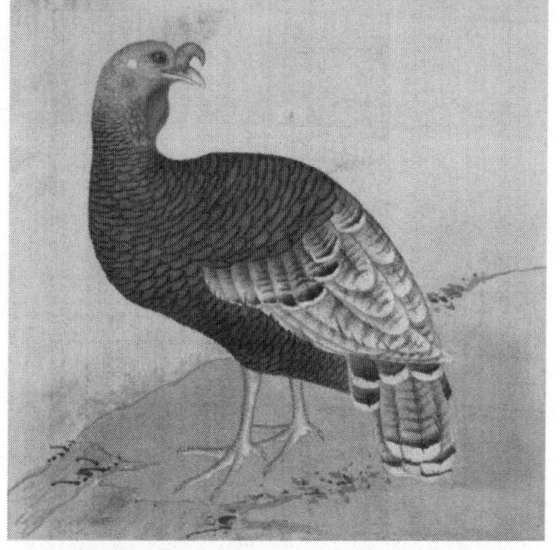

則收歛如故。頭項紅質粉青點[55]，頸上有紅蕾，大小磊磊連綴，項末至背、腹，俱赤黑質深黑邊，翮毛白質蒼赤花點，翅根及尾俱淡黃暈，蒼黑節蒼點，毛末上黑下白，赭紅足，青白爪。

55 頭項紅質粉青點，滿文讀作“uju i boco fulgiyan bime, šanyakan yacin mersen bi”，意即「頭紅質有粉青點」，滿漢文義不合。

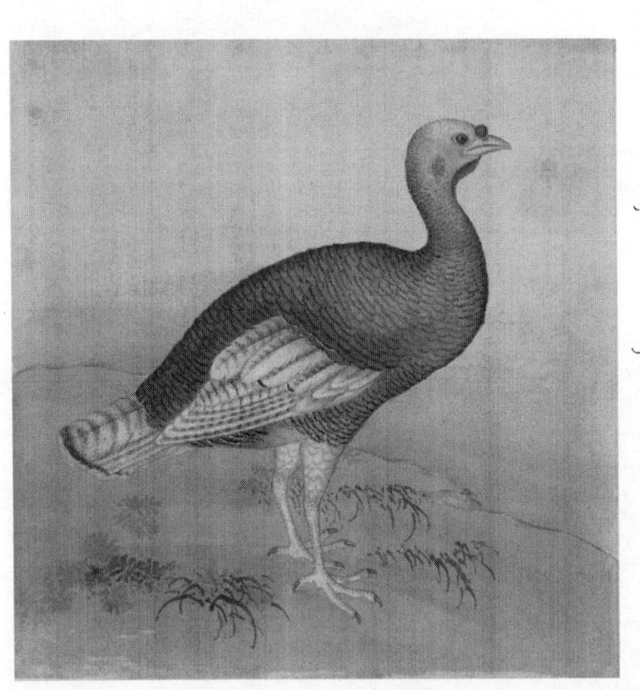

emile namu coko.

namu coko i emile ningge, yasai faha sahaliyan, šurdeme suwayakan sahaliyan boco kūwarahabi, engge suhuken šanyan, engge i da de banjiha yali oforo umesi foholon. saniyame ikūme muterakū, sencehe i fejergide banjiha fulgiyan selhe, inu majige ajige, uju, šakšaha fulgiyakan fulenggi boco, meifen i dalba emu buktan ajige fulgiyan bongko bi, monggon, huru, tunggen, alajan gemu sahaliyakan funiyensun boco bime, sahaliyan alha jergi jergi banjihabi, huru, hefeli, uncehen de hanci bisire ba i funggaha gemu sahaliyakan šanyan jerin, asha, niongnio sohokon boihon boco bime, gelfiyen sahaliyan bederi toron bi, uncehen suwaliyakan eihen boco bime,

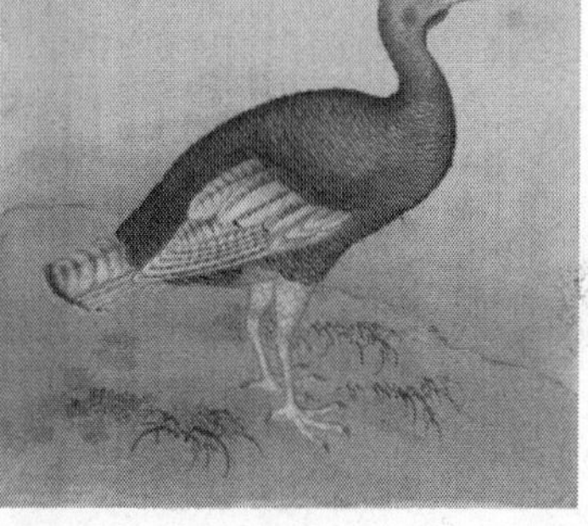

雌洋雞

洋雞雌者，黑睛，黃黑暈，米白觜，觜根肉鼻甚短，不能伸縮，頷下紅皮亦小[56]。灰紅頂、頰，頸旁小紅蕾一簇，項、背、胸、臆俱墨褐色，黑紋鱗次，背、腹近尾處俱有黑白邊，淡土黃翅、翮，淺黑斑暈，赭黃尾

56 頷下紅皮亦小，滿文讀作“sencehe i fejergide banjiha fulgiyan selhe, inu majige ajige”，意即「頷下所長的紅軟皮，亦稍小」。

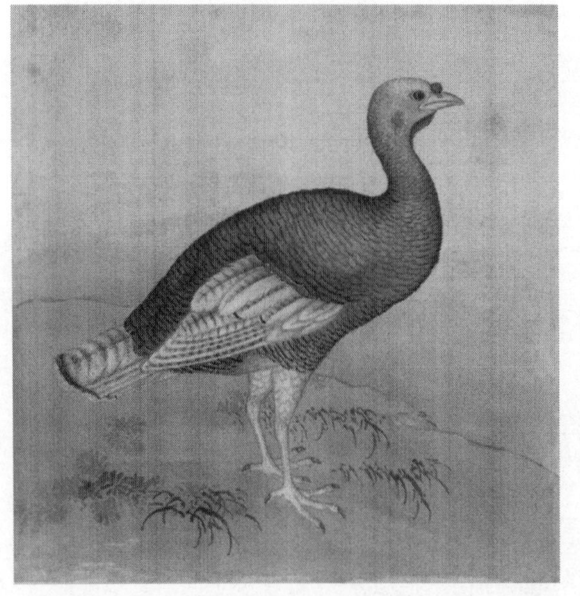

sahuhūkan mersen bi, uncehen i dube sahaliyan šanyan juwe hacin i boco, bethe yacikan šanyan, ere damu amila emile namu coko i dorgi emu hacin, ereci tulgiyen, fulenggi boco ningge bi, suwayakan funiyesun boco ningge bi, cakiri ningge bi, sahaliyan šanyan alahangga〔alhangga〕ningge bi, funggaha dethe i boco adali akū bicibe, amba ajige arbun dursun emu adali. amargi bade daci akū bihe, oros gurun i niyalma gajifi dorgi yafan de ujihe ci ebsi, banjiha fusekengge ulhiyen i labdu ohobi, te gašan tokso de inu bi. guwangdung ni ejetun de, wargi namu coko, bethe foholon, uju tukiyeshūn, funggaha esihe i gese banjihabi sehebi. gubci ba i tulergi ejebun de, me ši ke gurun de tucike coko, niongniyaha i gese amba, funggaha dethe gincihiyan saikan, amtan sain, damu uju de

蒼點，尾末黑白二色，青白足，此特雌雄毛色之一。其外，有灰色者，黃褐色者，蘆花者，黑白花者，毛羽顏色不同，其形狀大小則一也。北方向年所無，自俄羅斯人攜至內苑，孳生日繁，近民間亦或有之矣。《粵志》云：西洋雞，短足，昂首，毛片如鱗。《坤輿外紀》云：墨是可國[57]，有雞大如鵝，羽毛華彩，味佳，

57 墨是可國，滿文讀作“me ši ke gurun”，意即「墨西哥國」。

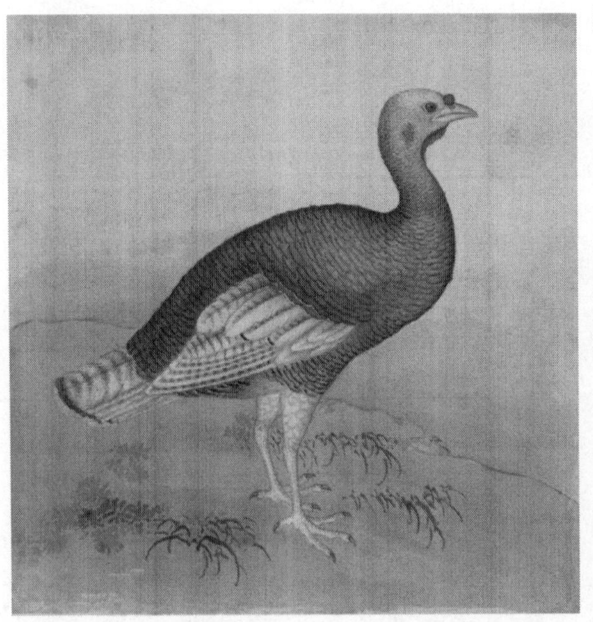

horon bi, jeci ojorakū, engge de banjiha oforo, saniyame ikūme mutembi, ikūci emu jurhun funcembi, saniyaci sunja jurhun isime bi, uncehen saraci tojin i adali sehebi. gubci ba i nirugan i gisuren de, be lu gurun i coko, an i jergi coko ci ubui amba, uju majige ajige, engge de banjiha yali oforo saniyame ikūme mutembi, an i ucuri oforo i boco embici gelfiyen šanyan ojoro, embici fulenggi ojoro, tumin lamun ojorongge, adali akū, fancaci, senggi oforo de hafunara jakade, fulgiyan boco ome ubaliyambi, terei uncehen sararangge, tojin i adali, beyei gubci funggaha boco sahaliyan šanyan suwaliyaganjahabi, deberen gidaha amala asuru hairame ujirakū, niyalma ulebumbihede, teni bahafi taksici ombi sehebi.

唯頭有毒，不可食。吻上有鼻[58]，可伸可縮，縮僅寸餘，伸可五寸許，其尾能開展如孔雀。《坤輿圖說》云：白露國[59]，雞大於常雞數倍，頭較小，觜上有肉鼻，可伸縮，常時鼻色，或縹白，或灰色、天青不等[60]，惱怒則血聚於鼻上，變紅色，其尾開屏如孔雀，渾身毛色黑白相間。生子之後不甚愛養，須人飼喂方得存活。

---

58 吻上有鼻，滿文讀作“engge de banjiha oforo”，意即「觜上有鼻」。
59 白露國，滿文讀作“be lu gurun”，意即「秘魯國」。
60 天青不等，句中「天青」，滿文讀作“tumin lamun”，意即「深藍」。

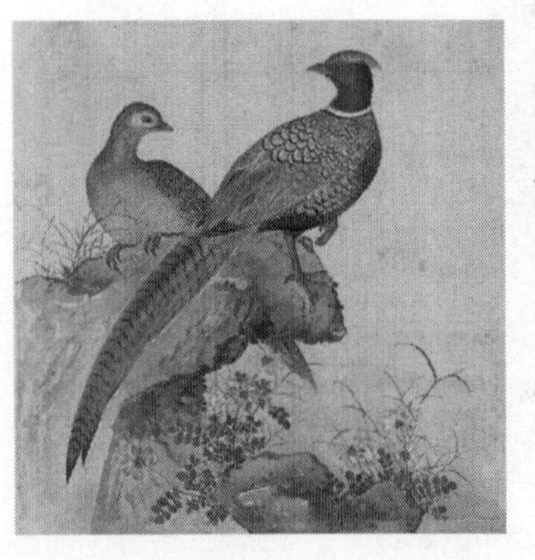

ulhūma.

ulhūma i amila ningge, yasai faha fulgiyan sahaliyan, yasai hūntahan de šanyan mersen bi, engge suhuken suwayan, šakšaha umesi fulgiyan, šakšaha de emu farsi niowanggiyan funggaha, suksuhun i banjihabi, uthai erei šan inu, gunggulu suwayakan niowanggiyan funggaha, uju be dasime banjihabi, meifen monggon niowari niowanggiyan fejergi emu jalan i šanyan funggaha muheren i adali, meiren, alajan i funggaha gemu narhūn, doko suwayan, jerin niowanggiyan bime šanyan boco suwaliyaganjame banjirengge tugi i cejeleku etuhe adali, tunggen i funggaha doko suwayakan fulgiyan, jerin sahaliyan, huru, ashai da i funggaha majige amba, huru i funggaha suhun boco, doko sahaliyan boco i toron bi, dai lii ba i ilhangga wehei adali, jerin toron fulgiyan sahaliyan juwe jergi boco, sirame niowari niowanggiyan aisin bocoi toron bi, sahaliyan mersen tojin i uncehen boco de adali, uncehen i hanci bisire funggaha tumin niowanggiyan boco gilmarjambi, ashai da i funggaha doko suwayan jerin sahaliyan bohokon niowanggiyan siranduhabi, asha fulgiyakan suwayan, niongnio sahaliyan bime bederi bi, lifahangga aisin dabuha adali,

---

野雞

野雞雄者，赤黑睛，眶有白點，米黃觜，大赤頰，頰中有綠毛一片逆起，此其耳也。黃綠毛冠覆頂，翠綠頸項下，有白毛一節如環，肩、臆毛皆纖細，黃裏綠邊，間以白質，若披雲帔，胸毛赤黃裏黑邊。背、膊毛片稍大，背毛米色裏有黑暈，如大理文石邊暈赤黑二層，接以翠綠金暈黑斑如孔雀尾色，近尾莎綠毿毿。膊毛黃裏黑邊，接以慘綠，紅黃翅，黑翮有斑，隱約閃爍如泥金，

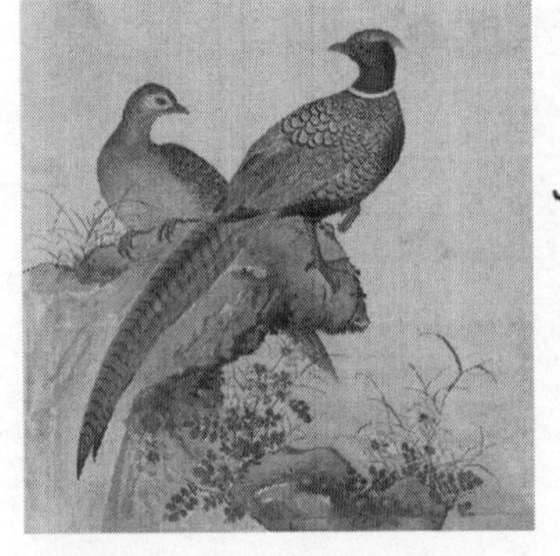

gilmarjambi, hefeli gelfiyen sahaliyan uncehen eihen boco, gidacan de ilan duin da golmin dethe bi, sahaliyakan suwayan hetu alha acabume banjihabi, bethe ošoho sahaliyan, wasiha i siden onco fakjin bi. emile ningge, yasai faha suwayan sahaliyan, yasai hūntahan de fulgiyan mersen bi, engge yacikan šanyan, šakšaha šanyan gunggulu akū, šan bi, sencehe, alajan suhuken fulgiyan, funggaha dethe umesi narhūn, uju ninggu de suhuken fulgiyan bime tumin sahaliyan mersen bi, suhuken fulgiyan meifen monggon bime sahaliyan mersen bi, huru, ashai da sahahūkan boco bime šanyan alha bi, tunggen, hefeli humsuri suhun boco bime narhūn sahaliyan alha bi, fulgiyan šanyan boco i funggaha suwaliyaganjahabi, asha sahaliyan niongnio suwayakan boihon boco, jalan jalan i banjihabi, uncehen amila ulhūma ci foholon bime, jalan acabume ešeme banjiha sahaliyan kuri ba sere nikan hergen de adali, bethe ošoho sahaliyan, fakjin akū. hancingga šunggiya i fisen de, ulhūma juwan duin hacin bi, yacin boco bime sunja boconggo ningge be kuku ulhūma

---

黯淡黑腹赭尾，蓋尾三、四長翎，有黑黃橫紋對節，黑足爪，蹠趾有距。雌者黃黑睛，眶有紅點，青白觜，白頰，無冠，有耳，米紅頷、臆，毛片極細，米紅頂深黑點，米紅頸、項黑斑[61]，背、膊俱蒼質白章，胸、腹老米色，細黑紋滿之，間以赤白毛，黑翅、翮，土黃節，尾短於雄，對節斜黑文如八字。黑足爪，無距。《爾雅翼》云：雉有十四種，青質五采曰鷂雉；

---

61 黑斑，滿文讀作"sahaliyan mersen"，意即「黑點」，滿漢文義不合。

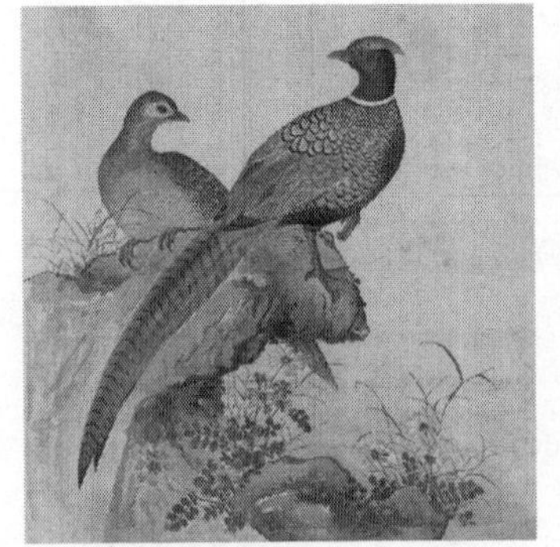

sembi, uncehen golmin yabureleme guwenderengge be hiyotonggo ulhūma sembi, boco suwayan beye beyebe hūlarangge be bulhacan ulhūma sembi, alin i coko de adalikan bime gunggulu ajige, huru suwayan, hefeli fulgiyan, monggon niowanggiyan ningge be alhacan ulhūma sembi, ulhūma adali bime sahaliyan ningge be mederi ulhūma sembi, uncehen golmin ningge be alin ulhūma sembi, inu buyantu ulhūma sembi, šanyan ningge be šeyehen ulhūma sembi, inu cagatu ulhūma sembi, ere uthai šanyan ulhūma inu, kuwecike i adali ajige bime feniyeleme deyerengge be fenihe ulhūma sembi, becunure manggangge be becun ulhūma sembi, beye sunja hacin i boco be yongkiyafi alhangga ningge be fiyangga ulhūma sembi, julergi baingge be fulhūma sembi, dergi baingge be nilhūma sembi, amargi baingge be salhūma sembi, wargi baingge be šalhūma sembi, ulhūma i deberen be šoron ulhūma sembi sehebi. nonggiha šunggiya de, ulhūma banitai etuhun kiyangkiyan ala be ejeleme jecen be dalime becunure mangga deyere de

---

長尾走且鳴曰鷮雉；黃色自呼曰鳪雉；似山雞而小冠，背黃，腹赤，項綠，曰鷩雉；如雉而黑者曰海雉；長尾者曰山雉，亦曰鸐；白者曰雗雉，亦曰鵫雉，即白雉也；小如鴿群飛者曰寇雉；最健鬥者曰奮；素質五采皆備成章曰翬，南方曰[illegible]，東方曰鶅，北方曰鵗，西方曰鷷，雉之子曰鷚。《埤雅》云：雉性耿介，妬壟護疆，善鬥

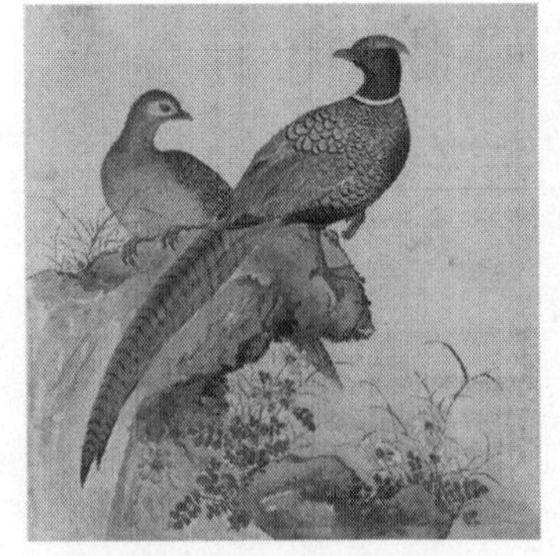

hešen ci dabarakū, emu hešen i dolo, toktofi emu dalaha ulhūma bi, gūwa ulhūma udu labdu bicibe, gelhun akū guwenderakū sehebi. pan yo i araha fujurun de, na be jijufi hešen be faksalambi sehengge erebe kai. ere hergen i dalbade nikan i sirdan sere ši hergen be ashame arahangge, cohome ulhūma goro deyeme muterakū sirdan i adali, emgeri tucime jaka uthai tuhere be henduhebi, udu muduri gargan de holbobuhakū bicibe, eldehen i tuwa, terei beye oho be dahame, tuttu julergi ba i jaka ohobi. too hūng ging ni henduhe, fulgiyan morin inenggi, ulhūma be jeterakū sehengge, tuwa jing etuhun ofi kai. sonjoho šu fiyelen de, pan yo i araha ulhūma be gabtara fujurun be suhe bade, ala gasha serengge, ulhūma inu, ulhūma nuhaliyan bade dorakū ofi, tuttu ala gasha sembi, inu jurgatu gasha seme gebulehebi, niyalma jafafi ginggun be akūmbume ofi, tuttu geodehen gasha sembi, fulgiyan gunggulu alha dethe, uju niowanggiyan bime meifen cakū, beyei alha

---

飛不越分域，一界之內要以一雉為長，餘者雖眾，莫敢鳴鴝。潘岳賦所謂：畫墳衍以分畿者也。其字從矢，謂雉不能遠飛若矢，一往而墮，雖非辰屬，而離火其體，正是南方之物。陶弘景云：丙午日不食雉，明旺于此也。《文選》潘岳〈射雉賦〉注云：原鳥，雉也。雉不處下隰，故曰原禽，亦名義鳥，為人致敵，故曰義媒，朱冠藻翰，首綠色而頸纏素，

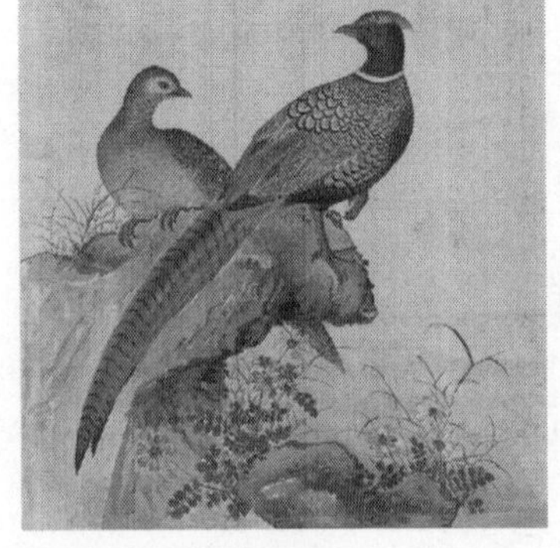

nirugan i adali, uncehen i juwe ergide bisire yacin funggaha šadu foyo i adali suwaliyaganjahabi. jijungge nomun i hafubun de, omšon biyade akjan na i dolo bimbime ulhūma neneme safi koksimbi sehebi. hergen i suhen i bithe be tuwaci, koksin ulhūma serengge, amila emile acabume koksirengge inu, akjan tuktan mudan akjara de, ulhūma monggon tukiyefi koksimbi, ainci kiongguhe bethe i acambi, ulhūma monggon i acambi, tuttu kioi ioi sere kiongguhe gasha be kioi sere hergen be dursuleme baitalahabi, jy kioi sere koksin ulhūma be inu kioi sere hergen be dursuleme baitalahabi, ulhūma, meihe i emgi buluntuci šumduri banjirengge, muke tuwa i sukdun ishunde acandume ofi kai sehebi. jijungge nomun i jijume be gisurehe ulabun be suhe bade, ulhūma jing tomoro de, dergi wargi edun daci uthai tomombi, julergi amargi edun daci ilifi tomorakūngge, lifan i eldehen be etehe turgun, ajige šahūrun dosika manggi, teni koksirengge, enggele ilaci ninggun de eldehen urgunjen ome kūbulime ofi kai, usiha tuhere de ulhūma koksirengge, aššan urgunjen ishunde

---

身采如繪，夾尾間青毛，如莎草之靡[62]。《易通》云：十一月雷在地中，雉先知而鳴。按《說文》云：雊，雄雌鳴也，雷始動，雉鳴而雊其頸，蓋雊鴝以足相勾，雉以頸相勾，故雊鴝從句，雉雊亦從句，與蛇交則生蜃，水火氣濟也。《易・說卦傳》注云：雉方伏時，東西風則伏，南北風則去而不伏，坎勝離也。小寒始雊，臨之六三，離變兌也。星隊而雉雊者[63]，震兌

62　莎草，新滿文讀作“šadu foro”，此作“šadu foyo”，異。

63　星隊而雉雊者，句中「星隊」，滿文讀作“usiha tuhere”，意即「星墜」，此「隊」，當作「墜」。

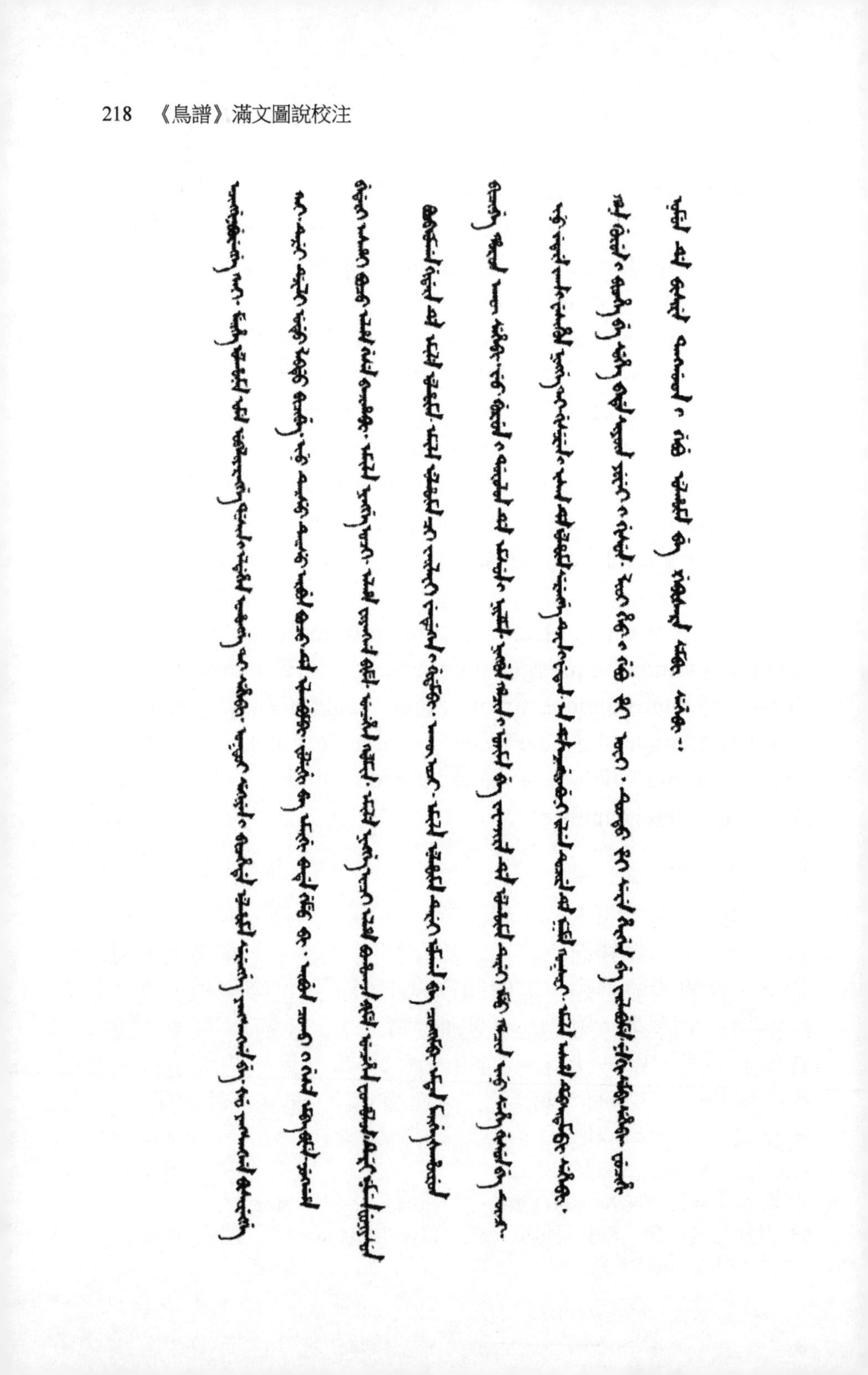

acinggiyaburengge kai, meihe ulhūma ome ubaliyarangge, dosin i eldehen ohongge kai sehebi. oktoi sekiyen i bithede, ulhūma serengge yangsangga be, šu yangsangga bisirengge kai, terei duwali udu labdu bicibe, inu teisu teisu arbun boco de ilgabumbi, julergi ba amargi bade gemu bi, arbun coko i gese amba bime, funggaha bederi ashai boco alha gese banjihabi, amila ningge oci, alha fiyangga bime, uncehen golmin, emile ningge oci, alha bohokon bime, uncehen foholon, terei umgan funiyesun boco, umgan gidara de emile ulhūma, amila ulhūma ci jailafi jenduken i gidambi, akū oci amila ulhūma terei umgan be congkimbi, amtan majige šahūrun bicibe horon akū sehebi. jeo gurun i dorolon de, amsun i niyalma, ninggun hacin i ujima be jafanjire de ulhūma terei emu hacin inu sehe gisun be tuwaci, inu jetere jaka i wesihun ningge kai. gisuren i isan de, ulhūma serengge tuwa i feten, a de acinggiyabufi jilgan tucire de neneme soksifi, amala asha debsitembi sehebi. han̲ gurun i bithe be suhe bade, siyūn yuwei i gisun, lioi heo i gebu jy ofi, tuttu jy sere hergen be jailabume, ye gi sembi sehebi. fucihi nomun de bisire tanggūt i gebu ulhūma be g'abišara sembi sehebi.

相感也。蛇化雉者，巽成離也。《本草綱目》云：雉，理也，有文理也。其類雖多，亦各以形色為辨，南北皆有之，形大如雞，而斑色繡翼。雄者文采而尾長，雌者文暗而尾短，其卵褐色。將卵時，雌避其雄而潛伏之，否則雄啄其卵也。味微寒無毒。《周禮》：庖人供六禽，雉其一。亦食品之貴者。《談薈》云：雉，火屬也。感于陽而有聲，先鳴而後鼓翼。《漢書》注：荀悅曰：呂后諱雉，故雉之字曰野雞。釋藏梵名雉曰迦頻闍羅[64]。

---

64 迦頻闍羅，滿文讀作“g'abišara”，蒙文讀作“ġabišar”。按雉，梵文讀作“kapiñjala”。

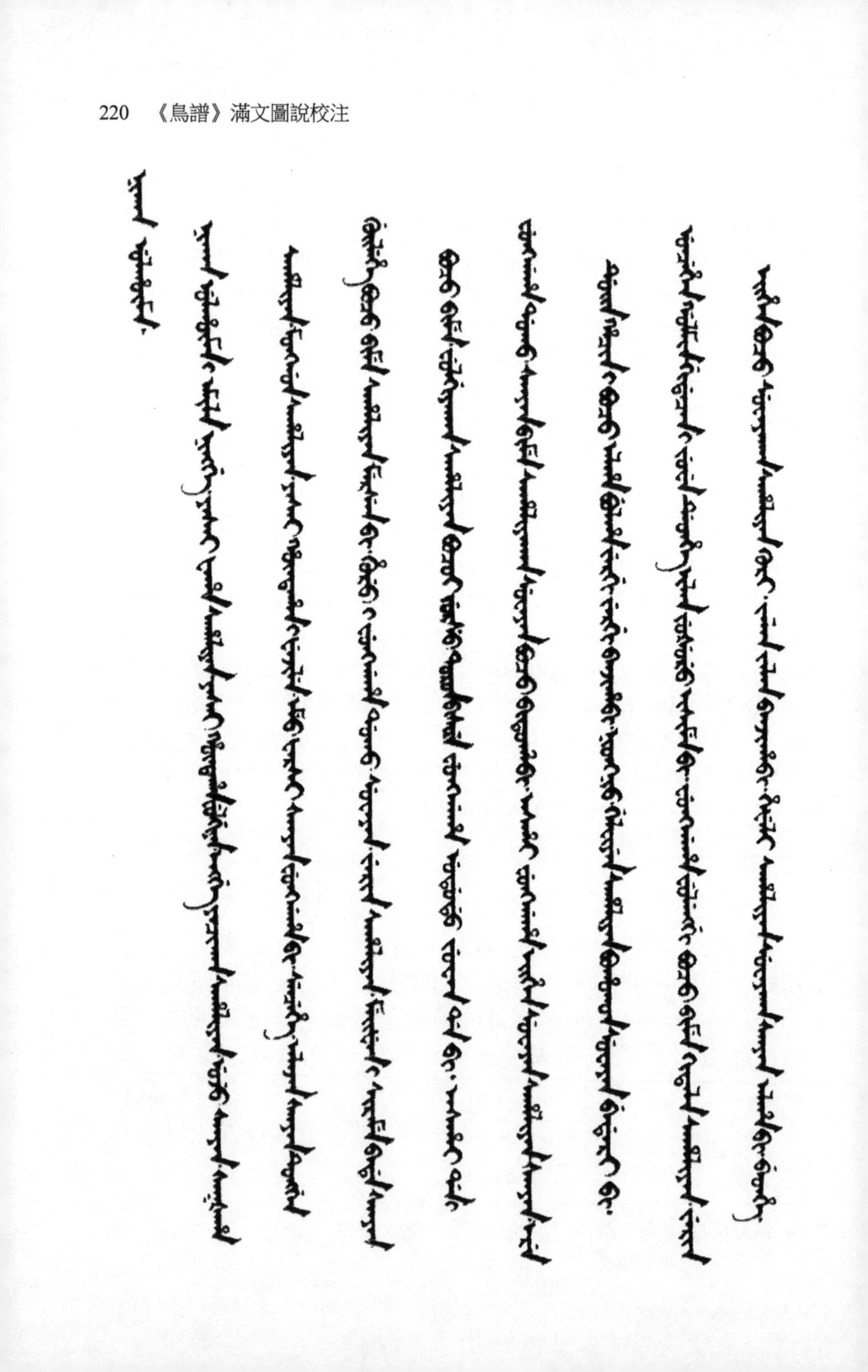

nikan ulhūma.

nikan ulhūma i amila ningge, yasai faha sahaliyan, yasai hūntahan fulgiyan, engge yacikan sahaliyan, uju šanyan, šakšaha sahaliyan, monggon sahaliyan, yasai hūntahan i fejile, emu farsi šanyan funggaha bi, sencehe, alajan šanyan, tunggen guilehe boco bime sahaliyan mersen bi, huru i funggaha doko suwayan, jerin sahaliyan, meifen i sirame bade šanyan boco bime, fulgiyakan sahaliyan bocoi jursu toron bisire funggaha ududu juwan da bi, ashai da i funggaha doko šanyan bime sahaliyakan suwayan boco bituhabi, ashai funggaha eihen suwayan sahaliyan šanyan, ere duin hacin i boco alha bulha jergi jergi banjihabi, niongnio gelfiyen sahaliyan bohokon suwayan bederi bi, uncehen golmin, gidacan i juwe dethe ilan jušuru isime bi, funggaha fulenggi boco bime kitala sahaliyan, jerin eihen boco suwayakan sahaliyan kuri, jalan jalan banjihabi, hefeli sahaliyan suwayakan šanyan alha bi, bethe,

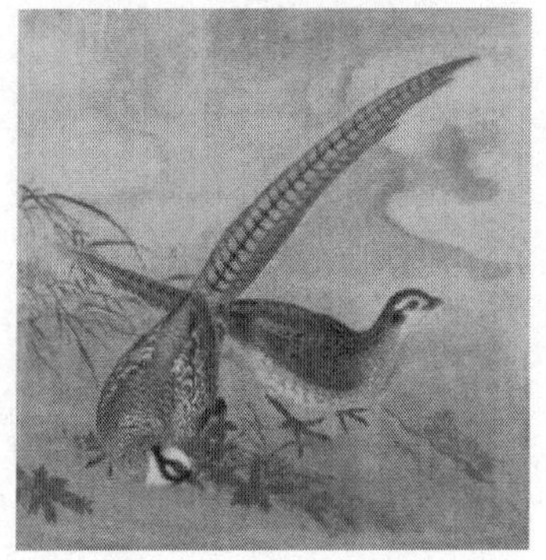

雉雞

雉雞雄者，黑睛，朱眶，青黑觜，白頂，黑頰，黑項，眶下有白毛一片，白頷、臆，杏黃胸有黑斑[65]，背毛黃裏黑邊，連頸處有白質赤黑重暈毛數十莖，膊毛白裏黑黃緣，翅毛赭、黃、黑、白四色比次成章，淺黑翮暗黃斑，長尾，蓋尾二翎幾三尺，灰質黑莖赭邊黃黑斑對節，黑腹黃白紋，

65 黃斑，滿文讀作“sahaliyan mersen”，意即「黃點」，滿漢文義不合。

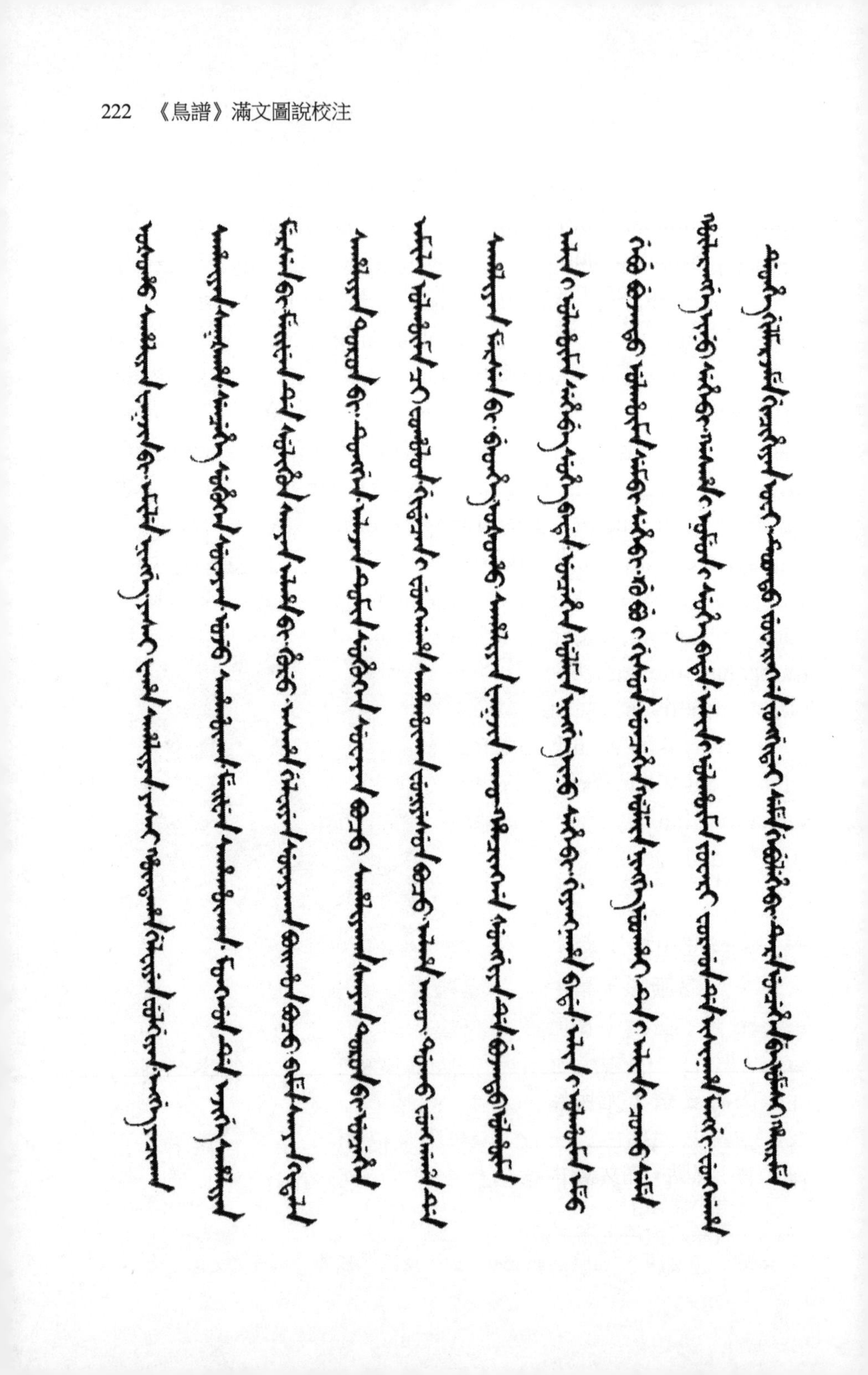

ošoho sahaliyan, fakjin bi, emile ningge, yasai faha sahaliyan, yasai hūntahan gelfiyen fulgiyan, engge yacikan sahaliyan, šakšaha, sencehe suhuken suwayan, uju sahahūkan, meifen sahahūkan, monggon de ajige sahaliyan mersen bi, meifen de šulihun šanyan alha bi, huru, asha gelfiyen suwayakan boihon boco bime, šanyan kitala sahaliyan toron bi, tunggen, alajan tumin suhuken suwayan boco, sahaliyakan šanyan toron bi, uncehen amila ulhūma ci foholon, gidacan i funggaha sahahūkan funiyesun boco, alha akū, doko funggaha de sahaliyan mersen bi, bethe, ošoho sahaliyan, fakjin akū. hancingga šunggiya de, bujantu ulhūma alin i ulhūma sehebe suhe bade, uncehen golmin ningge inu sehebi. giyangnaha bade, alin i ulhūma emu gebu bujantu ulhūma sembi sehebi. g'o pu i gisun, uncehen golmin ningge uthai te i alin i coko seme hūlarangge inu sehebi. gasha i nomun i suhe bade, alin i ulhūma juwari forgon de isinaha manggi, funggaha dethe gilmarjame gincihiyan ofi, tuttu juwaringga junggidei seme gebulehebi, tere uncehen be umesi hairame

---

黑足、爪，有距。雌者，黑睛，粉紅眶，青黑觜，米黃頰、頷，蒼頂，蒼頸，頂有小黑點[66]，頸有尖白文。背、翅淺土黃質，白莖黑暈，胸、腹深米黃色[67]，有黑白暈，尾短于雄，蓋尾毛蒼褐無彩，裏毛有黑點，黑足、爪，無距。《爾雅》：鸐，山雉。注云：長尾者。疏云：山雉，一名鸐。郭云：尾長者，今俗呼山雞是也。《禽經》注云：山雉，至夏則毛羽光鮮，故名夏翟。尤自珍其尾，

---

66 頂有小黑點，滿文讀作“monggon de ajige sahaliyan mersen bi”，意即「項有小黑點」。

67 胸、腹深米黃色，滿文讀作“tunggen, alajan tumin suhuken suwayan boco”，意即「胸、臆深米黃色」，滿漢文義不合。

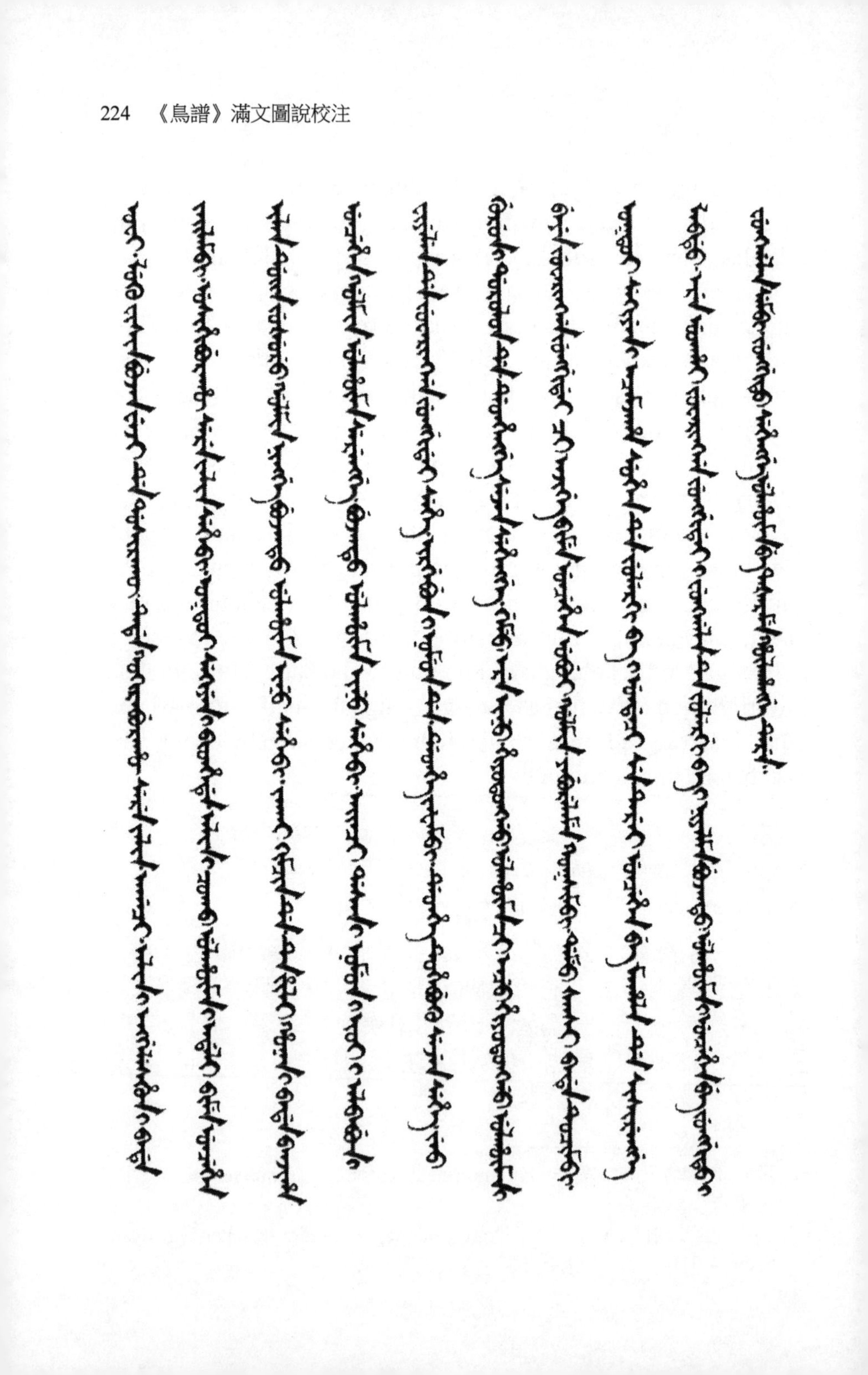

[illegible]

ofi, luku fisin bujan weji de dosirakū, tede kokiraburahū sere jalin, agaci alin i enggeleshun i bade jailambi, usihiburahū sere jalin sehebi. oktoi sekiyen i bithede, alin i coko ulhūma i adali bime uncehen ilan duin jušuru golmin ningge bujantu ulhūma inu sehebi. jakai kimcin de, te jyli, honan i bade banjiha uncehen golmin ulhūma serengge, bujantu ulhūma inu sehebi. ainci dasan i nomun i ioi i albabun i fiyelen de juwaringga junggidei sehe, irgebun i nomun de dethe jafambi, dethe tuhebuku sejen sehe, jeo gurun i dorolon de dethengge sejen sehengge, gemu ere inu. hiyotonggo ulhūma ci encu, hiyotonggo ulhūma i beye juwaringga junggidei ci ajige bime uncehen ubui golmin, yaburelame koksimbi, damu šansi bade tucimbi. oktoi sekiyen i acamjaha suhen de, julergi ba i undeci se terei uncehen be mahala de sisirengge labdu, ere uthai juwaringga junggidei i funggala, te julergi ba i niyalma bujantu ulhūma i uncehen be junggitu i funggala sembi, junggitu sehegge ulhūma be tašarame hūlahangge dere.

林木之森鬱者不入，恐為觸損；雨則避於巖石之下，恐濡濕也。《本草綱目》云：山雞似雉而尾長三、四尺者，鸐雉也。《物考》云：今燕豫所有長尾野雞，乃鸐雉也。《書・禹貢》之夏翟，《詩》之秉翟、翟茀，《周禮》之翟車，皆即此。與鷸雉有別，鷸雉身小於鸐，而尾倍長，走而且鳴，唯秦地有之。《本草集解》謂：南方隸人多插其尾於冠，此亦鸐之毛也。今南方人呼翟雉尾為豎雞毛，豎雞者，雉雞之訛也。

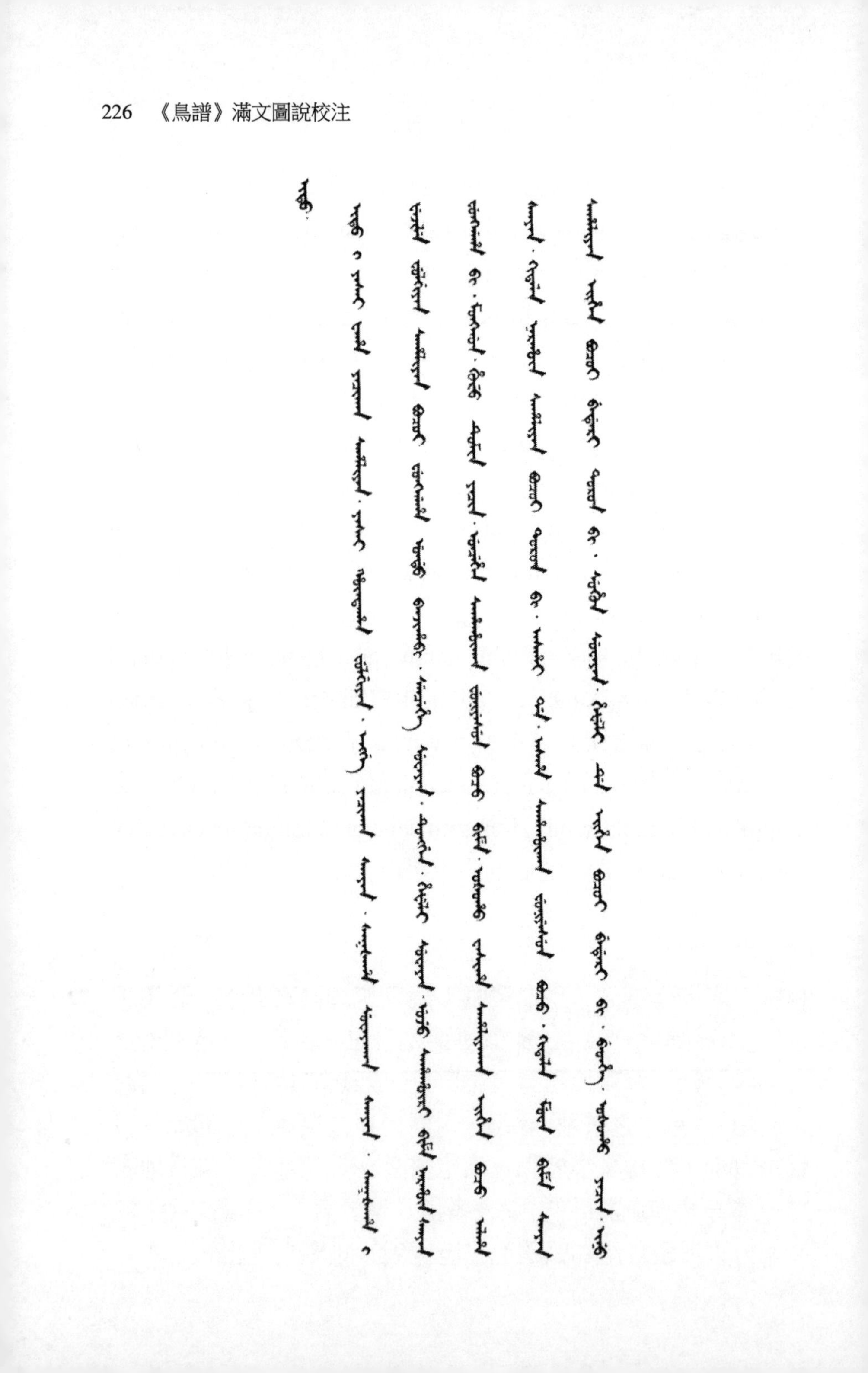

itu.

itu i yasai faha yacikan sahaliyan, yasai hūntahan fulgiyan, engge yacikan šanyan, šakšaha suwayakan šanyan, šakšaha i fejile fulgiyan sahaliyan bocoi funggaha undu banjihabi, sencehe suwayan, tunggen, hefeli suwayan, uju sahahūri bime narhūn šanyan funggaha bi, monggon, huru tumin yacin, uncehen sahahūkan funiyesun boco bime, ošoho wasiha sahaliyakan eihen boco alha šanyan, kitala narhūn sahaliyan bocoi toron bi, ashai da, asha sahahūkan funiyesun boco, kitala muwa bime šanyan sahaliyan eihen bocoi bederi toron bi, suhun suwayan, hefeli de eihen bocoi bederi bi, bethe, ošoho yacin, inu

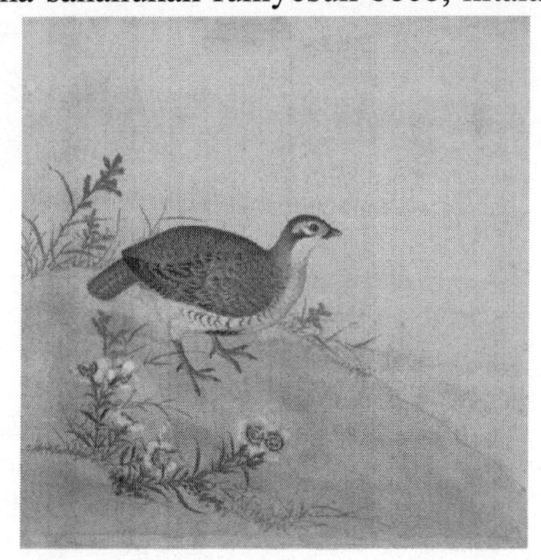

半翅

半翅，青黑睛，紅眶，青白觜，黃白頰，頰下有紅黑縱理[68]，黃頷，黃胸、臆[69]，蒼黑頂有細白毛，莎青項、背，尾蒼褐質赭黑指爪文，白莖細黑暈，膊、翅蒼褐質粗白莖，赭黑斑暈，米黃腹赭斑，青足、爪，

68 頰下有紅黑縱理，滿文讀作"šakšaha i fejile fulgiyan sahaliyan bocoi funggaha undu banjihabi"，意即「頰下有紅黑色毛縱生」。

69 黃胸、臆，滿文讀作"tunggen, hefeli suwayan"，意即「黃胸、腹」，滿漢文義不合。

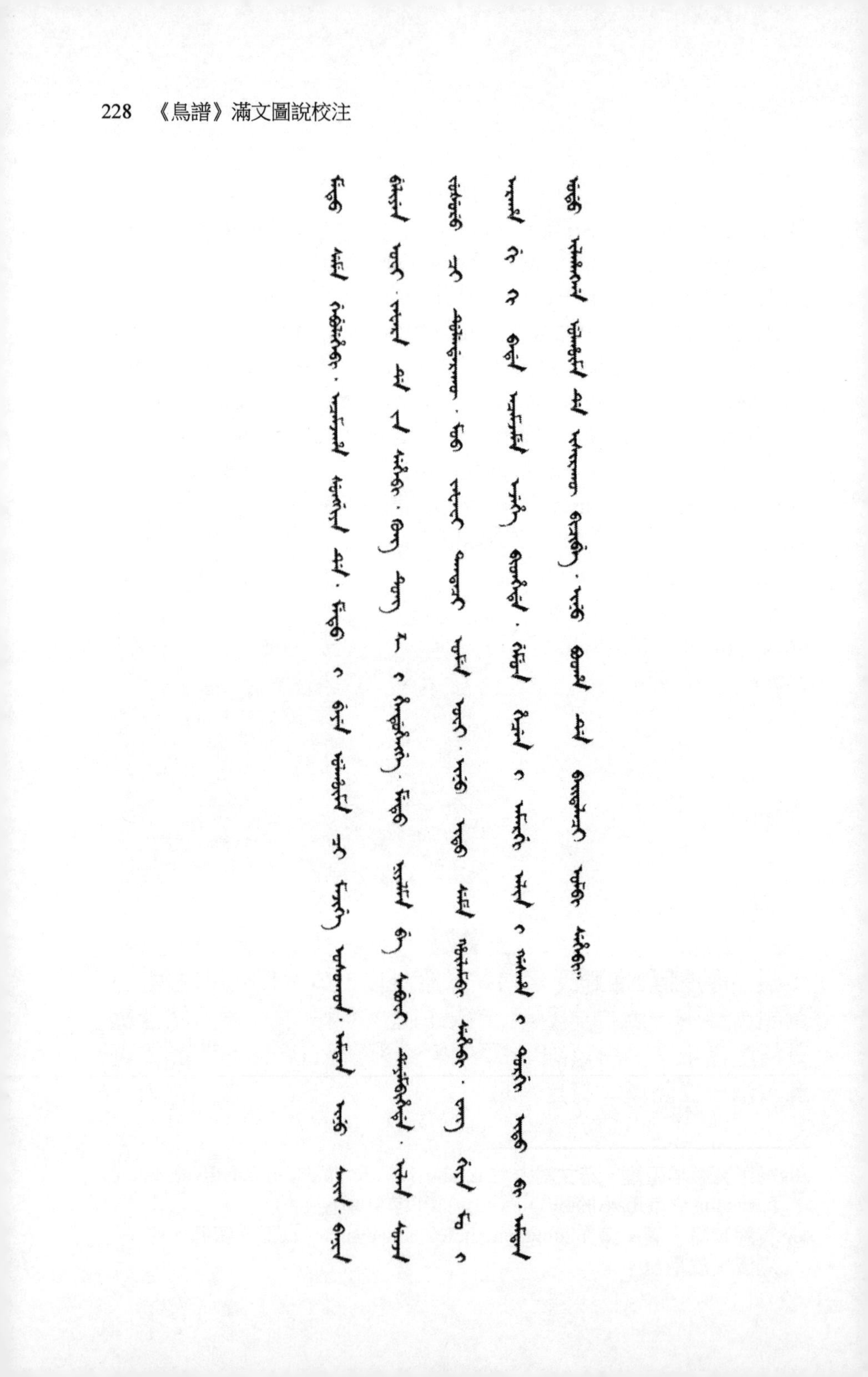

[illegible]

[illegible]

[illegible]

[illegible]

[illegible]

metu seme gebulehebi. acamjaha šunggiya de, metu i beye ulhūma ci majige osokon, amtan inu sain, banin beliyen ofi jafara de ja sehebi. kung tung dz i henduhengge, metu niyalma be sabufi deyembihede, ilan sunja jušuru ci dulenderakū, moo jafafi tantaci ome ofi, inu itu seme hūlambi sehebi. wang giya mo i araha gi ki bade acamjame ejehe bithede, gemun hecen i amargi alin i gasha i dorgi itu bi, amtan udu ilhangga ulhūma de isirakū bicibe, inu booha de baitalaci ombi sehebi.

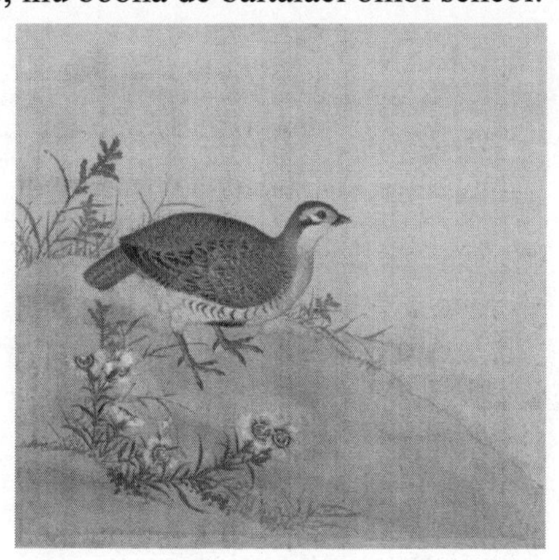

亦名半癡。《彙雅》云：半癡，形半于雉[70]，味亦可食，其性癡而易襲[71]。《空同子》曰：半癡，見人飛，不過三、五尺，可以杖擊之，亦呼半翅。王嘉謨《薊邱集》云：京師北山鳥有半翅，味雖不及文雉，亦可佐盤飡也。

70　半癡，形半于雉，滿文讀作“metu i beye ulhūma ci majige osokon”，意即「半癡之身略小於雉」。

71　其性癡而易襲，滿文讀作“banin beliyen ofi jafara de ja”，意即「因性癡傻，故易捕」。

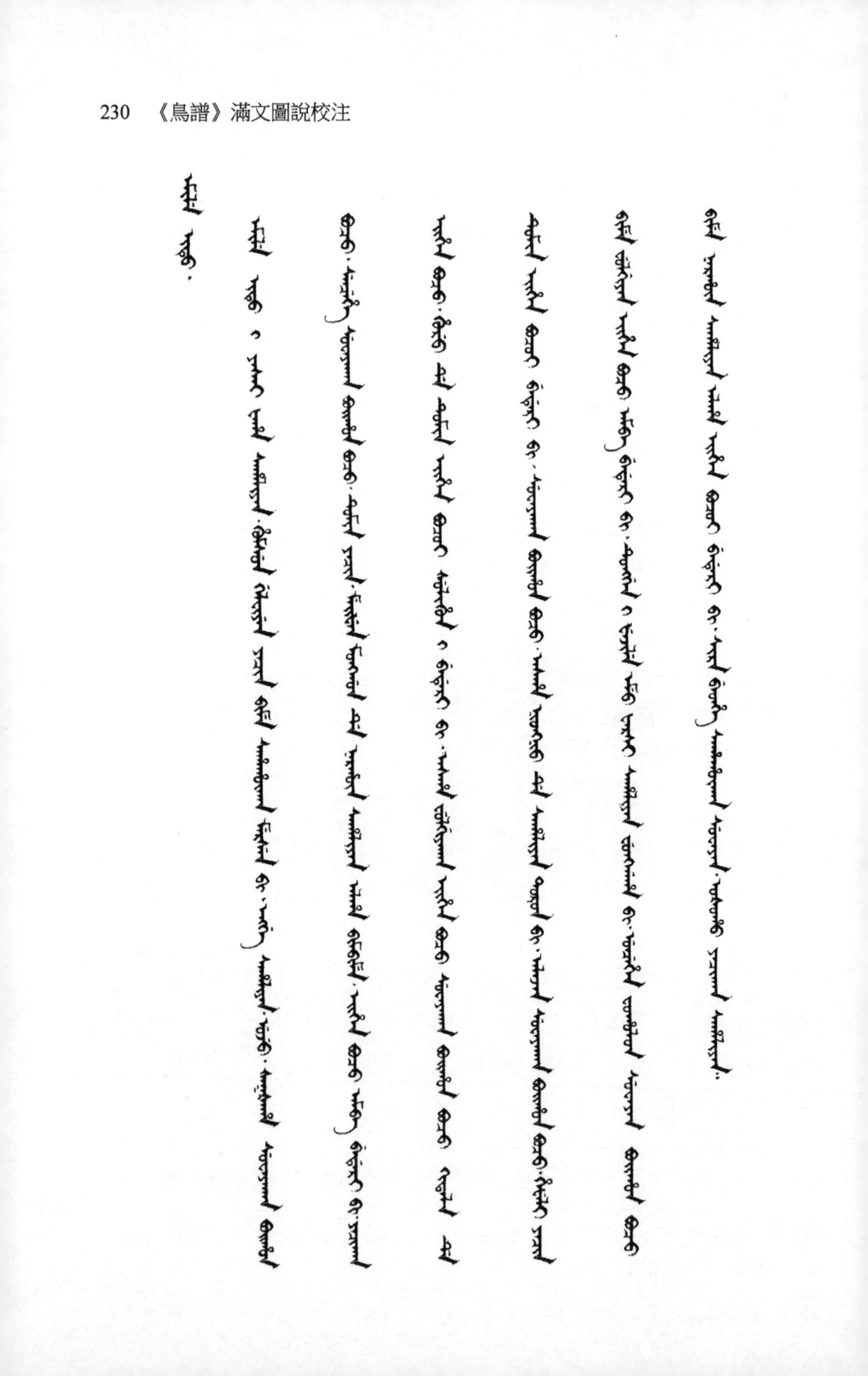

emile itu.

emile itu i yasai faha sahaliyan, humsun gelfiyen yacin bime sahahūkan mersen bi, engge sahaliyan, uju, šakšaha suwayakan boihon boco, sencehe suwayakan boihon boco, tumin yacin, meifen, monggon de narhūn sahaliyan alha bimbime, eihen boco amba bederi bi, yacikan eihen boco, huru de tumin eihen bocoi šulihun i bederi bi, asha fulgiyakan eihen boco suwayakan boihon boco, kitala de tumin eihen bocoi bederi bi, suwayakan boihon boco, asha, niongnio de sahaliyan toron bi, alajan suwayakan boihon boco, hefeli yacin bime fulgiyan eihen boco amba bederi bi, tunggen i fejile emu farsi sahaliyan funggaha bi, uncehen foholon suwayan boihon boco bime narhūn sahaliyan alha eihen bocoi bederi bi, sira, bethe sahahūkan suwayan, ošoho yacikan sahaliyan.

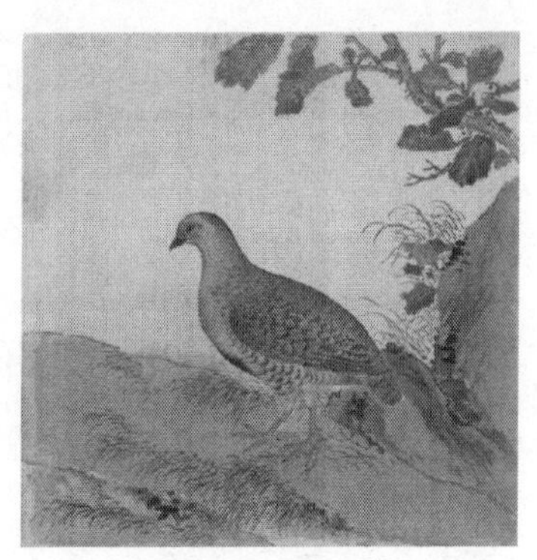

雌半翅

雌半翅，黑睛，粉青瞼蒼點，黑觜，土黃頂、頰，土黃頷，莎青[72]，頸、項細黑紋大赭斑，青赭背，深赭尖斑，赤赭膊[73]，土黃莖深赭斑，土黃翅、翮黑暈，土黃臆，青腹大赤赭斑，胸下有黑毛一片，短尾土黃質細黑紋赭斑，蒼黃脛、足，青黑爪。

---

72 莎青，滿文讀作"tumin yacin"，意即「深青」。

73 赤赭膊，滿文讀作"asha fulgiyakan eihen boco"，意即「赤赭翅」，滿漢文義不合。

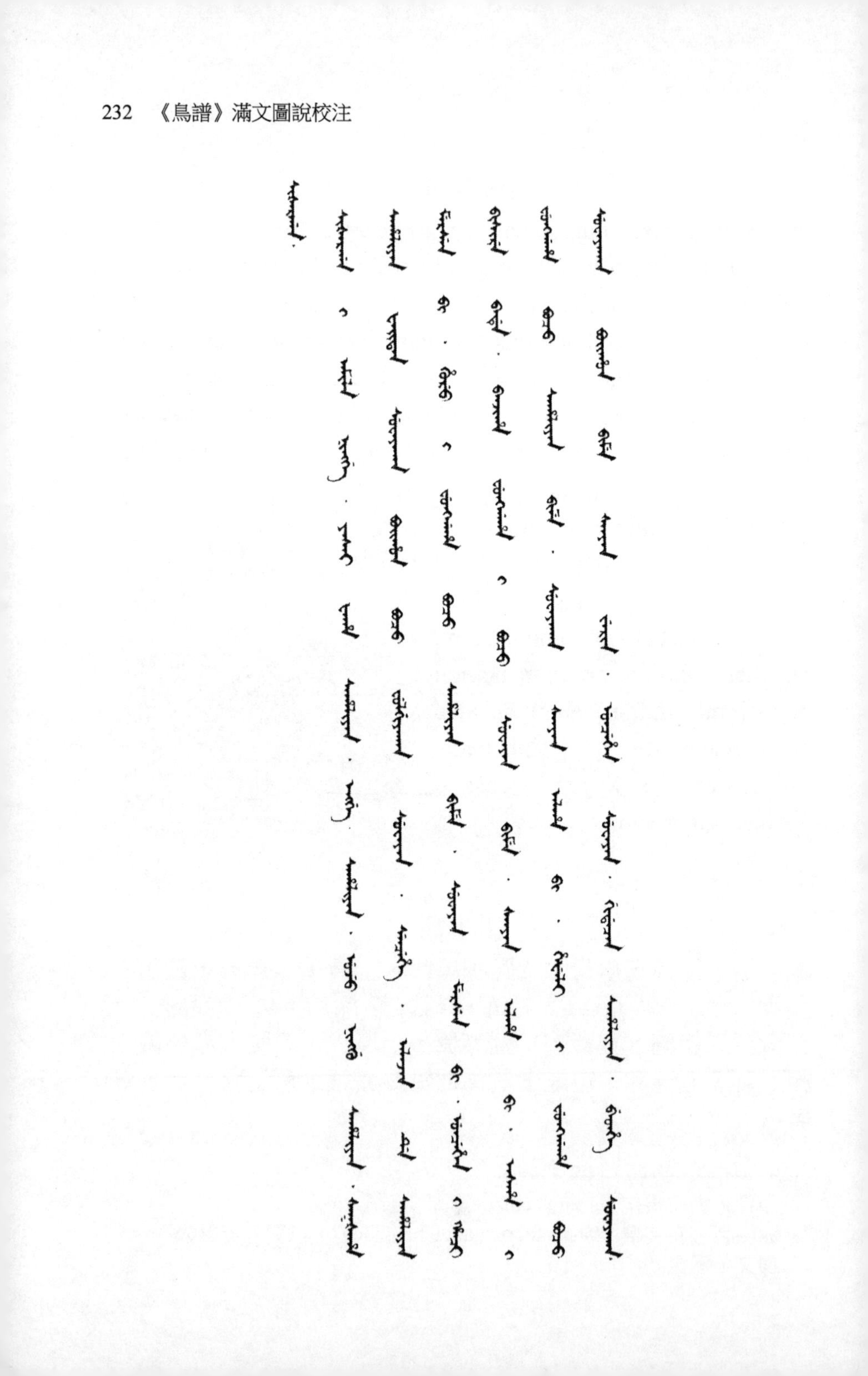

sišargan.

sišargan i amila ningge, yasai faha sahaliyan, engge sahaliyan, uju ninggu sahaliyan, šakšaha sahaliyan, faitan suwayakan boihon boco fulgiyakan suwayan, sencehe, alajan de sahaliyan mersen bi, huru i funggaha boco sahaliyan bime, suwayan mersen bi, uncehen i hanci bisire bade banjiha funggaha i boco suwayan bime, šanyan alha bi, asha i funggaha boco sahaliyan bime, suwayakan šanyan alha bi, hefeli i funggaha boco suwayakan boihon bime šanyan jerin, uncehen suwayan, gidacan sahaliyan, bethe suwayakan

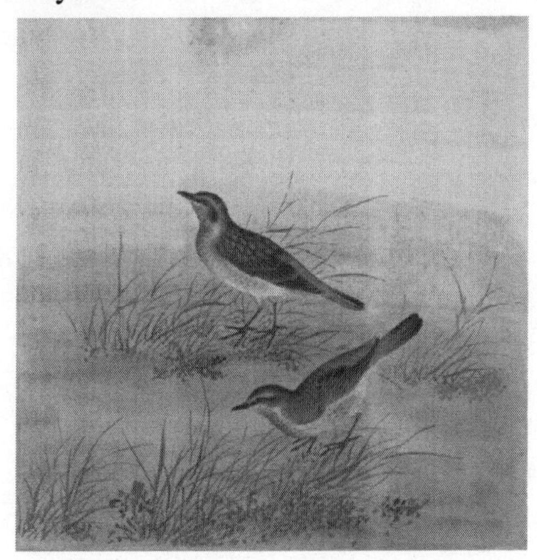

麻雀

麻雀雄者，黑睛，黑觜，黑頂，黑頰，土黃眉，赤黃頷，臆有黑點，背毛黑質黃點，近尾處黃質白文[74]，翅毛黑質黃白紋，腹毛土黃質白邊，黃尾蓋以黑翎，黃黑足，

74 白文，滿文讀作"šanyan alha"，意即「白紋」。

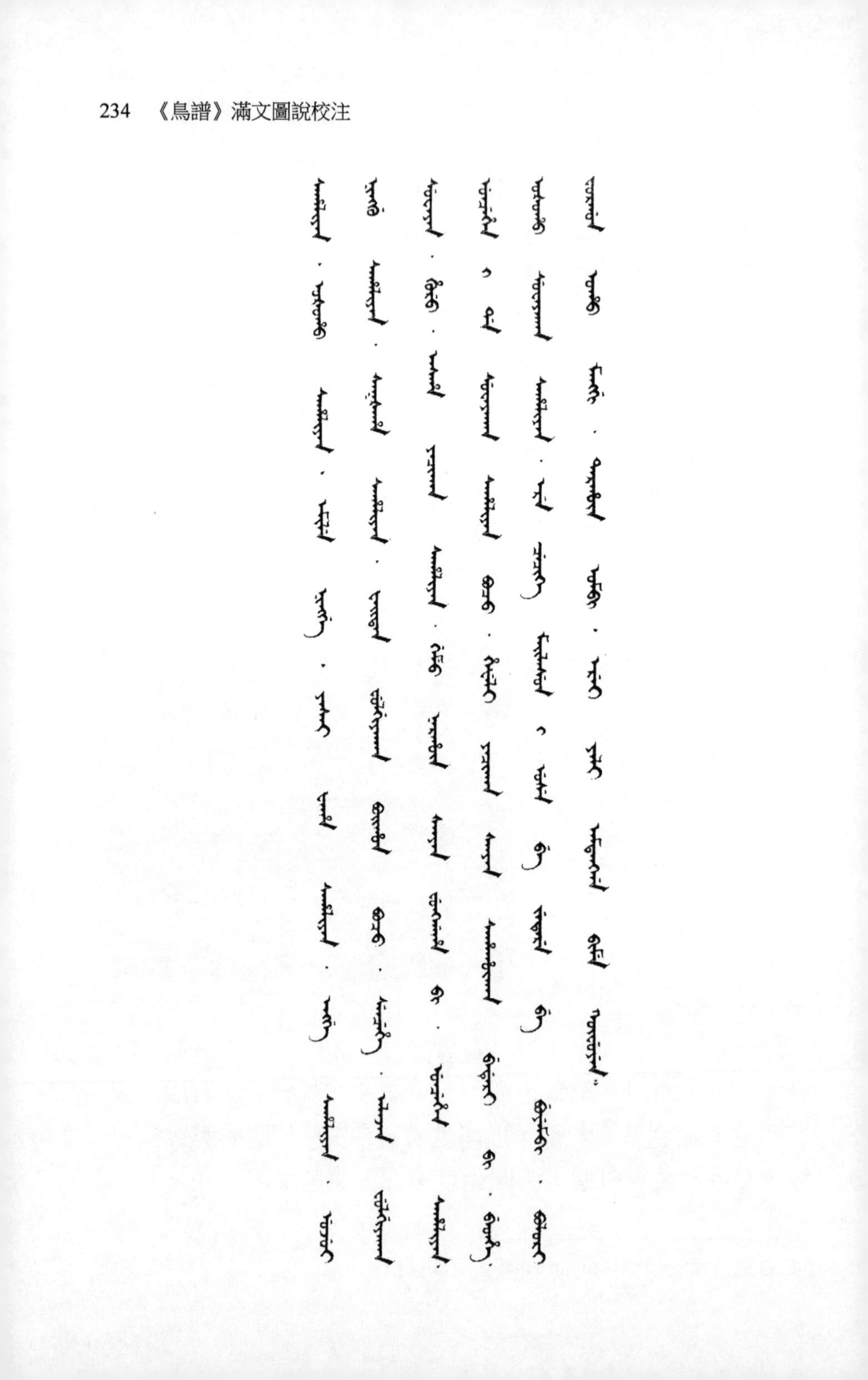

sahaliyan, ošoho sahaliyan. emile ningge, yasai faha sahaliyan, engge sahaliyan, ujui ninggu sahaliyan, šakšaha sahaliyan, faitan fulgiyakan boihon boco, sencehe, alajan fulgiyakan suwayan, huru, asha yacikan sahaliyan, gemu narhūn šanyan funggaha bi, uncehen sahaliyan, uncehen i da suwayakan sahaliyan boco, hefeli yacikan šanyan sahahūkan bederi bi, bethe, ošoho suwayakan sahaliyan, ere cecike mailasun i use be jetere be buyembi, bolori forgon oho manggi, tarhūn ombi, erei yali amtangga bime kūfuyen.

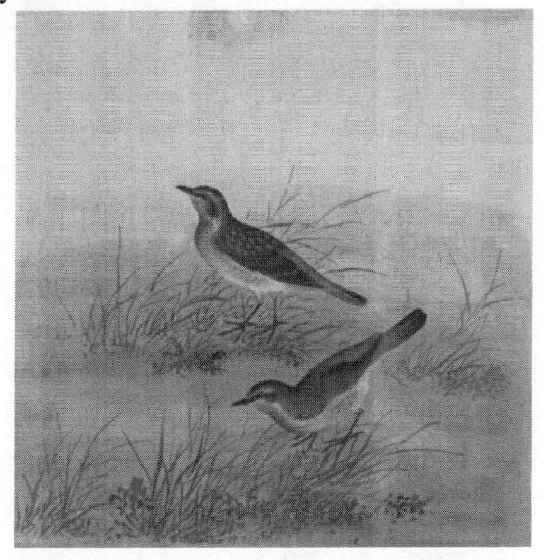

黑爪。雌者黑睛，黑觜，黑頂、頰[75]，土紅眉，赤黃頷、臆，青黑背、翅，俱有細白毛，黑尾，尾根黃黑色，青白腹有蒼斑，黃黑足，黑爪，此鳥喜食柏子，及秋而肥，其肉香脆。

---

75 黑頂、頰，滿文讀作“ujui ninggu sahaliyan, šakšaha sahaliyan”，意即「黑頂、黑頰」。

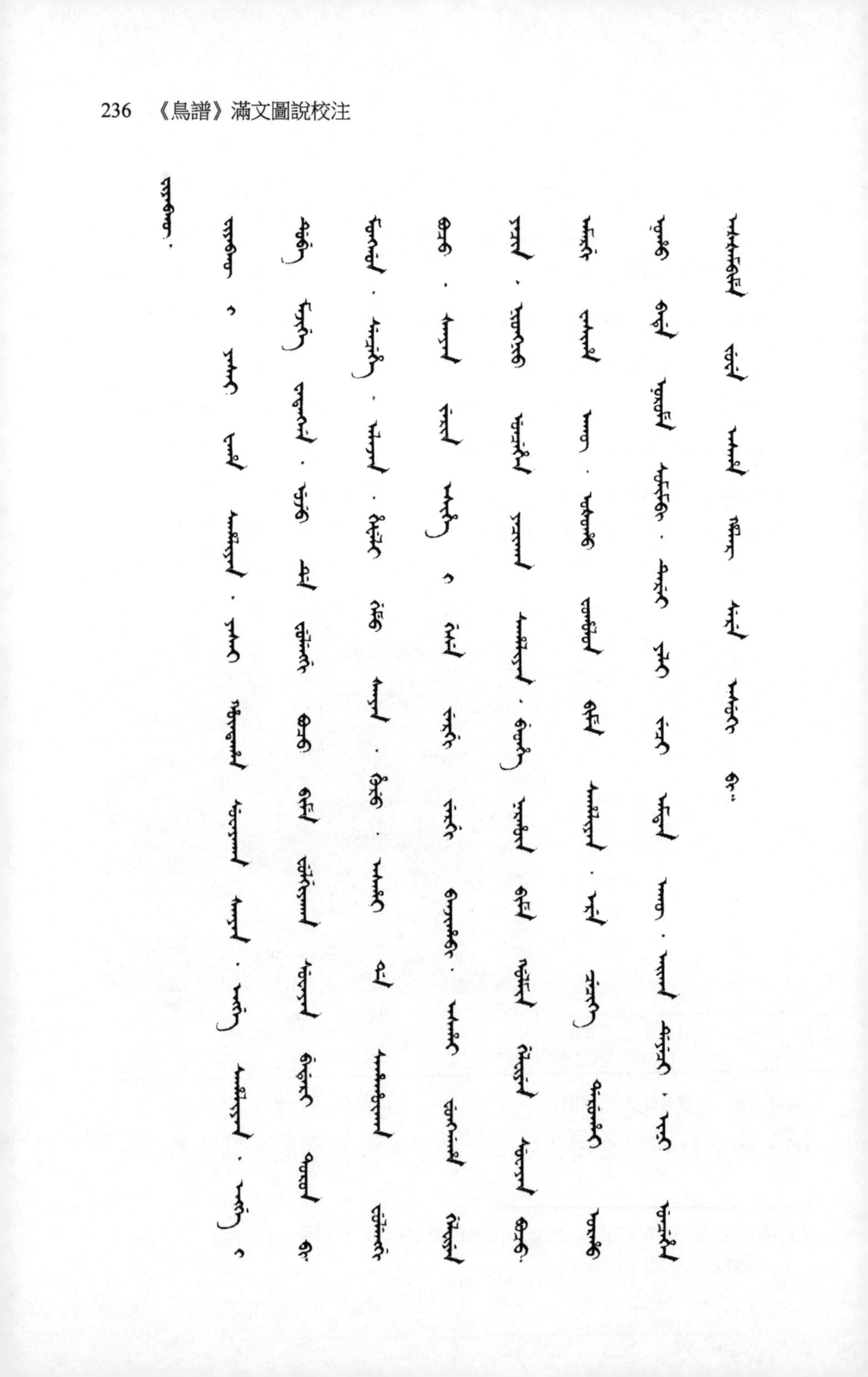

fiyabkū.

fiyabkū i yasai faha sahaliyan, yasai hūntahan suwayakan šanyan, engge sahaliyan, engge i dube majige watangga, uju de fulenggi boco bime fulgiyakan suwayan bederi toron bi, monggon, sencehe, alajan, hefeli gemu šanyan, huru, ashai da sahahūkan fulenggi boco, šanyan jerin esihe i gese jergi jergi banjihabi, ashai funggaha gelfiyen yacin, niongnio, uncehen yacikan sahaliyan, bethe narhūn bime golmin gelfiyen suwayan boco, amargi wasiha akū, ošoho foholon bime sahaliyan. ere cecike daruhai orho noho bade norome somimbi, terei yali jeci amtan akū, aika deyeci, ini uncehen aššambime juwe asha halar sere asuki bi.

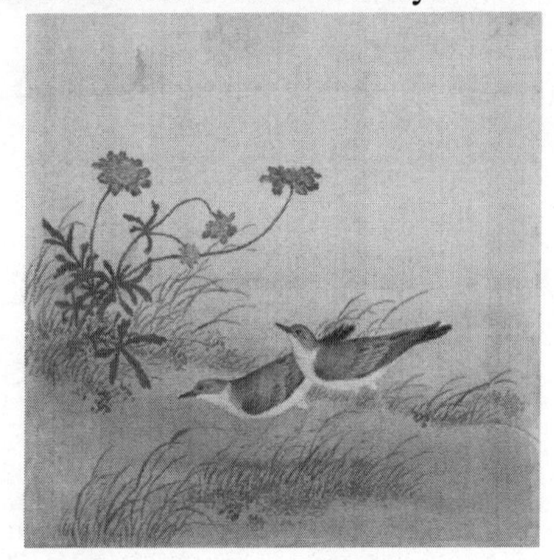

穿草雞

穿草雞，黑睛，黃白眶，黑觜，味微勾，頭頂瓦灰質赤黃斑暈，項、頷、腹、臆俱白，背、膊蒼灰色，白邊鱗次，翅毛粉青，翮、尾青黑，足細而長，淺黃色，無後趾，短黑爪。此鳥常隱沒草際，肉不中食，其飛起時，兩翅轟轟作聲，尾亦搖動，故滿洲名西沙里漢[76]。

76 「故滿洲名西沙里漢」，此句未譯出滿文。按漢字「西沙里漢」，滿文讀作"sišargan"，意即「麻雀」。

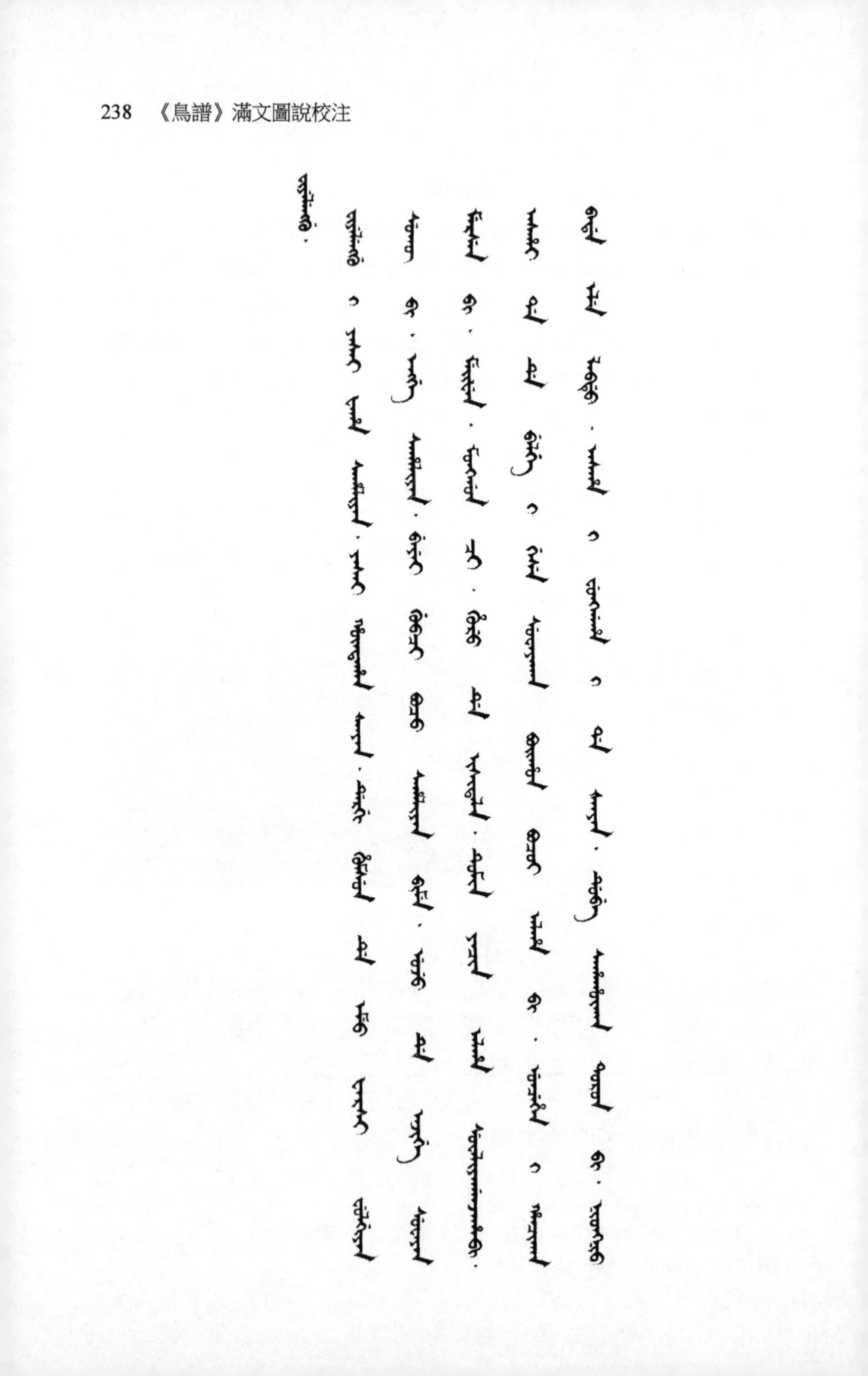

fiyelenggu.

fiyelenggu i yasai faha sahaliyan, yasai hūntahan šanyan, dergi humsun de emu farsi fulgiyan sukū bi, engge sahaliyan, beyei gubci boco sahaliyan bime, uju de ajige suwayan mersen bi, meifen, monggon ci, huru de isitala, tumin yacin alha suwaliyaganjahabi, ashai da de belge i gese suwayakan boihon bocoi alha bi, uncehen i hancikan bade ele labdu, asha i funggaha i da šanyan, dube sahahūkan toron bi, niongnio

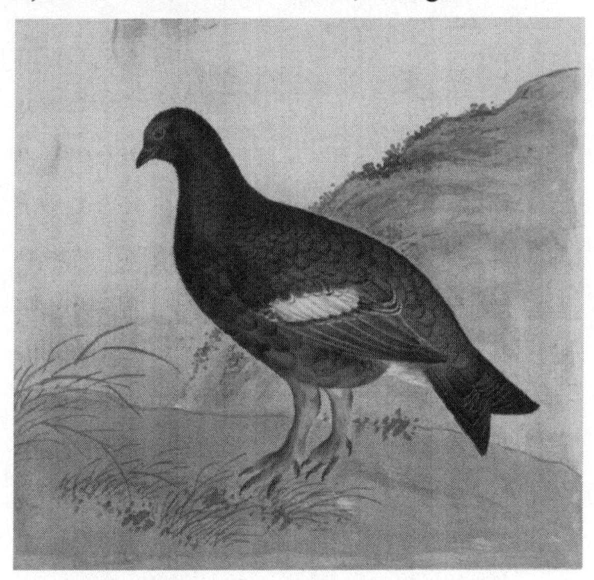

樹雞

樹雞，黑睛，白眶，上瞼紅砂皮一片，黑觜，通身黑質，頂有細黃點，頸、項至背雜深青紋，膊上土黃紋如穀[77]，近尾尤多。翅毛根白，末帶蒼暈，

77 膊上土黃紋如穀，句中「穀」，滿文讀作“belge”，意即「顆粒」。

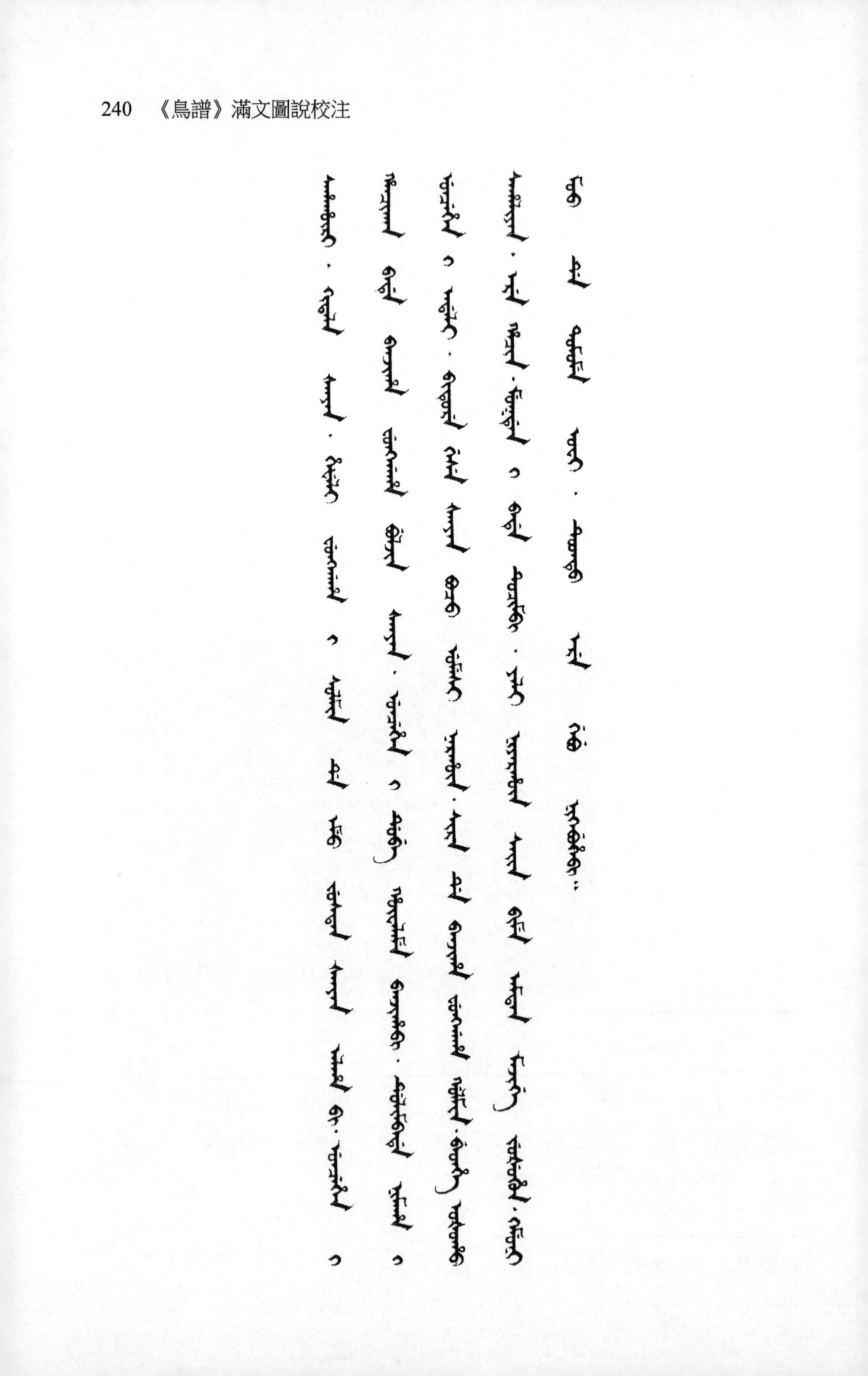

[illegible]

sahahūri, kitala šanyan, hefeli funggaha i solmin de emu justan šanyan alha bi, uncehen i hancikan bade banjiha funggaha buljin šanyan, uncehen i dube hūwalame banjihabi, dulimbade nimaha i uncehen i adali, biture gese šanyan boco umesi narhūn, sira de banjiha funggaha golmin, bethe, ošoho sahaliyan, ere hacin mukden i bade tucimbi, yali niyarhūn sain bime amtan majige jušuhun, kemuni moo de tomome ofi, tuttu ere gebu nikebuhebi.

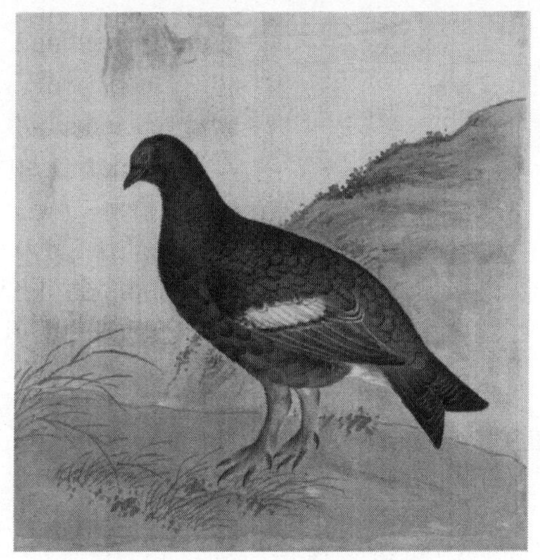

蒼黑翮，白莖，腹毛每片尖末有白紋一線，近尾純白[78]，尾分兩歧，中坳如魚尾白緣甚細，長脛毛，黑足、爪。此種產於關東[79]，肉甚鮮美，味帶微酸，常栖止樹上，故得斯稱。

---

78 近尾純白，滿文讀作“uncehen i hancikan bade banjiha funggaha buljin šanyan”，意即「近尾處所長的毛純白」。

79 此種產於關東，句中「關東」，滿文讀作“mukden i ba”，意即「盛京地方」。

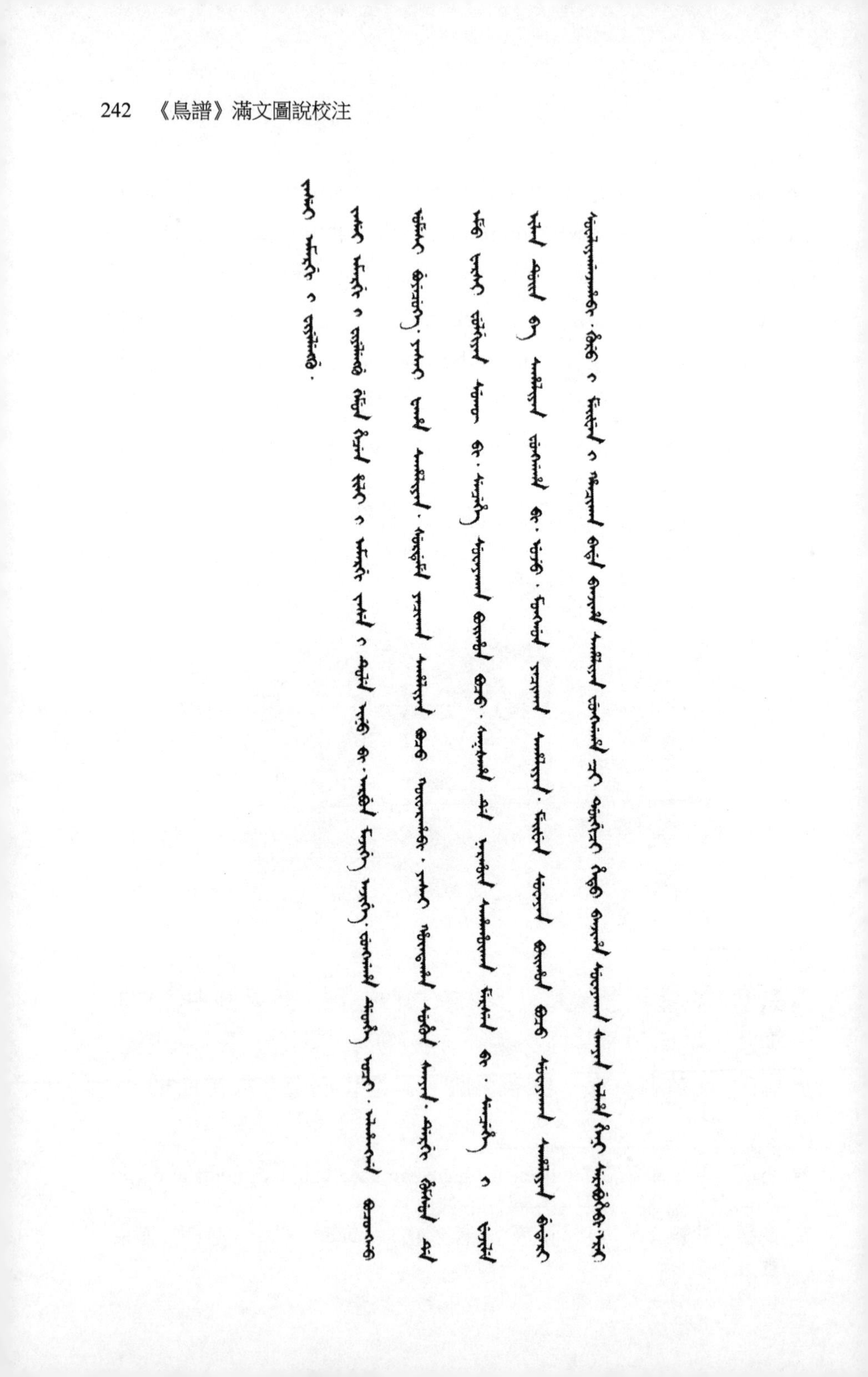

[illegible]

[illegible]

[illegible]

[illegible]

[illegible]

[illegible]

jasei amargi i fiyelenggu.

jasei amargi i fiyelenggu gemun hecen jyli i amargi jase i tule inu bi, arbun majige ajige, funggaha dethe oci, alhangga boconggo umesi buyecuke, yasai faha sahaliyan, šurdeme yacikan sahaliyan boco kūwarahabi, yasai hūntahan suhun šanyan, dergi humsun de emu farsi fulgiyan sukū bi, sencehe suwayakan boihon boco, šakšaha de narhūn sahahūkan mersen bi, sencehe i fejire ilan duin ba sahaliyan funggaha bi, uju, monggon yacikan sahaliyan, meifen suwayan boihon boco suwayakan sahaliyan bederi suwaliyaganjahabi, huru i meifen i hancikan bade banjiha sahaliyan funggaha ci dorgici hetu banjiha suwayakan šanyan alha heni serebuhebi. erei

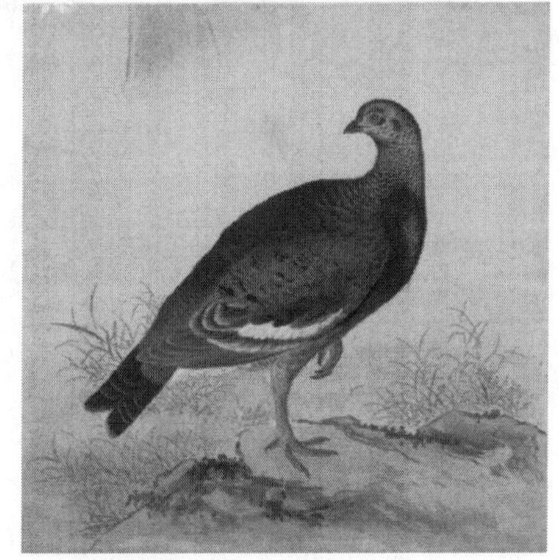

口北樹雞

樹雞，京師直北口外亦有之[80]，其形略小，毛羽則文采可觀，黑睛，青黑暈，米白眶，上瞼紅皮一片，土黃頷、頰細蒼點，頷下黑毛三、四處，青黑頂、項，土黃頸雜黃黑斑，背近項處[81]，黑毛中黃白橫紋隱現，

80 京師直北，句中「直北」，滿文讀作“jyli i amargi”，意即「直隸之北」。
81 背近項處，滿文讀作“huru i meifen i hancikan bade”，意即「背近頸處」。

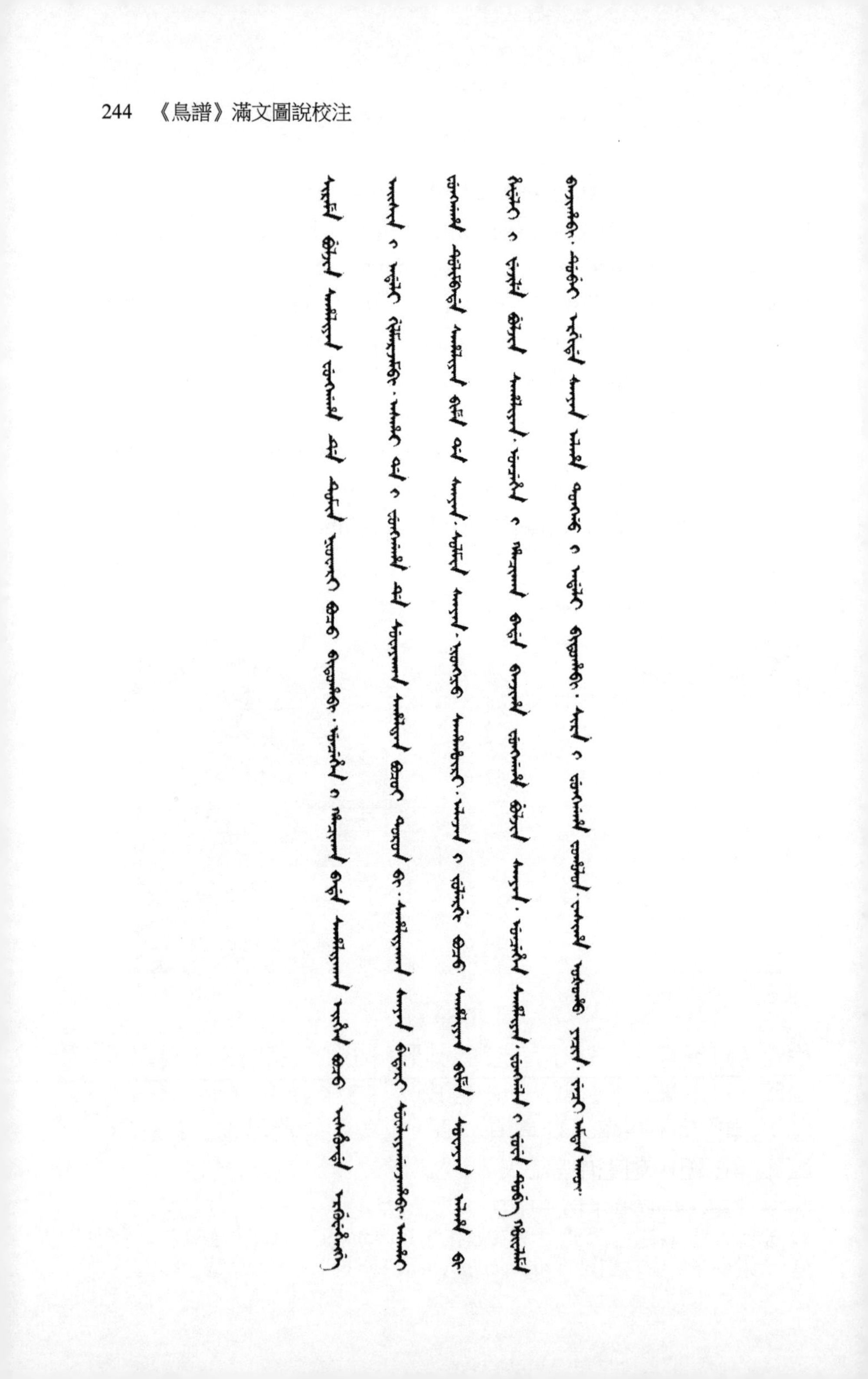

sirame buljin sahaliyan funggaha de tumin niowari boco bituhabi, uncehen i hancikan bade sahaliyakan eihen boco ishunde erguwehengge aisin i adali gilmarjambi, ashai da i funggaha de suwayakan sahaliyan bocoi toron bi, sahaliyakan šanyan bederi suwaliyaganjahabi, ashai funggaha dulimbade sahaliyan bime da šanyan, solmin šanyan, niongnio sahahūri, alajan i julergi boco sahaliyan bime suwayan alha bi, hefeli i fejile buljin sahaliyan, uncehen i hancikan bade banjiha funggaha buljin šanyan, uncehen sahaliyan, funggala i juwe dube hūwalame banjihabi, dubei ergide šanyan alha tonggo i adali bituhabi, sira i funggaha foholon, wasiha ošoho yacin, jeci amtan akū.

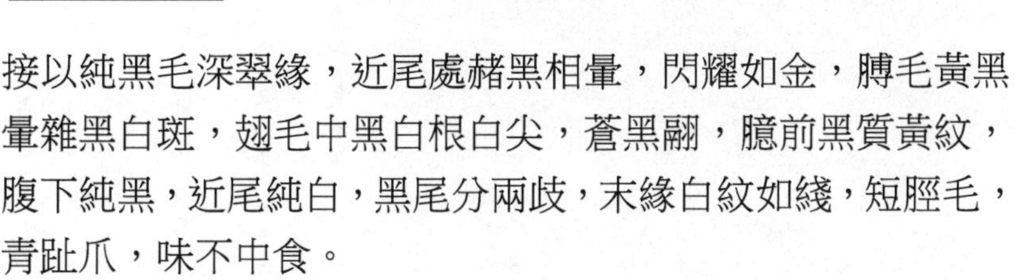

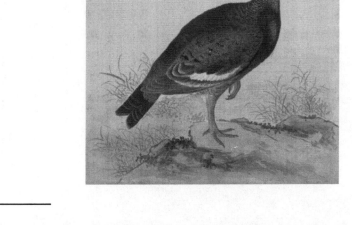

接以純黑毛深翠緣，近尾處赭黑相暈，閃耀如金，膊毛黃黑暈雜黑白斑，翅毛中黑白根白尖，蒼黑翮，臆前黑質黃紋，腹下純黑，近尾純白，黑尾分兩歧，末緣白紋如綫，短脛毛，青趾爪，味不中食。

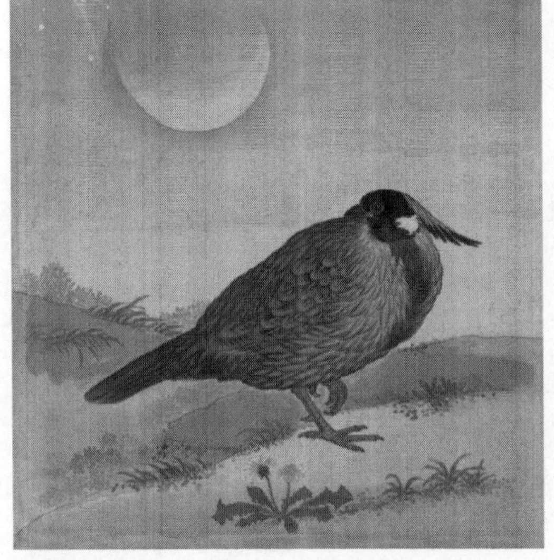

gūnggala coko.

gūnggala coko i amila ningge, yasai faha sahaliyan, šurdeme fulgiyakan sahaliyan boco kūwarahabi, yasai hūntahan šanyan, engge sahaliyan, ujui ninggude banjiha sorson i gese funggaha meifen be dasihabi, doko sahaliyan tuku suwayan, uju sahaliyan, sencehe sahaliyan, monggon suwayakan boihon boco bime, dulimbade šanyan, monggon i amargi de emu farsi buljin šanyan funggaha bi, huru i funggaha jerin yacikan sahaliyan bime, dulimba fulenggi boco labdahūn dadarakabi, comboli i funggaha jerin sahaliyan, toron fulenggi boco, dulimbade šanyan, lukdureme wesihun ici forombi, sahahūkan eihen bocoi asha niongnio, toron sahaliyan, kitala šanyan, alajan, hefeli fulgiyakan funiyesun boco, uncehen sahaliyakan eihen boco, bethe ošoho sahahūkan fakjin bi. banitai baturu becunure mangga, alin jakarame hamika erinde, kemuni neneme hūlame ofi, tuttu niyalma gerguwengge coko sembi. alin mederi nomun i suhen de, gūnggala coko ulhūma de adali bime ambakan, yacikan

---

鶡雞

鶡雞雄者，黑睛赤黑暈，白眶，黑觜，頂有纓毛覆項，內黑外黃，黑頭，黑頷，土黃項毛白心，頂後純白毛一片[82]，背毛青黑邊灰心，紛披下垂，脅毛黑邊灰暈白心，蒙茸上向，蒼赭翅、翮，黑暈白莖。赤褐臆、腹，赭黑尾，蒼黑足、爪，有懸距。性勇而善鬥，東方將明，每先鳴鴘，故俗有趕亮嗓之稱。《山海經》注云：鶡雞似雉而大，

---

82 頂後純白毛一片，句中「頂後」，滿文讀作“monggon i amargi de”，意即「頸後」。

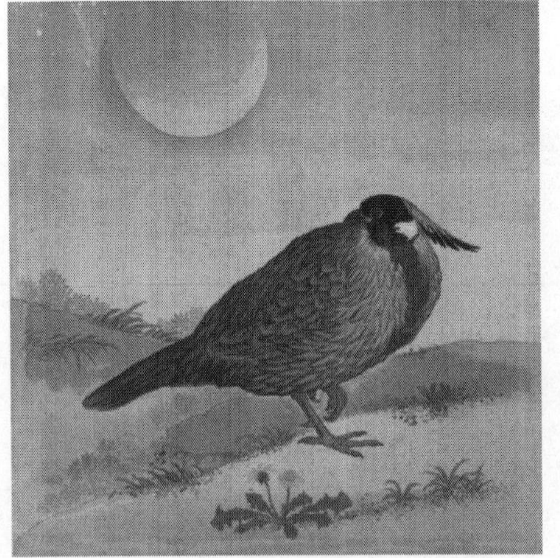

funiyesun boco, funggaha bi, etuhun hūsungge, šang dang ni bade tucimbi sehebi. gasha i nomun de, gūnggala coko serengge, fafuri gasha sehe be suhe bade, ulhūma de adali bime, uju de gunggulu bi, banitai becunure de fafuri sehe sehebi. amagangga han̲ gurun i sejen etuku i ejetun de, gūnggala coko i mahala sehebe suhe bade, gūnggala coko serengge, baturu ulhūma inu, becunure dari emke buceci teni nakambi, tuttu jeo gurun i u ling wang ereni hūsungge haha be temgetulehebi sehe sehebi. badarambuha ejetun de, gūnggala coko i funggaha i boco suwayakan sahaliyan bime, uju de banjiha uihe gunggulu i adali, banitai terei duwali be haršambi, aika gidašaburengge bici, šuwe genefi becunumbi, bucetele nakarakū, niyalma terei yali be jeke de baturu etuhun ombi, guwendere jilgan foholon bime lurgin, gereme hamime hūlambi sehebi. ede wang ts'an i araha gūnggala coko i fujurun de, erde edun ici gunggur seme guwendembihede, durgere jilgan tulergi bade donjinambi sehebi.

青褐色，有毛角[83]，勇健，出上黨。《禽經》云：鶡，毅鳥也。注云：狀類野雞，首有冠，性勇於門。《後漢書•輿服志》「鶡冠」注云：鶡者，勇雉也，其門對一死乃止，故趙武靈王以表武士焉[84]。《廣志》云：鶡雉，黃黑色，首有毛角如冠，性愛其黨，有被侵者，直往赴門，雖死不置，食之令人勇健，其聲短厲，侵曉而鳴，故王粲〈鶡賦〉云：愬晨風以群鳴，震聲發乎外寓。

---

83 毛角，滿文讀作“funggaha bi”，意即「有毛」，毛角，滿文當作“uihe”，或作“funggaha i uihe”

84 趙武靈王，滿文讀作“jeo gurun i u ling wang”，句中“jeo”，當作“joo”。

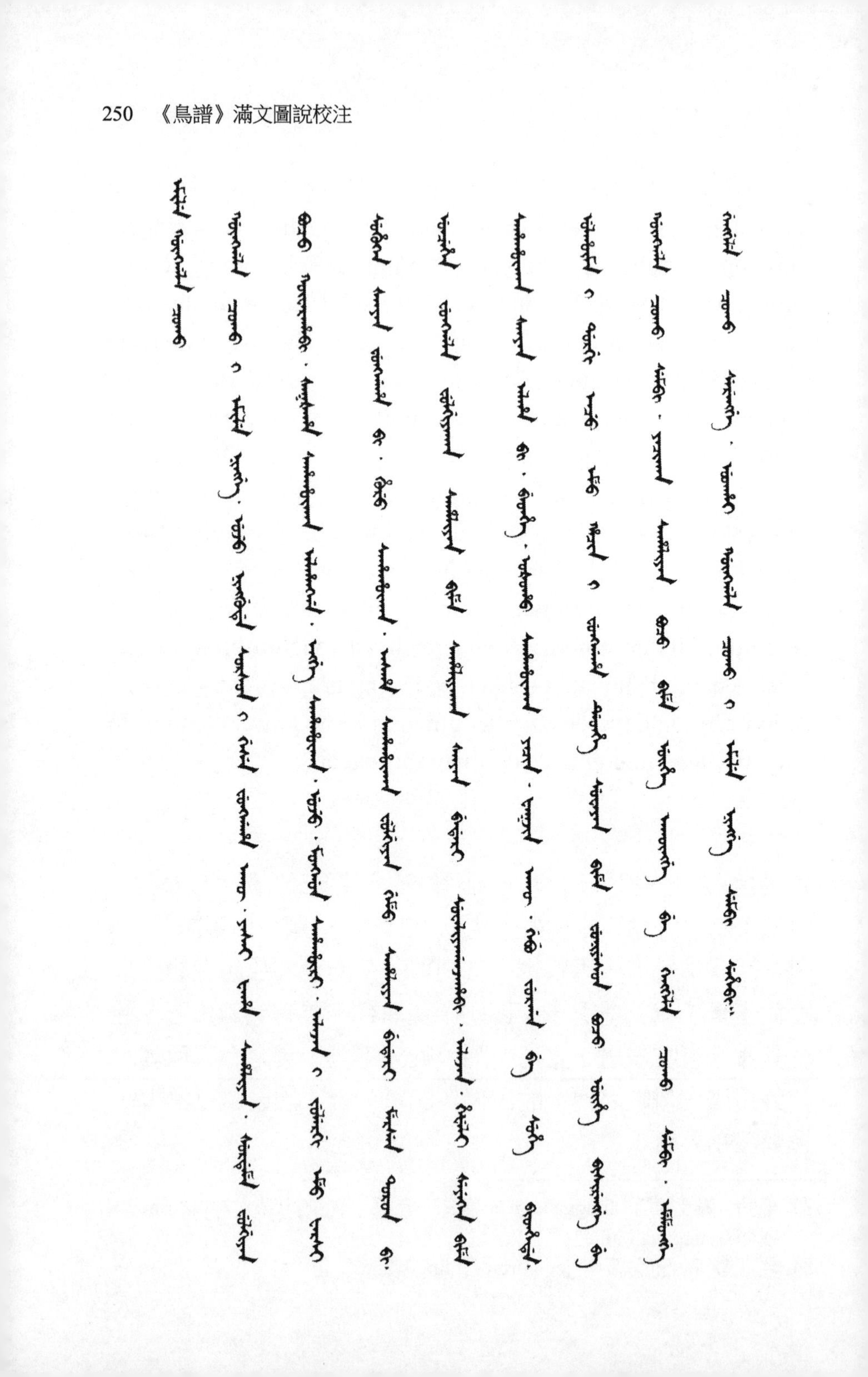

[illegible]

emile gūnggala coko.

gūnggala coko i emila ningge, uju ninggude sorson i gese funggaha akū, yasai faha sahaliyan, šurdeme fulgiyan boco kūwarahabi, šakšaha sahahūkan alhangga, engge sahahūkan, uju, monggon sahahūri, alajan i julergi emu farsi suhuken šanyan funggaha bi, huru sahahūkan, asha sahahūkan fulgiyan gemu sahaliyan bederi mersen toron bi, uncehen funggala fulgiyakan sahaliyan bime sahaliyakan šanyan bederi suwaliyaganjahabi, alajan, hefeli šeyeken bime sahahūkan šanyan alha bi, bethe, ošoho sahahūkan yacin, fakjin akū. gebu jurgan be suhe bithede, ulhūma i dorgi encu emu hacin i funggaha dethe suwayan bime funiyesun boco uihe bisirengge be gūnggala coko sembi, yacikan sahaliyan boco bime uihe akūngge be genggele coko sembi, ememungge genggele coko serengge, uthai gūnggala coko i emile ningge sembi sehebi.

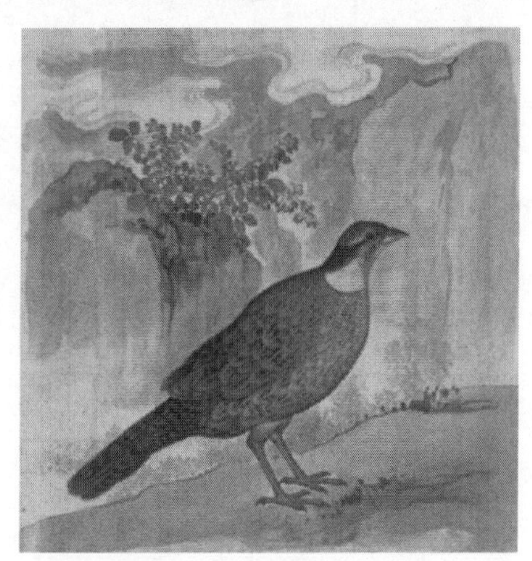

雌鶡雞

鶡雞雌者，頂無纓毛，黑睛，赤暈，蒼花頰，蒼觜，蒼黑頭、項，臆前米白毛一片，蒼背、蒼赤翅俱有黑斑點暈，尾毛赤黑色間黑白斑，臆、腹微白帶蒼白紋，青蒼足、爪，無懸距。《釋名解義》云：雉之別種，毛羽黃而褐色有角者曰鶡，青黑色無角者曰鳻；或曰鳻，即鶡之雌者也。

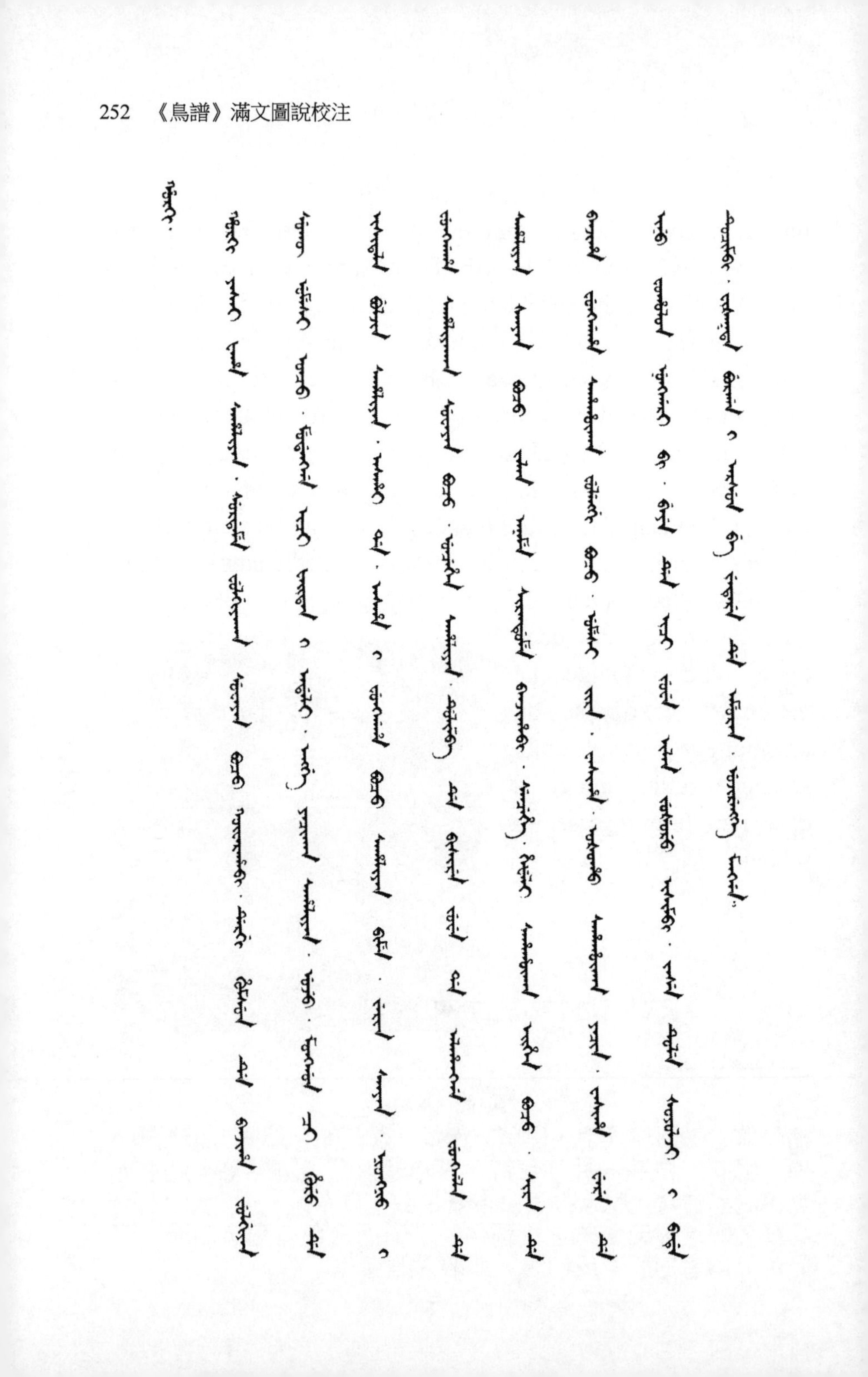

[illegible]

horki.

horki yasai faha sahaliyan, šurdeme fulgiyakan suwayan boco kūwarahabi, dergi humsun de banjiha fulgiyan sukū umesi onco, mudangga ici faitan i adali, engge yacikan sahaliyan, uju, monggon ci huru de isitala buljin sahaliyan, ashai da, asha i funggaha boco sahaliyan bime jerin šanyan, niongnio i funggaha sahaliyakan suwayan boco, uncehen sahaliyan, dulimba de bisire juwe da alhangga funggala de sahaliyan šanyan boco jalan aname sirandume banjihabi, sencehe, hefeli sahahūkan eihen boco, sira de banjiha funggaha sahahūkan fulenggi boco umesi jira, wasiha, ošoho sahahūkan yacin, wasiha were de inu foholon nunggari bi, beye den ici juwe ilan jušuru isimbi. jase tule šoyolji i bade tucimbi, fišakta burgan i arsun be jetere de amuran, ujirengge mangga.

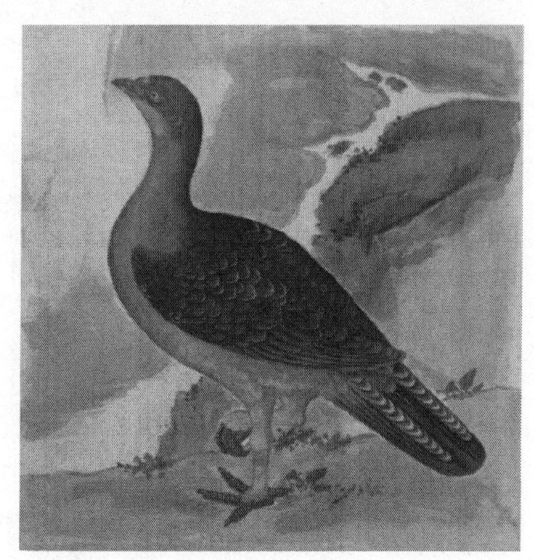

鸕雉

鸕雉，黑睛，赤黃暈，上瞼紅皮甚大，彎曲如眉，青黑觜，頂、項至背純黑，膊、翅黑質白邊，翮毛黑黃色，黑尾，中有二花翅，黑白逐節相次，頷、腹蒼赭色，脛上蒼灰毛甚密，青蒼趾、爪，趾底亦有短茸毛，身高二、三尺。生于口外索約兒濟地方，喜食水楊嫩芽，難於畜養。

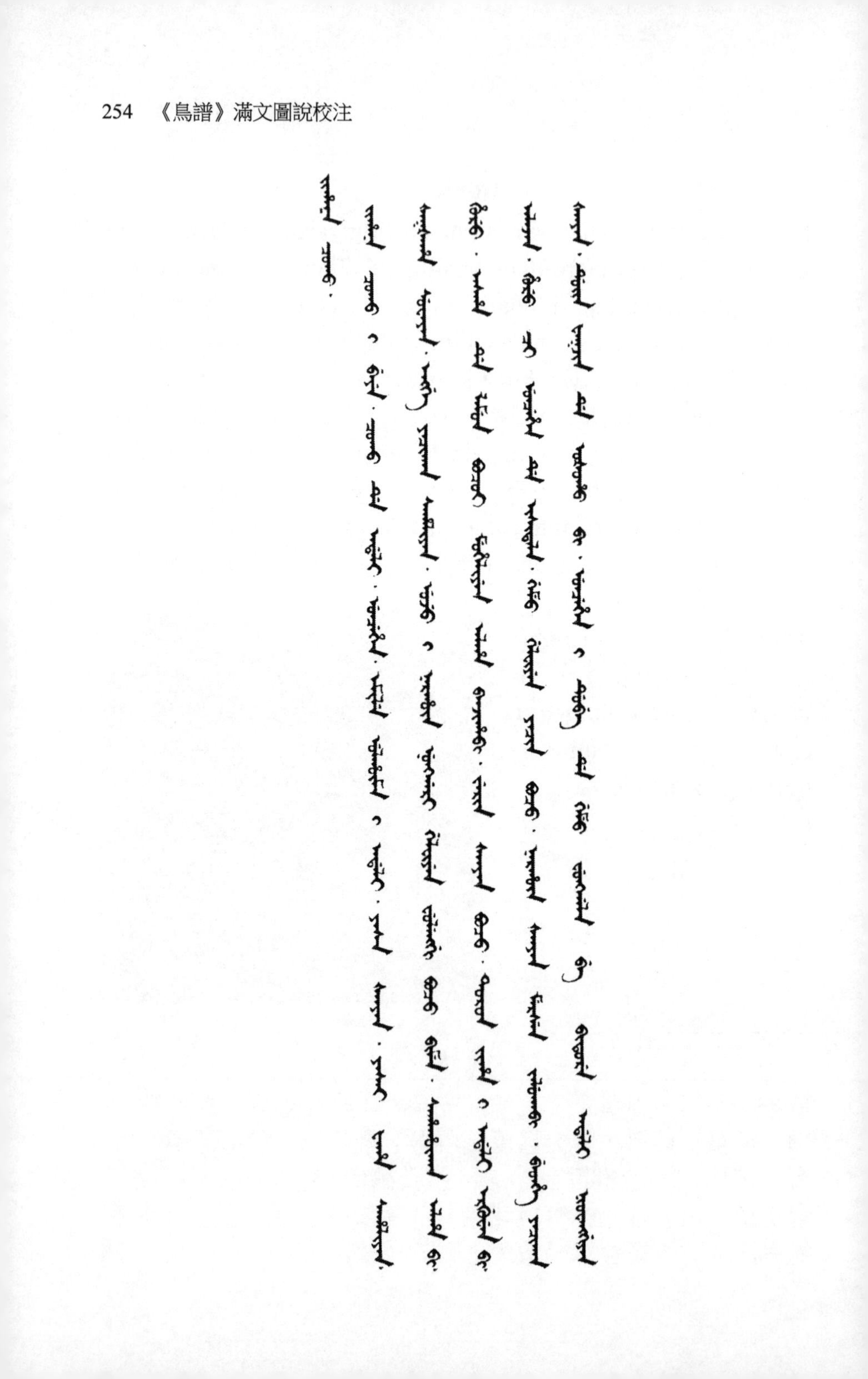

jihana coko.

jihana coko i beye, coko de adali, uncehen emile ulhūma i adali, yasa šanyan, yasai faha sahaliyan, šakšaha suwayan, engge yacikan sahaliyan, uju i narhūn nunggari gelfiyen fulenggi boco bime, sahahūkan alha bi, huru, asha de lamun bocoi muheliyen alha banjihabi, jerin šanyan boco, toron jiha i adali erguwen bi, alajan, huru ci uncehen de isitala, gemu gelfiyen yacin boco, narhūn šanyan mersen jalukabi, bethe yacikan šanyan, duin fakjin de ošoho bi, uncehen i dube de gemu funggala be biture adali niowanggiyan

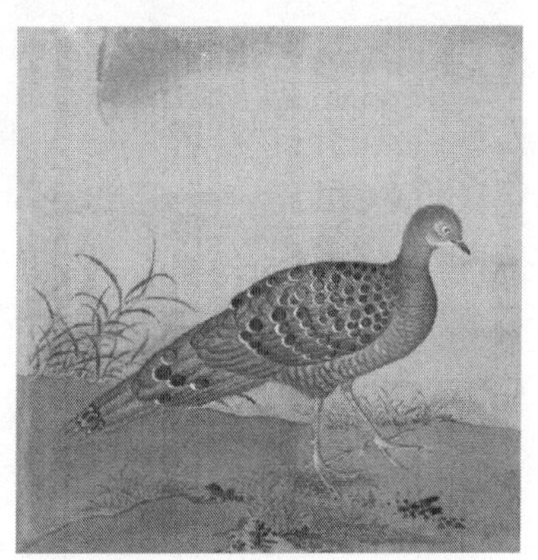

金錢雞

金錢雞，身如雞，尾如雌雉，白眼，黑瞳[85]，黃頰，青黑觜，頭頂細毳慘灰色帶蒼紋[86]，背、翅皆作圓紋，天青色白邊暈[87]，似錢之有輪郭，自臆、背至尾俱淺栗色，細白點滿之，青白足，四距上有懸爪[88]，尾末每毛有一綠

85 黑瞳，滿文讀作“yasai faha sahaliyan”，意即「黑睛」。
86 慘灰色，滿文讀作“gelfiyen fulenggi boco”，意即「淺灰色」。
87 背、翅皆作圓紋，天青色白邊，滿文讀作“huru, asha de lamun bocoi muheliyen alha banjihabi, jerin šanyan boco”，意即「背、翅有藍色圓紋，白色邊」。
88 四距上有懸爪，滿文讀作“duin fakjin de ošoho bi”。據《粵志》謂金錢雞有足四距，滿文當作“bethe de duin fakjin bi”，意即「足上有四懸距」。

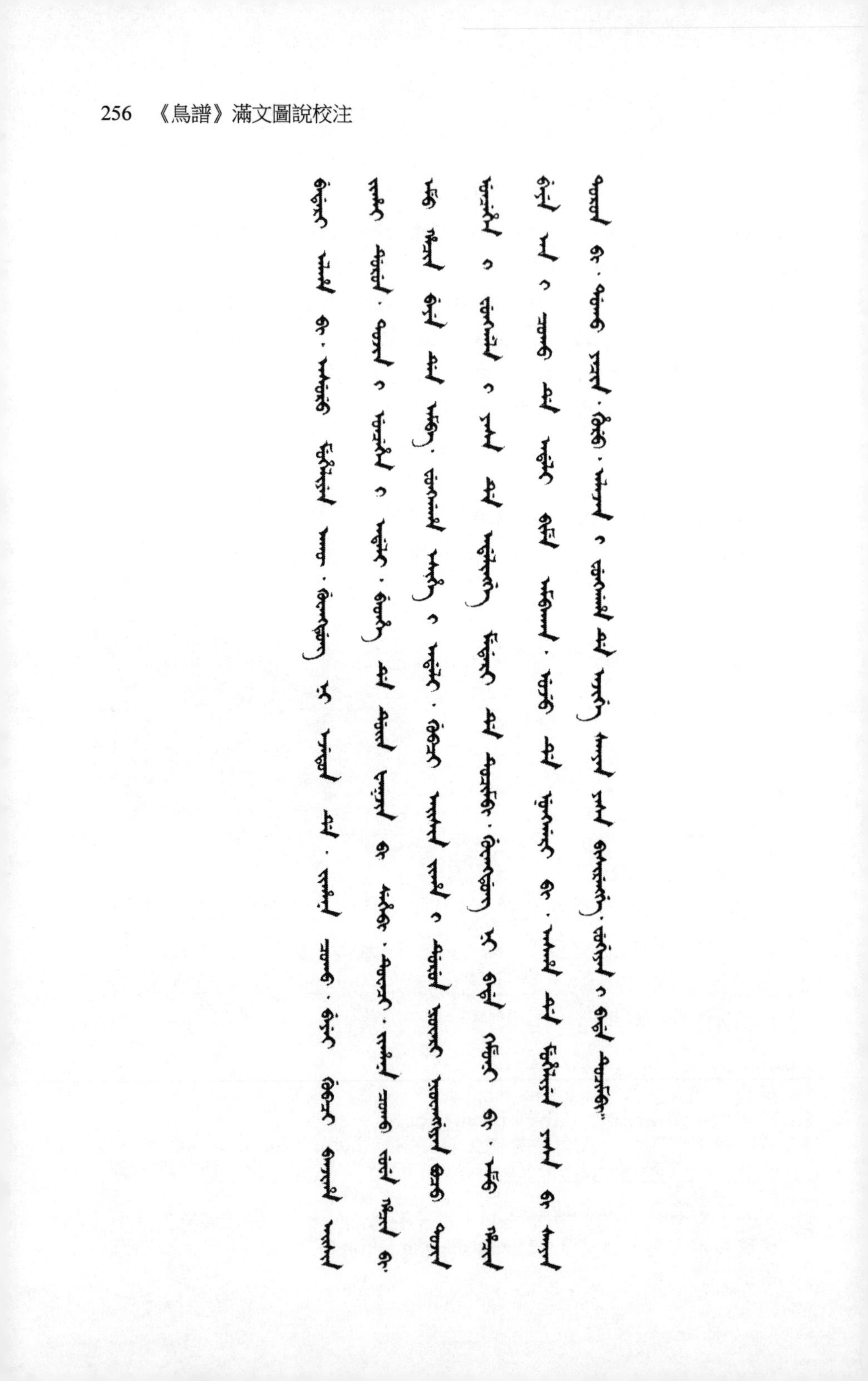

[illegible]

bederi alha bi, asuru muheliyen akū. guwangdung ni ejetun de, jihana coko, beyei gubci banjiha aisin jihai durun, tojin i uncehen i adali, bethe de duin fakjin bi sehebi. tuwaci, jihana coko juwe hacin bi, emu hacin beye den amba, funggaha esihe i adali, gubci aisin jiha i durun niowari niowanggiyan boco, tojin uncehen i funggala i yasa de adalingge, mederi de tucimbi, guwangdung ni bade kemuni bi, emu hacin beye an i coko de adali bime ambakan, uju de nunggari bi, asha de muheliyen yasa bi, šanyan toron bi, doko yacin, huru, alajan i funggaha de ajige šanyan yasa bisirengge, fugiyan i bade tucimbi.

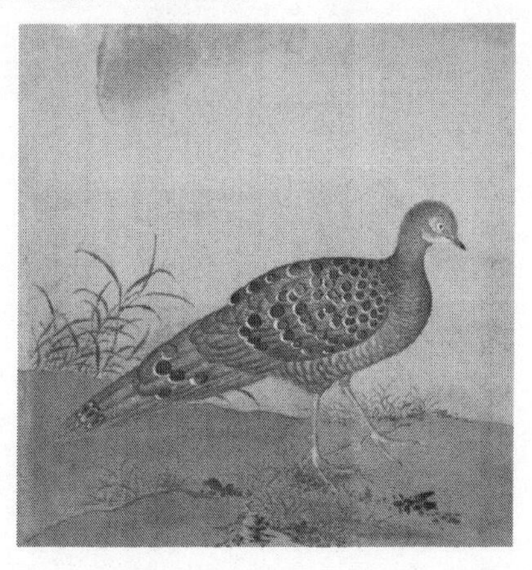

斑文[89]，不甚圓。《粵志》云：有金錢雞，通身作金錢如孔雀尾，足四距。案金錢雞有二種：一種身高大，毛片如鱗，通作金錢，翠碧如孔雀尾眼者，云出自海中，廣東時有之；一種身如常雞而大，頂有茸毛，翅有圓文[90]，白暈青裏，背、臆皆有小白文者[91]，出於閩中。

89 斑文，滿文讀作“bederi alha”，意即「斑紋」。
90 翅有圓文，滿文讀作“asha de muheliyen yasa bi”，意即「翅有圓眼」。
91 白文，滿文讀作“šanyan yasa”，意即「白眼」。

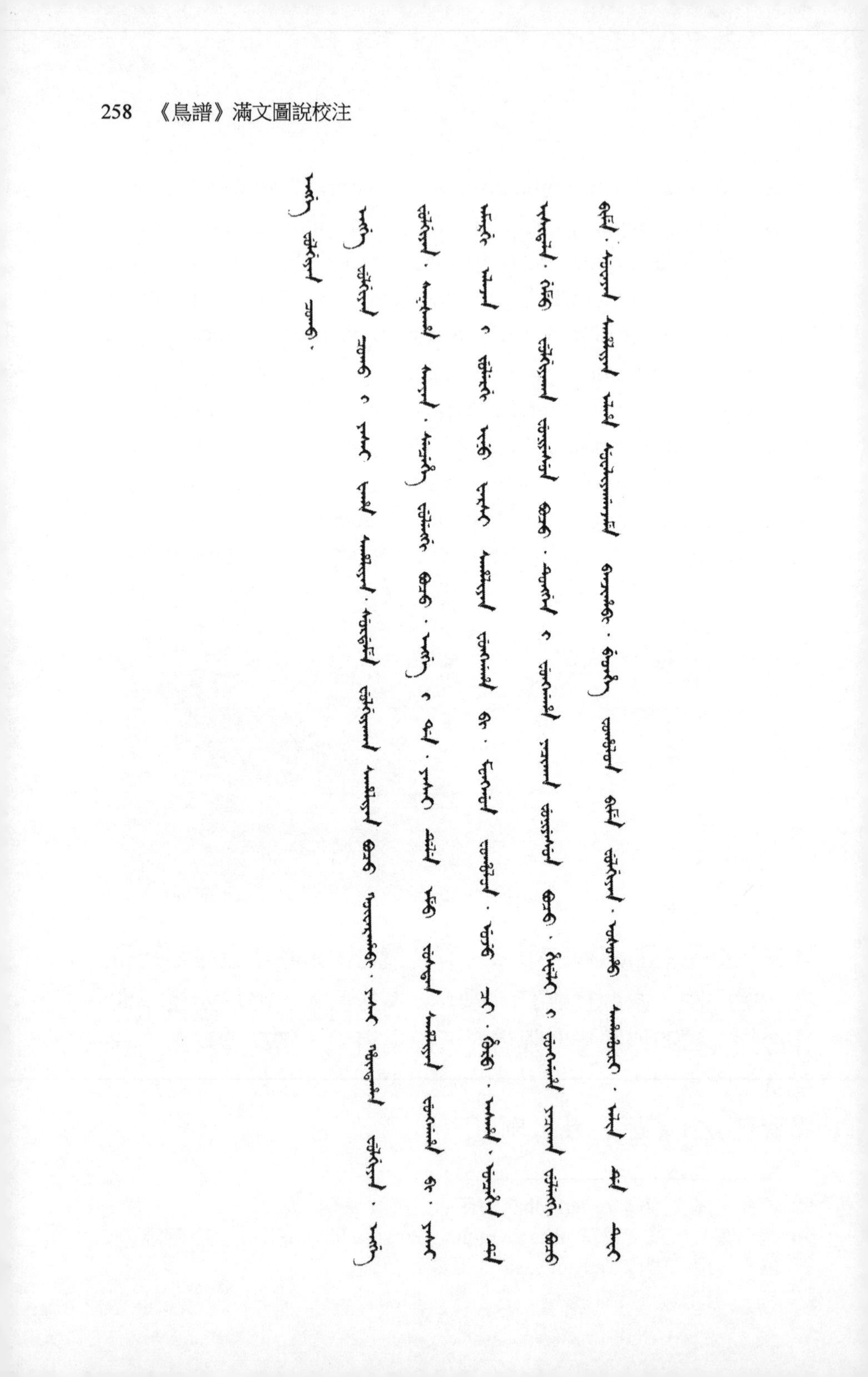

[illegible]

[illegible]

[illegible]

[illegible]

[illegible]

[illegible]

engge fulgiyan coko.

engge fulgiyan coko i yasai faha sahaliyan, šurdeme fulgiyakan sahaliyan boco kūwarahabi, yasai hūntahan fulgiyan, engge fulgiyan, šakšaha šanyan, sencehe fulenggi boco, engge i da, yasai dele emu justan sahaliyan funggaha bi, yasai amargi alajan i julergi inu farsi sahaliyan funggaha bi, monggon foholon, uju ci, huru, asha, uncehen de isitala, gemu fulgiyakan funiyesun boco, tunggen i funggaha yacikan funiyesun boco, hefeli i funggaha yacikan fulenggi boco bime, suwayan sahaliyan alha suwaliyaganjame banjihabi, bethe foholon bime fulgiyan, ošoho sahahūri. alin de tefi

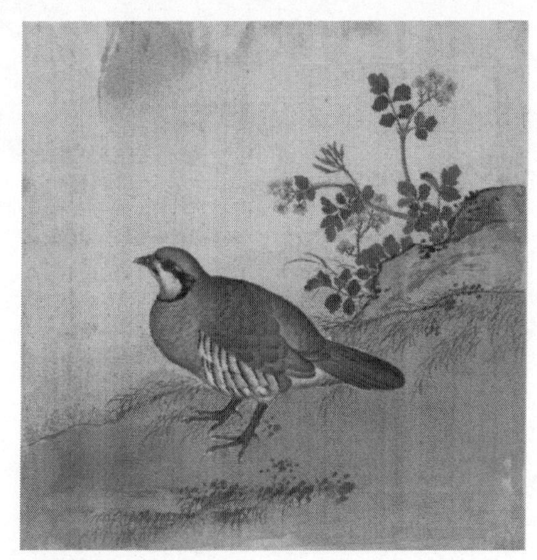

石雞[92]

石雞，黑睛，赤黑暈，紅眶，紅觜，白頰，灰頷，觜根目上有黑毛一線，目後臆前亦有黑毛成片，短項，自頂至背、翅、尾俱紅褐色，胸色青褐[93]，腹毛青灰質，黃黑相間成文，短紅足，蒼黑爪。《居山

---

92 石雞，滿文讀作“engge fulgiyan coko”，意即「紅觜雞」。

93 胸色青褐，滿文讀作“tunggen i funggaha yacikan funiyesun boco”，意即「胸毛青褐色」。

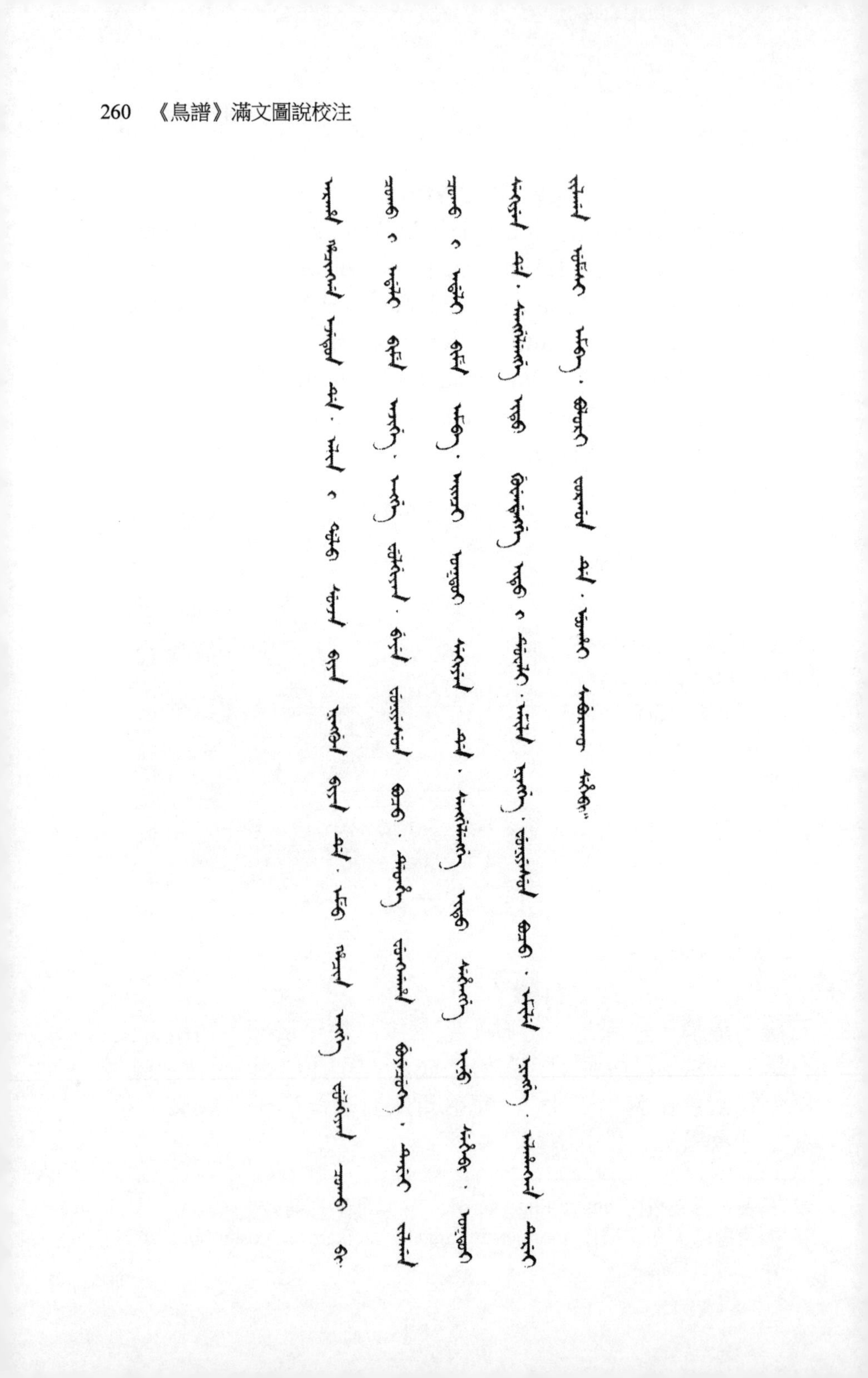

araha hacingga ejetun de, alin i dolo sunja biya ninggun biya de, emu hacin engge fulgiyan coko bi, coko i adali bime ajige, engge fulgiyan, beye funiyesun boco, dethe funggaha buyecuke, terei jilgan coko i adali bime amba, ainci oktoi sekiyen de, senggelengge itu sehengge inu sehebi. oktoi sekiyen de, senggelengge itu guwendengge itu i duwali, amila ningge, funiyesun boco, emile ningge, alhangga, terei jilgan umesi amba, bolori forgon de, uthai saburakū sehebi.

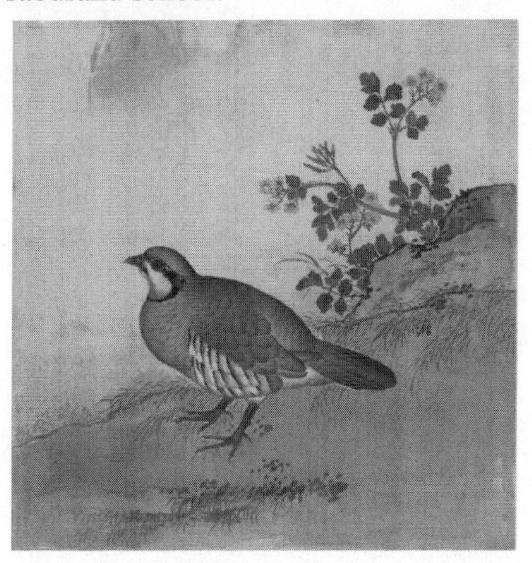

雜記》云：山中五、六月間，有一種石雞，似雞而小，紅觜，褐身，羽毛可玩，聲如雞而大，意即《本草》所謂鶡雞也。《本草》云：鶡雞，秧雞之類，雄者色褐，雌者色斑[94]。其聲甚大，秋月即無。

94 雌者色斑，滿文讀作“emile ningge alhangga”，意即「雌者色紋」，又作「雌者色花」。

ᠰᡝᠯᡝ ᡴᠣᠨ ᡳ ᡶᡠᠯᡝ ᠪᠣᡵᠣᡥᠣᠨ ᡳᠰᡳᡥᡳᠨ ᠪᠣᠴᠣᡳᡥᡳ᠈ ᠰᠣᡥᠣᠨ ᠪᠣᠴᠣ ᡳ ᠰᡠᠩᡤᠣ᠈ ᡠᠵᡠᡵᡝ ᠪᡝ᠈ ᡳ ᡳᠯᡝᡵᡝ ᠴᡳᠨ ᡠᠵᡠ ᠪᡝᡳ ᠰᡠᡥᡝᡵᡝᠨ

ᠪᠣᠴᠣ ᠪᠣᡵᠣᡥᠣᠨ᠈ ᡧᠠᠩᡤᡳᠶᠠᠨ ᡶᡠᠯᡤᡳᠶᠠᠨ ᠰᠠᡥᠠᠯᡳᠶᠠᠨ ᠪᠣᠴᠣ ᠰᡠᡥᡝᠨ᠈ ᠰᡠᠸᠠᠶᠠᠨ ᠰᠠᡥᠠᠯᡳᠶᠠᠨ ᠰᠠᠯᡤᠠᠪᡠᡥᠠ᠈ ᠪᠣᠴᠣ᠈ ᡶᡠᠯᡤᡳᠶᠠᠨ ᠪᠣᡵᠣᡥᠣᠨ᠈ ᠰᡠᠸᠠᠶᠠᠨ

ᠰᠠᡥᠠᠯᡳᠶᠠᠨ ᡶᡠᠯᡤᡳᠶᠠᠨ ᠰᠠᡥᠠᠮ᠈ ᡶᡠᠨᡤᡤᠠᡥᠠ ᡧᠠᠩᡤᡳᠶᠠᠨ ᠰᠠᡥᠠᡥᡡᠨ᠈ ᠪᠣᡵᠣ᠈ ᠰᠠᡥᠠᠮ ᡧᠠᠩᡤᡳᠶᠠᠨ ᡶᡠᠯᡤᡳᠶᠠᠨ ᠪᠣᠴᠣ ᠰᡠᡥᡝ ᠰᠠᡥᠠᠮ ᠰᡠᡥᡝᠨ ᡳᠯᡝᡵᡝ᠈ ᠰᠠᡥᠠᠮ ᠰᡝᠮᡝ ᠰᠠᡥᠠᠮ

ᡳᠰᡳᡥᡳ᠈ ᠪᠣᠵᠣᠨ ᡳᠯᡝᡵᡝᠮᡝ ᠰᠠᡥᠠᡥᡡᠨ ᠰᡠᡥᡝᠨᡤᡝᡵᡝ ᠪᠣᠴᠣ᠈ ᠰᡠᠸᠠᠶᠠᠨ ᡳ ᡧᠠᠩᡤᡳᠶᠠᠨ ᠰᡝᠮᡝ ᠰᠠᡥᠠᠮ᠈ ᠰᠠᡥᠠᠯᡳᠶᠠᠨ ᠰᡝᠮᡝ᠈ ᠪᡠᠯᡝᡵᡝ ᡶᡠᠯᡤᡳᠶᠠᠨ ᠰᡝᠮᡝ ᡧᠠᠩᡤᡳᠶᠠᠨ ᠰᡠᡥᡝᠨ

ᡠᠵᡠᡵᡝ ᠪᠣᠴᠣ ᡳ ᠰᠣᡥᠣᠨ᠈ ᡳᠰᡳᠨ ᡳᠯᡝᡵᡝ ᠰᡠᡥᡝᠨ ᠰᠠᡥᠠᠯᡳᠶᠠᠨ᠈ ᡳᠰᡳᠨ ᠰᠠᡥᠠᠯᡳᠶᠠᠨ ᡳ ᠰᠣᡥᠣᠨ ᠪᡝᡳ ᡳᠰᡳᠨ ᡶᡠᠯᡝᡵᡝ ᠰᡠᡥᡝ ᠰᡝᠮᡝ ᡳ ᠪᠣᠴᠣ ᠰᡝᠮᡝᡵᡝ

ᡠᠵᡠᡵᡝ ᠪᠣᠴᠣ ᡳ ᠰᠣᡥᠣᠨ᠉

cuse moo i coko.

cuse moo i coko, yasai faha yacikan sahaliyan, engge i da ci yasai dergi de isitala, funggaha i boco gelfiyen yacin, ujui ninggude sahahūkan funiyesun boco, meifen i funggaha majige tumin, gemu sahaliyan mersen bi, sencehe, monggon fulgiyakan suwayan, alajan gelfiyen yacin, tunggen fulgiyakan suwayan, huru, asha fulgiyakan funiyesun boco bime, gemu šanyan mersen bi, asha de šanyan boco bituhabi, hefeli suwayakan eihen boco bime, amba sahaliyan bederi alha bi, uncehen funiyesun boco, bethe, ošoho yacin. tun jai i sula ucuri ejehe bithede, cuse moo i coko, julergi ba i alin weji de gemu bi, beye beyebe nirhūwatu

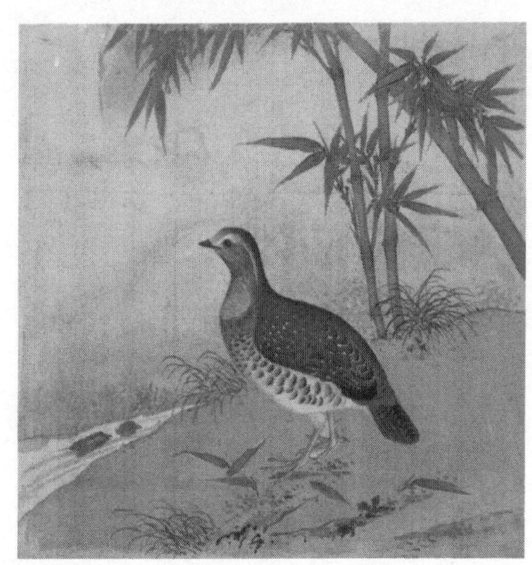

竹雞

竹雞，青黑睛，黑觜，吻根至目上毛色縹青[95]，蒼褐頂，頸毛稍深，俱有黑點，赤黃頷、項，縹青臆，赤黃胸，紅褐背、翅皆有白點，翅有白緣，赭黃腹大黑斑紋，褐尾，青足、爪。《遯齋閑覽》云：竹雞，南方山林中皆有之，自呼為泥滑。

95 縹青，滿文讀作“gelfiyen yacin”，意即「淺青」。

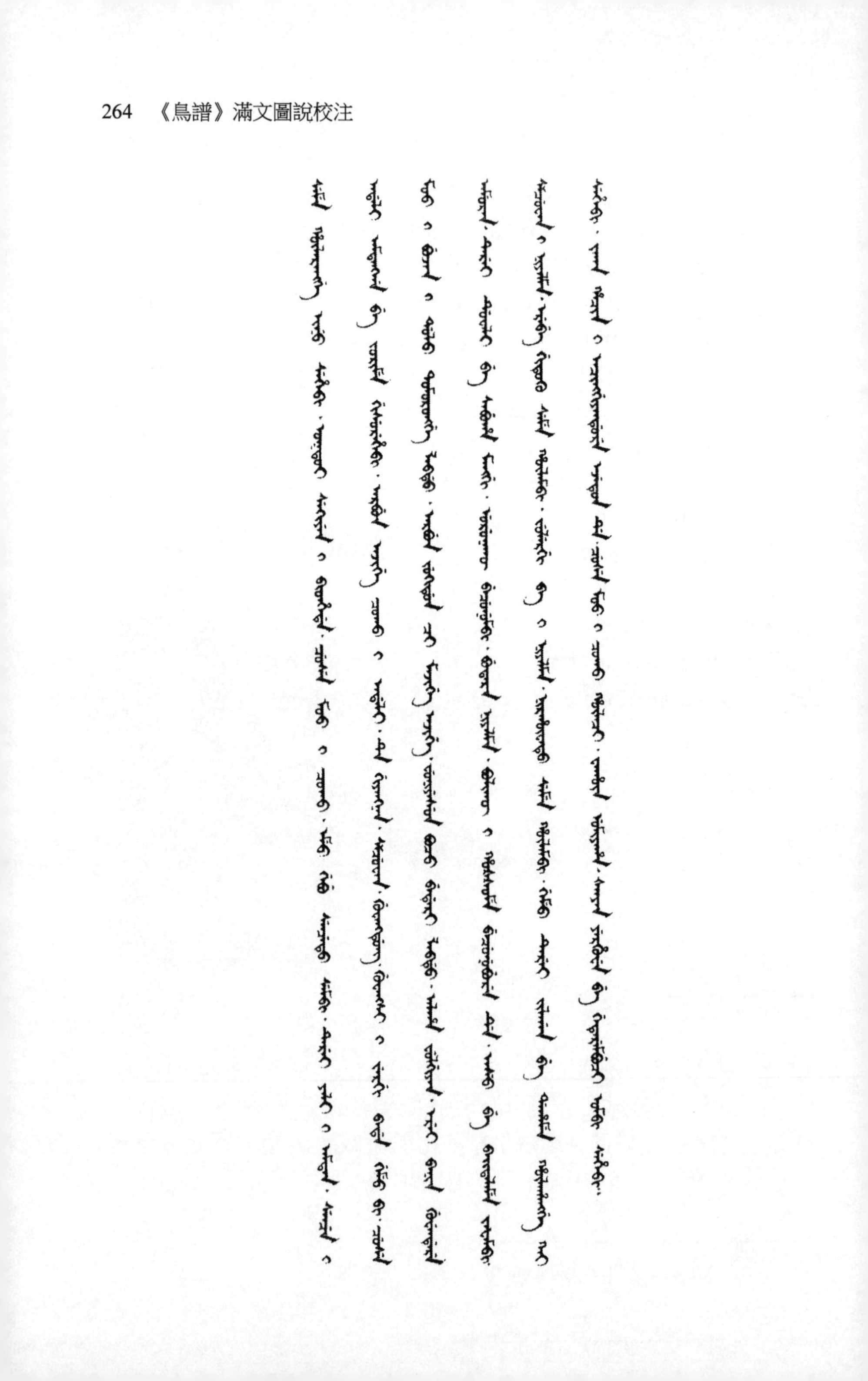

seme hūlarangge inu sehebi. oktoi sekiyen i bithede, cuse moo i coko, emu gebu sencetu sembi. terei yali i amtan, sence i adali amtangga be jorime gisurehebi. arbun ajige coko i adali, te giyangnan, sycuwan, guwangdung, guwangsi i jergi bade gemu bi, cuse moo i bujan i dolo tomorongge labdu, arbun jukidun ci majige ajige, funiyesun boco bederi labdu, alha fulgiyan, erei banin guwendere amuran, terei duwali be sabuha manggi, urunakū becunumbi, butara niyalma, bolikū i hoššome becunubure de, asu be baitalame jafambi, sycuwan i niyalma, erebe gituku seme hūlambi, julergi ba i niyalma, nirhūwatu seme hūlambi, gemu terei jilgan be dahame hūlahangge kai sehebi. jaka hacin i acinggiyandure ejetun de, cuse moo i coko hūlaci, wahūn umiyaha, šanyan yerhuwe be geterembuci ombi sehebi.

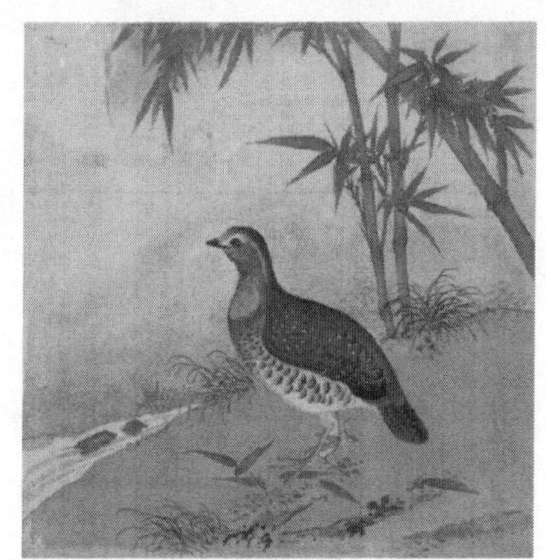

者是也。《本草綱目》云：竹雞，一名山菌子，言味美如菌也[96]，狀如小雞，今江南川廣處處有之，多居竹林中，形比鷓鴣差小，褐色多斑赤文[97]，其性好啼，見其儔必鬥，捕者以媒誘其鬥，因而網之。蜀人呼為雞頭滑，南人呼為泥滑滑，因其聲也。《物類相感志》云：竹雞叫，可去壁虱並白蟻。

96 味美如菌，滿文讀作“sence i adali amtangga”，意即「味美如蘑菇」。
97 赤文，滿文讀作“alha fulgiyan”，意即「赤紋」。

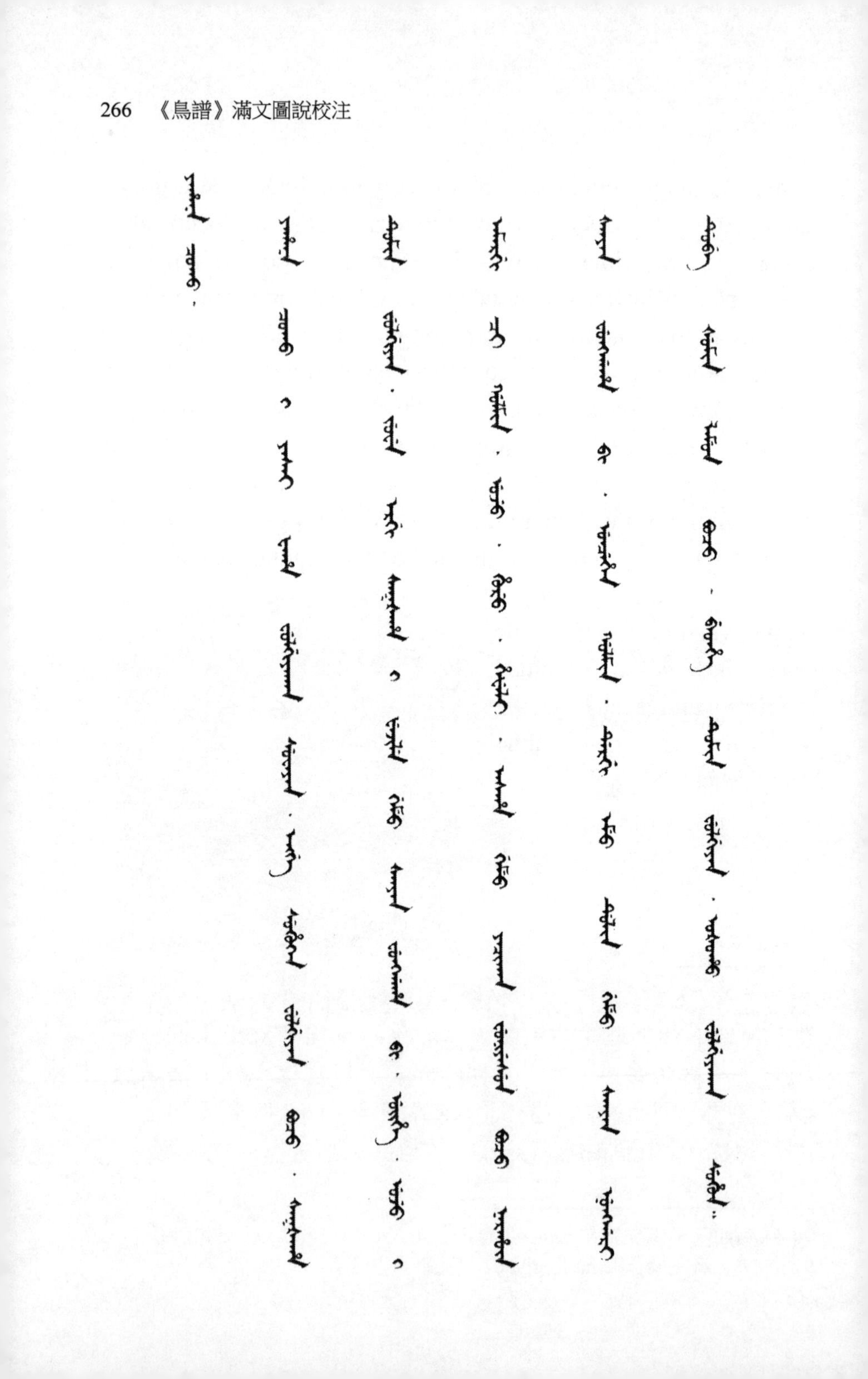

yahana coko.

yahana coko i yasai faha fulgiyakan suwayan, engge suhuken fulgiyan boco, šakšaha tumin fulgiyan, juwe ergi šakšaha i fejile gemu šanyan funggaha bi, uihe, uju i amargi ci golmin, uju, huru, hefeli, asha gemu yacikan funiyesun boco, narhūn šanyan funggaha bi, uncehen golmin, dergi emu dulin gemu šanyan nunggari dube šumin lamun boco, bethe tumin fulgiyan, ošoho fulgiyakan suhun.

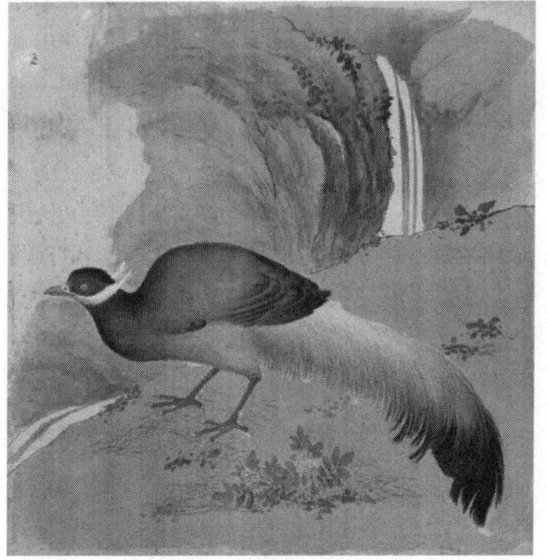

火雞

火雞，赤黃睛，牙紅觜，殷丹頰，兩頰下各有白毛，角長出腦後，頭、背、腹、翅俱青褐色，帶細白毛，長尾，上半皆白毳尖[98]，末深藍色，深紅足，米紅爪。

98 白毳尖，滿文讀作"šanyan nunggari dube"，意即「白茸毛尖」。

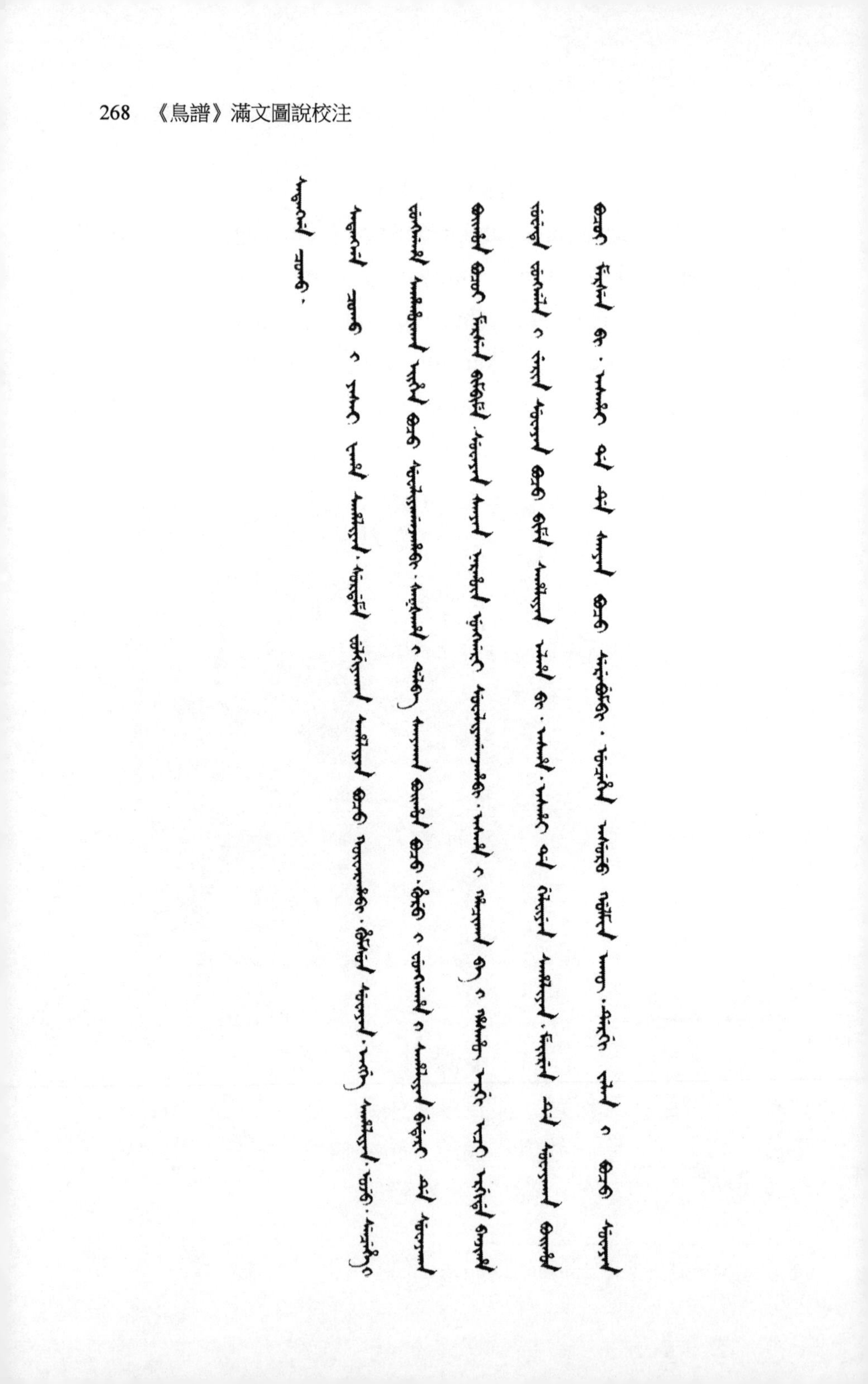

[illegible]

satangga coko.

satangga coko i yasai faha sahaliyan, šurdeme fulgiyakan sahaliyan boco kūwarahabi, humsun suwayan, engge sahaliyan, uju, sencehe i funggaha sahahūkan eihen boco suwaliyaganjahabi, šakšaha i dalba šanyakan boihon boco, huru i funggaha i sahaliyan bederi de, suwayakan boihon bocoi mersen bimbime, suwayan šanyan narhūn nunggari suwaliyaganjahabi, asha i hancikan ba i hashū ergi ici ergide banjiha juwete funggala i jerin suwayan boco bime sahaliyan alha bi, asha, ashai da gelfiyen sahaliyan, meiren de suwayakan boihon bocoi mersen bi, ashai da de šanyan boco serebumbi, uncehen asuru golmin akū, dergi jalan i boco suwayan

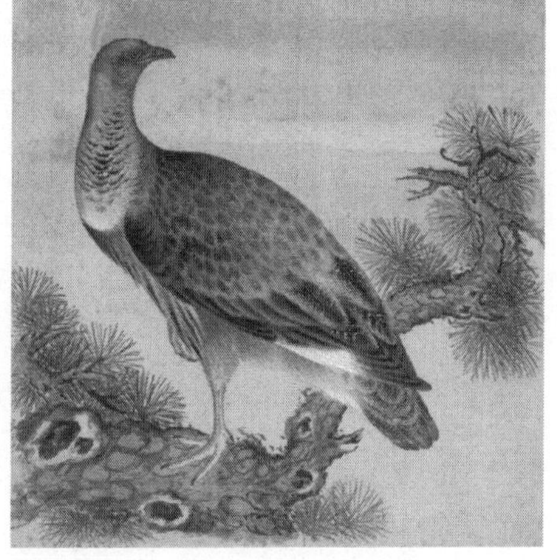

松雞

松雞，黑睛，赤黑暈，黃瞼，黑觜，頭、頷蒼赭，雜毛頰旁。土白色背毛黑斑上，土黃色點如灑，間以黃白細毳，近翅處左右各兩翎，黃邊黑花紋，淺黑膊、翅，肩上土黃點，翅根露白，尾不甚長，上節

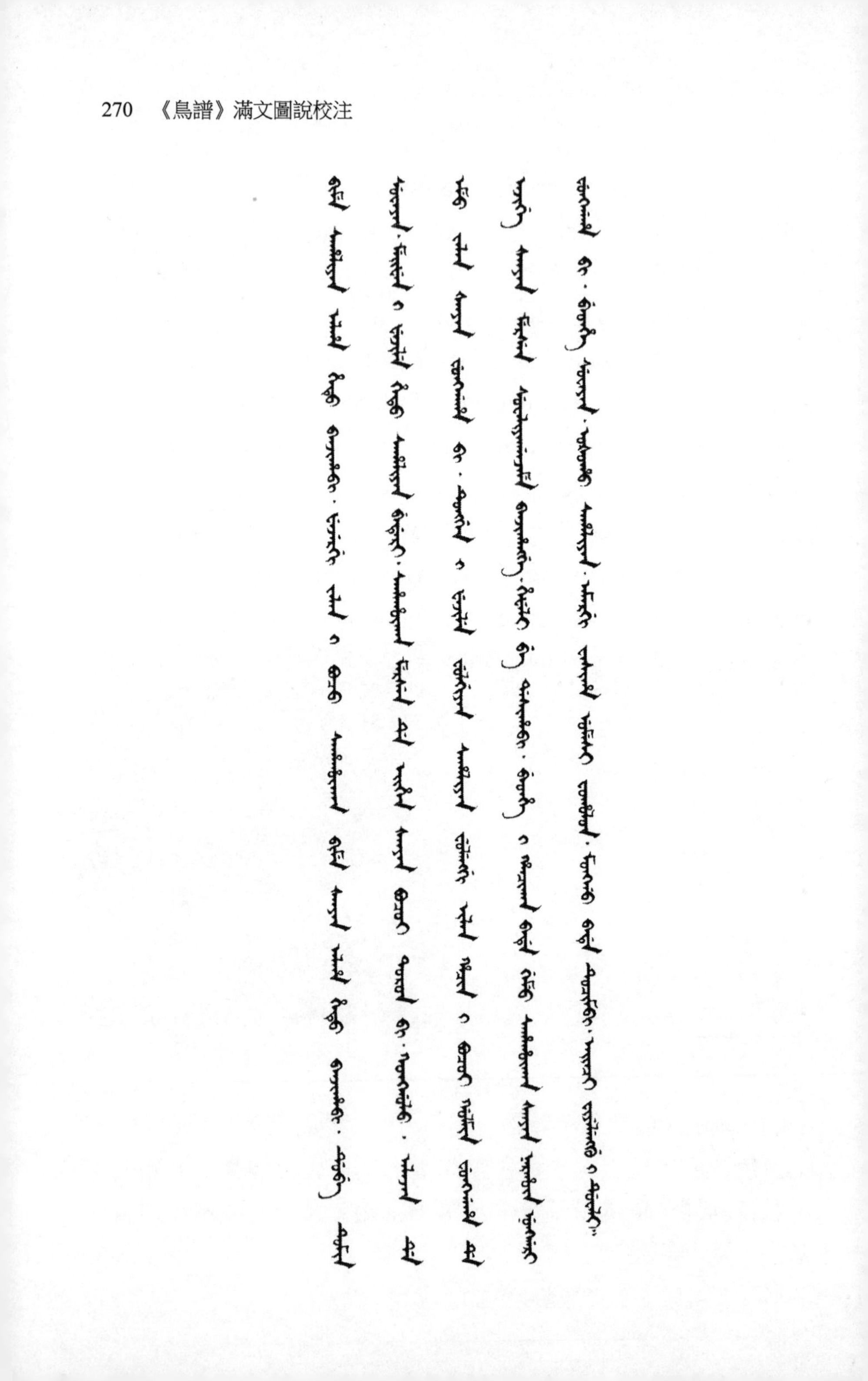

bime sahaliyan alha hetu banjihabi, fejergi jalan i boco sahahūkan bime šanyan alha hetu banjihabi, dube tumin suwayan, meifen i fejile hetu sahaliyan bederi, sahahūkan mersen de eihen šanyan bocoi toron bi, konggolo, alajan de emu jalan šanyan funggaha bi, tunggen i fejile fulgiyan sahaliyan fulenggi ilan hacin i bocoi golmin funggaha de ajige šanyan mersen suwaliyaganjame banjihangge, hefeli be dasihabi, bethe i hancikan bade gemu sahahūkan šanyan narhūn nunggari funggaha bi, bethe suwayan, ošoho sahaliyan, amargi wasiha umesi foholon, monggo bade tucimbi, ainci fiyelenggu i duwali.

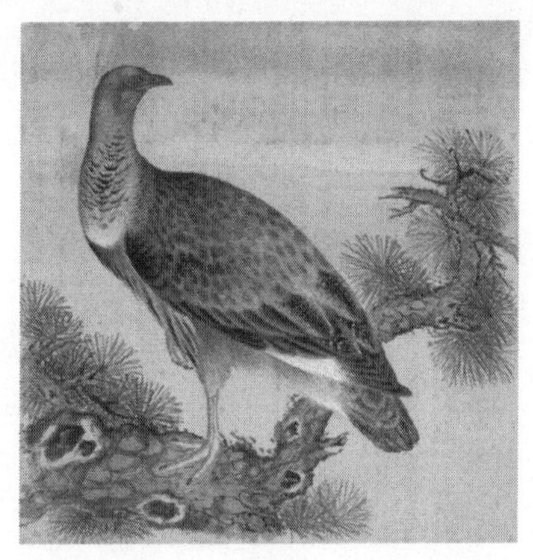

赭黃質黑橫紋[99]，下節蒼質白橫紋，深赭黃尖[100]，頸下黑橫斑，蒼點間赭白暈，嗉、臆白毛一節，胸下長毛赤、黑、灰三色帶微白細點，參差蓋腹，近足以下皆蒼白細毳，黃足，黑爪，後趾極短，出蒙古地方，樹雞類也。

99 上節赭黃質黑橫紋，句中「赭黃」，滿文讀作“suwayan”，意即「黃」，滿漢文義不合。

100 深赭黃尖，滿文讀作“dube tumin suwayan”，意即「深黃尖」，滿漢文義不合。

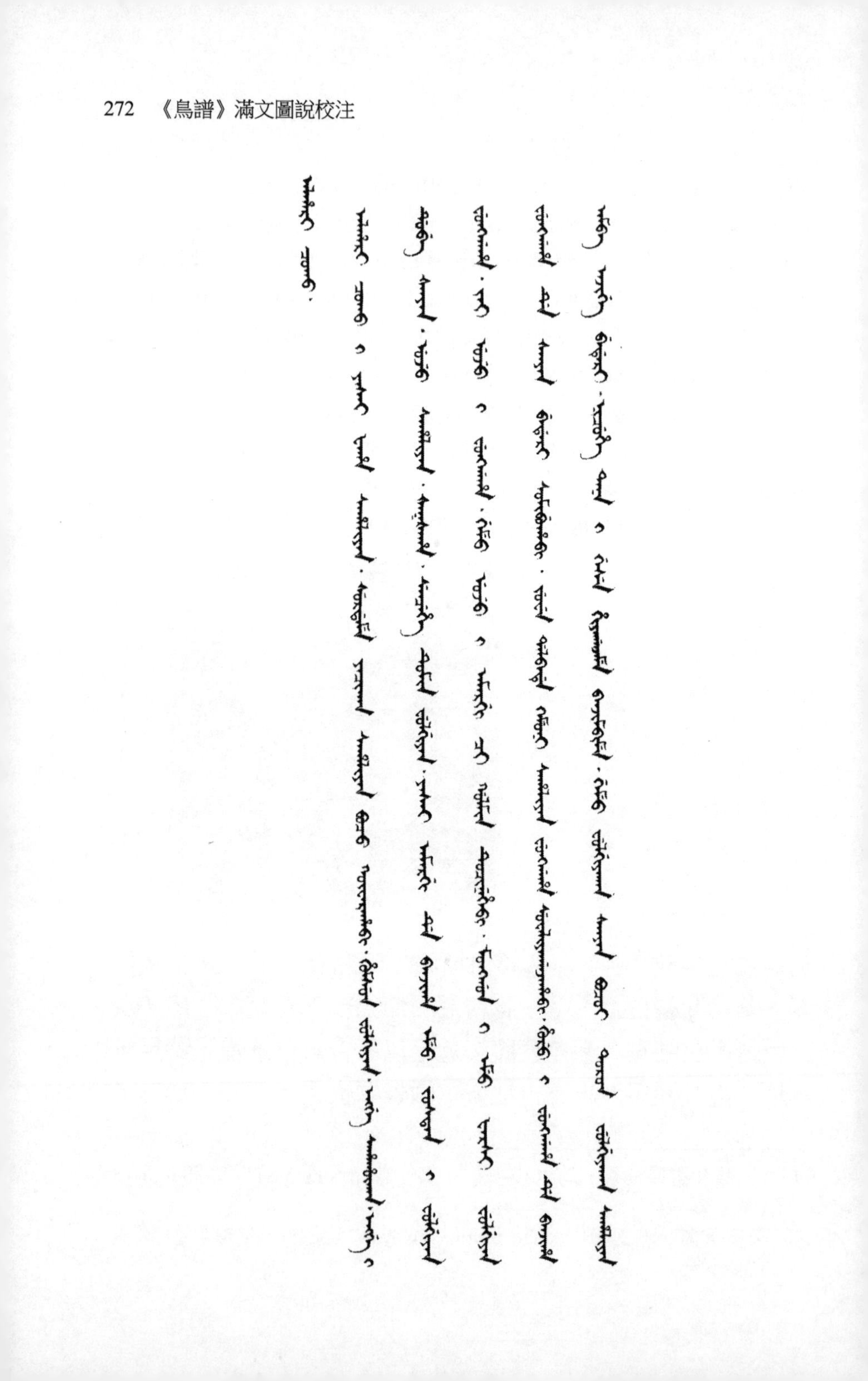

[illegible]

alhari coko.

alhari coko i yasai faha sahaliyan, šurdeme yacikan sahaliyan boco kūwarahabi, humsun fulgiyan, engge sahahūkan, engge i dube šanyan, uju sahaliyan, šakšaha, sencehe tumin fulgiyan, yasai amargi de banjiha emu justan i fulgiyan funggaha, jai uju i funggaha, gemu uju i amargi ci golmin tucinehebi, monggon i emu farsi fulgiyan funggaha de šanyan bederi somibuhabi, juwe dalbade kemuni sahaliyan funggaha suwaliyaganjahabi, huru i funggaha de banjiha amba ajige bederi, nicuhe tana i gese hiyaganjame banjimbime, gemu fulgiyakan šanyan bocoi toron, fulgiyakan sahaliyan

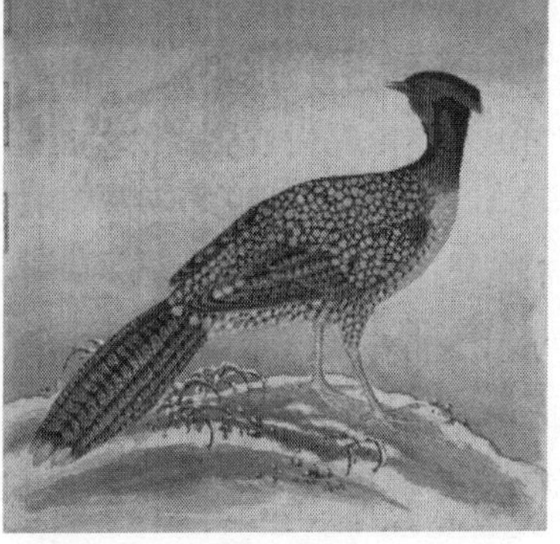

山花雞

山花雞，黑睛，青黑暈，紅臉，蒼觜，白喙尖，黑頂，深紅頰頷，目後紅毛一道，與頂毛俱長出腦後[101]，項上紅毛一片，中隱白斑，兩旁仍間以黑毛，背毛大小叢斑如珠璣參錯，皆紅白相暈，

101　與頂毛俱長出腦後，句中「腦後」，滿文讀作"uju i amargi"，意即「頂後」。

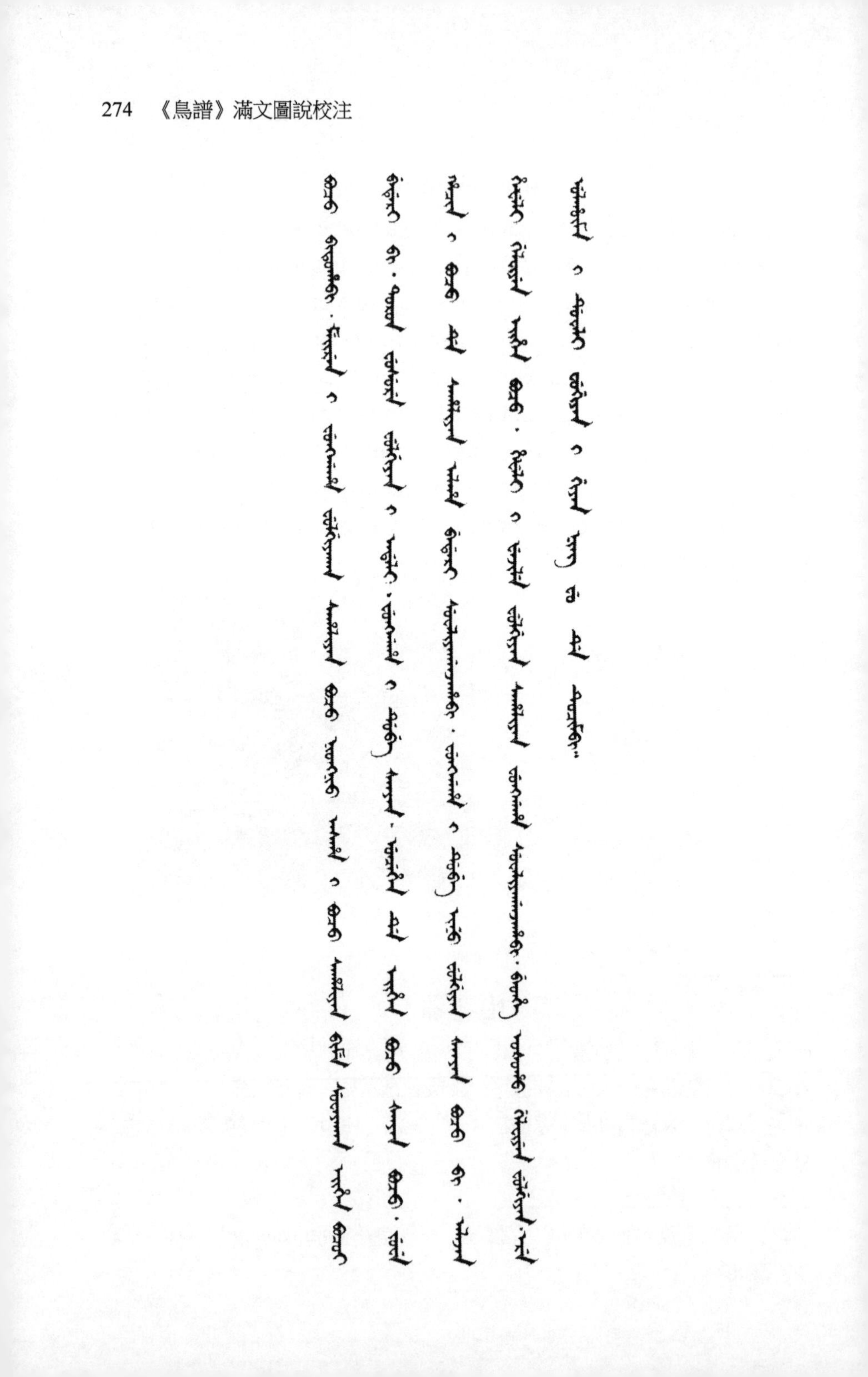

boco bituhabi, meiren i funggaha fulgiyakan sahaliyan boco, niongnio, asha i boco sahaliyan bime suwayakan eihen bocoi bederi bi, toron fusure fulgiyan i adali, funggaha i dube šanyan, uncehen de eihen boco šanyan boco, juwe hacin i boco de sahaliyan alha bederi suwaliyaganjahabi, funggaha i dube inu fulgiyan šanyan boco bi, alajan, hefeli gelfiyen eihen boco, hefeli i fejile fulgiyan sahaliyan funggaha suwaliyaganjahabi, bethe, ošoho gelfiyen fulgiyan, ere ulhūma i duwali, fugiyan i giyan ning fu de tucimbi.

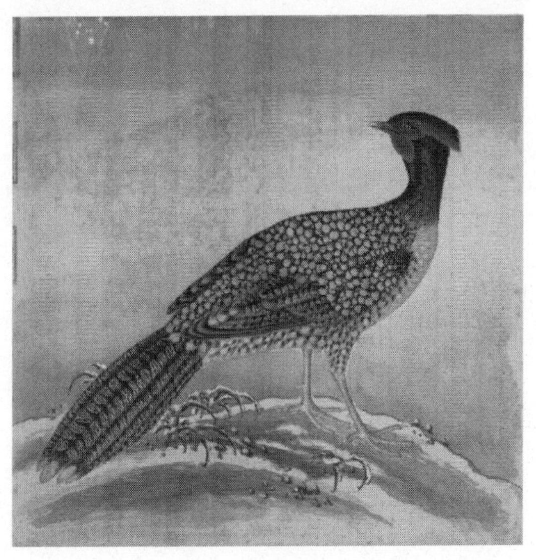

緣以赤黑，肩毛紅黑色，翮、翅黑質赭黃斑，暈如洒紅，白毛尖，尾赭、白二色雜以黑花斑，毛末亦作紅白色，臆、腹淺赭色，腹下間紅黑毛，粉紅足、爪，雉類也，出福建建寧府。